누구 먼저 살려야 할까?

**깐깐한 의사 제이콥의
슬기로운 의학윤리 상담소**

누구 먼저 살려야 할까?

초판 1쇄 발행 2021년 2월 26일
초판 7쇄 발행 2024년 10월 25일

지은이 제이콥 M. 애펠 / **옮긴이** 김정아

펴낸이 조기흠
총괄 이수동 / **책임편집** 최진 / **기획편집** 박의성, 유지윤, 이지은, 박소현
마케팅 박태규, 임은희, 김예인, 김선영 / **제작** 박성우, 김정우 / **감수** 김준혁
교정교열 책과이음 / **디자인** 이슬기

펴낸곳 한빛비즈(주) / **주소** 서울시 서대문구 연희로2길 62 4층
전화 02-325-5506 / **팩스** 02-326-1566
등록 2008년 1월 14일 제 25100-2017-000062호

ISBN 979-11-5784-486-9 03190

이 책에 대한 의견이나 오탈자 및 잘못된 내용은 출판사 홈페이지나 아래 이메일로 알려주십시오.
파본은 구매처에서 교환하실 수 있습니다. 책값은 뒤표지에 표시되어 있습니다.

⌂ hanbitbiz.com ✉ hanbitbiz@hanbit.co.kr ⓕ facebook.com/hanbitbiz
Ⓝ post.naver.com/hanbit_biz ▶ youtube.com/한빛비즈 ⓘ instagram.com/hanbitbiz

지금 하지 않으면 할 수 없는 일이 있습니다.
책으로 펴내고 싶은 아이디어나 원고를 메일(hanbitbiz@hanbit.co.kr)로 보내주세요.
한빛비즈는 여러분의 소중한 경험과 지식을 기다리고 있습니다.

깐깐한 의사 제이콥의
슬기로운 의학윤리 상담소

누구 먼저 살려야 할까?

· 제이콥 M. 애펠 지음 | 김정아 옮김 | 김준혁 감수 ·

WHO SAYS
YOU'RE DEAD?

한빛비즈
Hanbit Biz, Inc.

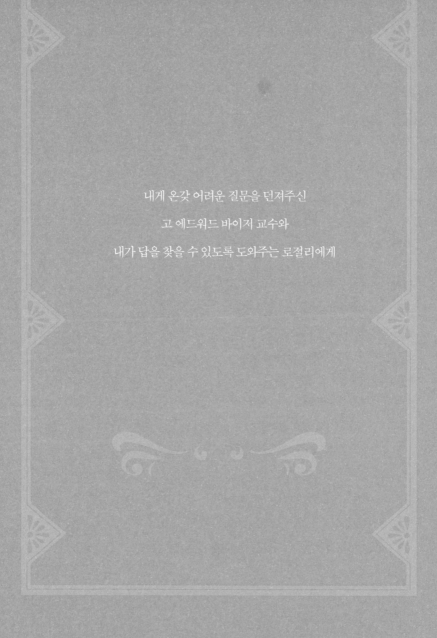

내게 온갖 어려운 질문을 던져주신

고 에드워드 바이저 교수와

내가 답을 찾을 수 있도록 도와주는 로절리에게

CONTENTS

2부 | 개인과 공공 사이의 문제들

3부 | 현대의학이 마주한 문제들

4부 | 수술과 관련한 문제들

5부 | 임신 · 출산에 얽힌 문제들

6부 | 죽음을 둘러싼 문제들

오늘날 의료계는 우리 사회의 의견이 첨예하게 맞서는, 난감하기 짝이 없는 윤리적 딜레마가 발생하는 곳이다. 최신 의학을 선도하는 연구자나 임상의들은 하루가 멀다 하고 획기적인 신기술을 발표한다. 장기이식, 복제 양, 암의 생물학적 표적 치료, 인지기능 강화제, 착상전 유전자 선별검사, 형질전환 쥐 등 과학이 이룬 '기적'은 셀 수 없이 많아 보인다.

당연하게도 이런 기술은 우리 앞에 훨씬 더 복잡한 도덕적 난제를 던진다. 예컨대 이식받은 장기가 거부 반응을 일으키지 않도록 막아주는 면역억제제가 없다면, 그야말로 가물에 콩 나듯 기증되는 심장과 신장을 이식 대기자들에게 어떻게 배분할지를 놓고 다툴 일도 아예 없었을 것이다. 하지만 이제는 그런 면역억제제가 있어서 우리 앞에 복잡한 도덕적 난제를 던진다.

최근 발전한 두 가지 기술은 이런 혁신이 제기하는 사뭇 다른 윤리적 난제를 살펴볼 수 있는 창이다. 한 혁신은 세 부모 아이다. 고등학교 생물 시간에 배운 내용이 기억날지 모르겠지만, 우리 인간의 DNA는 대부분 세포핵 속에 들어 있다. 그런데 세포핵 바깥의 작은 세포 기관인 미토콘드리아에도 유전자 청사진이 일부 들어 있다. 건강한 아이를 낳으려면 이 두 가지 DNA가 모두 있어야 한다. 드물기는 하지만, 혹시라도 변이 탓에 미토콘드리아 속 DNA에 결손이 생기면 아이가 고통스러운 유전병을 안고 태어난다.

게다가 이런 질환은 대개 대물림한다. 의사들은 이를 막고자 가족력이 있는 예비 임신부의 난자에서 세포핵만 채취한 다음, 다른 여성의 건강한 난자, 즉 미토콘드리아 DNA와 결합한다. 이 과정을 '세포질 이식Cytoplasmic Transfer'이라 한다. 이 난자를 정자와 수정하면, 언론이 흔히 말하는 '세 부모 아이', 즉 생물학적으로 다른 세 사람의 DNA를 물려받은 아이가 태어난다. 어찌 보면 이 기술은 엄청난 돌파구다. 한때는 아픈 아이를 낳을지 아예 아이를 낳지 말지 선택해야 했던 여성들이 이제 건강한 아이를 낳을 수 있다.

하지만 달리 보면 이 과정은 새로운 물음을 던진다. 두 엄마가 모두 아이의 출생증명서에 이름을 올려야 할까? 미토콘드리아를 제공한 여성이 양육권을 일부 요구하면 어떻게 해야 할까? 면접교섭권은? 유산 상속은? 아이 처지에서 생각해볼 문제도 있다. 아이가 언젠가는 미토콘드리아 기증자의 신원을 알 권리가 있을까? 기증자의 병력을 알 권리는? 또 대리모 임신이 가능한 시대이니, 만약 이렇게 만든 수정란을 또 다른 여성의 자궁에 착상시킨다면 '네 부모 아이'에게 윤리적 혹은 법적으로 어떤 영향을 미칠까? 지난 20년 동안 12명이 넘는 아이가 세포질 이식으로 태어났지만, 우리는 아직도 이런 물음에 답을 찾지 못했다.

또 다른 혁신은 세 부모 아이와 사뭇 다른 영역에서 출현한 것으로, 평범한 의료 소비자에게 훨씬 더 익숙할 전자의무기록이다. 요즘에는 거의 모든 진찰실과 응급실에서 자동화된 진료기록부를 볼 수 있다. 전문가들은 전자의무기록이 의료과실을 줄이고 건강정보의 이전 속도를 높인다고 본다. 많은 사람이 추구하는 최종 목표는 이른바 상호 운용 시스템을 구축해, 환자가 어떤 병원에 가든 의료진이 환자의 병력, 현재 투약 약물, 정기 진료를 받는 의료인의 연락처에 바로 접근할 수 있게 하는 것이다. 이런 기술의 가치는 특히 응급 상황이 발생하거나 환자가 의식을 잃었을 때 빛날 것이다.

그런데 전자의무기록에는 개인정보가 유출될 위험이 곳곳에 도사린다. 이런 시스템이 제대로 작동하려면 전문 의료인 수백만 명이 시스템에 접근할 수 있어야 하기 때문이다. 그러니 자신의 의무기록이 이런 식으로 이용되지 않기를 바라는 환자가 반드시 있기 마련이다. 이들은 자신이 정신질환에 시달리는 것을 정형외과 의사가 알거나, 어떤 피임법을 쓰는지를 치과 의사가 아는 데 반대할 것이다. 전자의무기록이 악용될 위험도 불 보듯 훤하다. 가령 와이오밍주의 어떤 약사가 자기 딸이 마약에 빠진 적 있는 남자와 결혼하려는 건 아닌지 확인하고자 플로리다에 사는 예비 사위의 의무기록에 접속한다면, 시스템이 과연 악용 여부를 알아챌 수 있을까? 또 이런 식으로 시스템 사용 규약을 위반하는 사람을 어떻게 처벌해야 할까? 피해자의 예비 장인을 해고하거나 퇴출한들 실제로는 상처받은 피해자를 더 큰 불행으로 몰아넣는 꼴인 데다, 이미 일어난 일을 다시 되돌릴 수도 없는 노릇이다. 해커들이 시스템에 침입해 모든 사람의 의무기록을 인터넷에 올릴 위험도 당연히 존재한다. 이런 갖가지 위험이 도사리므로, 우리는 반드시 사생활권과 최상의 진료 접근권 사이에서 신중하게 균형을 맞춰야 한다.

정신과 의사이자 생명윤리학자인 나는 이런 흥미로우면서도 만만찮기 일쑤인 윤리적 딜레마를 날마다 탐구한다. 브라운대학교, 컬럼비아대학교, 뉴욕대학교, 마운트시나이 아이컨의학전문대학원을 거치며 거의 20년 가까이 학생들을 가르치는 동안, 나는 시대를 달리하며 새롭게 제기되는 만만찮은 난제들을 발견했다. 그리고 그때마다 의과대 학생들과 수련의들의 토론을 촉진할 셈으로 그 내용을 글로 옮겼다. 어떤 내용은 주요 기사에서 가져왔고, 어떤 내용은 전문 학술지에 보고된 사례를 간략하게 재구성했다. 또 세심히 바꾸기는 했지만, 몇몇은 내가 진료 과정에서 맞닥뜨린 경험에서 따왔다.

당신이 의료 분야에 종사할 계획이 있는 사람이든, 인기 텔레비전 쇼에서 수박 겉핥기식으로 심심찮게 다루는 윤리적 논란에 흥미를 느끼는 일반인이든, 이 책에서 앞으로 소개할 난제들은 분명히 당신에게 도움이 될 것이다. 책을 보면서 스스로 자신의 가치관을 살펴보거나, '현실 세계'에서 펼쳐지는 어지러운 논란에 주목하고, 식사 자리에서 가족이나 친구들과 기분 좋은 논쟁을 펼칠 수도 있을 것이다.

각 난제 뒤에는 생각해볼 만한 해설을 덧붙였지만, 당신의 견해를 뒤흔들 목적으로 쓴 글은 아니다. 다만 저명한 생명윤리학자, 임상의, 정책 입안자들이 비슷한 도덕적 난제를 실제로 어떻게 해결했는지를 조금이나마 전달하고 싶었다. 이 가운데 당신이 실제로 맞닥뜨릴 난제가 있을지도 모르니, 어떤 쟁점이 있는지 미리 생각해보는 것도 나쁘지 않다. 당신이 마침내 어떤 결론에 다다르든, 바라건대 이 물음들을 다양한 관점에서 살펴보고, 선의를 지닌 똑똑한 사람들이 서로 다른 결론에 이르기도 한다는 사실을 알아주었으면 좋겠다.

병원에서나 입법부에서 이렇게 난감하기 짝이 없는 주제를 다루면 마음이 심란해지기 쉽다. 하지만 거실에 앉아 현실이라 가정하고 논의한다면, 다행히 사뭇 활기차고도 영감을 불러일으키는 토론이 될 것이다. 무엇보다도 이 책을 쓴 목적은 복잡한 윤리적 물음에 몰두하는 지적 즐거움을 전달하는 것, 그래서 현장에서 뛰는 생명윤리학자가 날마다 하는 일을 당신도 조금이나마 맛보도록 하는 것이다. 그러니 부디 즐거운 독서가 되기를!

제이콥 M. 애펠

1부

현장의 의사들이
고민하는 문제들

고대 그리스의 히포크라테스 선서는 의사들이 외과 수술을 하는 것을 금지했다. 하지만 의사와 환자의 관계를 규정하는 윤리 규범은 그 뒤로 훌쩍 진화했다.

지난 19세기만 해도 많은 의사가 환자에게 수은과 비소 같은 독성물질, 사혈, 설사제 등 증명되지 않은 이론에 기댄 치료법을 제공했다. 이때까지만 해도 의사가 병에 맞서 쓸 만한 뛰어난 무기가 그리 많지는 않았다. 예컨대 괴혈병에는 감귤류를, 갑상샘종에는 요오드를, 천연두에는 종두법을 쓸 뿐이었다. 그러니 의사를 만난들 병이 낫기는커녕 도리어 병을 키우는 경우가 숱했다.

이 때문에 미국에서는 1806년에 뉴욕주가 의료영업법Medical

Practices Act을 통과시킨 것을 시작으로, 몇몇 주에서 의사 직종을 규제하려 나섰다. 하지만 자격 기준이 몹시 느슨했다. 1860년에 이르자 미국의 의사 수는 인구 571명당 1명으로, 모든 나라를 멀찌감치 앞서 갈 만큼 많아졌다.

그러나 지난 100년 동안 미국의사협회American Medical Association; AMA 와 여러 의료인협회가 의료계 환경 개선에 중요한 역할을 한 덕분에, 미국에서 의료계는 규제가 손꼽힐 만큼 강력한 분야로 거듭났다. 이제 의사들은 면허를 받아야 하고, 수는 엄격하게 제한된다. 약제는 대부분 처방전이 있어야 살 수 있다. 게다가 유전공학이 혁신을 거듭하는 등 기술이 빠르게 향상하고 과학 발견이 쉴 새 없이 이어지는 시대에 들어선지라, 20~30년 전만 해도 이해조차 하지 못했던 치료법을 적용한다.

이제는 의사들이 이렇게 새로 발견한 힘을 어떻게 사용하느냐가 21세기를 사는 우리가 해결해야 할 중요한 윤리 난제 중 하나가 되었다.

01

내가 아빠 딸이 아니라고요?

#친자 확인   #기증자 적합성 검사

75세 홀아비인 프레드는 콩팥기능상실(신부전)을 앓는 환자로, 평생 투석을 받아야 한다. 오랫동안 그를 진료한 애로스미스 박사와 한참 논의한 끝에, 프레드는 가족과 친구 중에서 신장 기증자를 찾기로 한다. 프레드의 외동딸로 마흔이 코앞인 린다도 기증자 적합성 검사를 받기로 한다.

검사 결과를 받아본 애로스미스 박사는 입을 다물지 못한다. 린다의 신장이 적합하지도 않을뿐더러, 유전자 표지로 보건대 린다가 프레드의 친딸일 리가 없기 때문이다. 달리 말해, 세상을 뜬 부인이 외도를 해서 린다를 낳았다는 뜻이다.

애로스미스 박사는 프레드나 린다에게 이 사실을 알려야 할까?

종달새 아빠

—

남의 아이를 제 아이로 잘못 알고 키우는 남성을 흔히 종달새 아빠라고 부른다. 이런 현상은 생각보다 그리 드물지 않다. 추정에 따르면 우리 가운데 1.7~3.3퍼센트가 생물학적 아버지를 잘못 알고 있다. 이런 일은 의료 분야를 훌쩍 넘어서는 부분에까지 심각한 영향을 미친다. 한때 중학교 과학 교실에서는 학생들이 ABO식 혈액형 검사를 직접 수행한 뒤 부모의 혈액형과 비교하는 수업을 진행했다. 이때 부모와 자녀의 혈액형이 생물학적으로 성립하지 않는다는 결과가 나오면 무슨 일이 벌어질까? 그 가정에 어떤 불화가 일어날지 예상하는 건 그리 어렵지 않다.

만약 애로스미스 박사가 프레드와 린다에게 두 사람이 친자 관계가 아니라는 사실을 밝힌다면, 둘은 모두 크나큰 충격을 받을 것이다. 하지만 사실을 감춘다면 특히 린다와 후손의 건강에 심각한 영향을 미칠 수 있다.

이를테면 린다가 어머니와 아버지 모두 스칸디나비아 사람인 줄 안다고 가정해보자. 린다가 아이를 갖는다면 스칸디나비아 사람에게서는 흔치 않은 테이-색스병Tay-Sachs disease 같은 질병을 유전자 검사에서 생략할 것이다. 치명적인 아동 질환인 테이-색스병은 동유럽 유대인, 프랑스계 캐나다인, 프랑스계 루이지애나 주민에게서 가장 많이 나타난다. 그런데 린다의 생물학적 아버지가 스칸디나비아 사람이 아니라면 린다의 아이가 테이-색스병에 걸릴 위험이 여전히 존재한다. 즉 자신의 진짜 가족력을 알지 못하면, 미리 예방할 수 있었던 질병을 앓는 아이를 낳을지도 모른다. 또 자신도 모르게 의사에게 부정확한 가족력을 알릴 테니, 의사는 조기 대장암 발병부터 자살까지, 린다가 마주할지 모를 위험을 모두 과소평가할 것이다. 이런 상상도 해볼 수 있다. 린다가 생물학적 자식은 아니지만 신장 기증자로 적합하다면? 이런 상황에서 친자 관계가 아니라는 사실을 알린다면, 린다가 신장을 기증하지 않기로 마음을 바꿔 프레드의 건강이 위중해질지도 모른다.

미국 의료윤리학자 배런 러너Barron Lerner 는 〈뉴욕타임스The New York Times〉에 기고한 칼럼에서 이와 비슷한 사례를 묘사했다. 토론토대학교에서 발생한 이 사례에서 의사들은 사실을 밝히는 쪽을 선택했고, 가족들은 '충격과 고통' 끝에 현실을 받아들였다. 환자의 딸은 나중에 다른 상황에서 진실을 알기 전에 의료진이 미리 알려줘서 고맙다고 전했다. 하지만 다른 사례에서는 가족들이 이 같은 평정심을 유지하지 못할지도 모른다.

예상치 못하게 친자 관계가 성립하지 않을 때 병원이 어떻게 대처해야 하느냐는 아직도 논쟁이 오가는 문제다. 어떤 병원은 장기이식 적합성 검사를 진행하기에 앞서, 환자와 가족에게 친자 관계가 성립하지 않는다는 결과가 나오더라도 병원이 사실을 밝히지 않는 데 동의한다는 각서를 받는다. 하지만 어떤 병원은 사실을 밝힐 윤리적 의무가 있다고 믿는다.

02

선생님이 치료한
환자들의 생존율은 얼마인가요?

#수술 후 생존율   #사전 동의

두리틀 박사는 평판이 자자한 지역병원에서 신경외과 과장으로 일한다. 어느 날, 은퇴한 부부인 보니와 스탠이 응급실에 찾아온다. 스탠은 이렇게 지독한 두통은 태어나 처음이라고 호소한다. 뇌를 스캔해보니 동맥류(동맥벽이 일부 얇아지고 팽창하는 질환 – 옮긴이)가 문제였고, 12~24시간 안에 수술하지 않으면 목숨이 위태롭다. 보니가 두리틀 박사에게 수술 성공률이 얼마인지 묻는다. 박사는 자신이 수술한 환자 가운데 60퍼센트가 살아남았다고 솔직하게 말한다. 그런데 두리틀 박사가 알기로, 구급차로 20분 거리인 다른 병원의 퀸시 박사가 수술한 환자들은 생존율이 85퍼센트다.

두리틀 박사는 이 정보를 스탠과 보니에게 알려야 할까?

충분한 설명에 의한 동의

충분한 설명에 의한 동의Informed Consent는 현대 서구 의학의 밑바탕이다. 환자가 자신의 건강과 관련한 중요한 결정을 내리려면, 각 결정에 잠재된 위해와 이득을 알아야 한다. 실제로 환자가 자신이 받을 의료 시술의 위해와 이득이 무엇인지 말할 줄 아느냐는 스스로 결정을 내릴 만큼 정신이 멀쩡한지 판단하는 요건 중 하나다. 그렇다고 의사들이 특정 시술로 일어날지 모를 위험을 '모두' 설명해야 한다는 뜻은 아니다. 예컨대 충수(막창자꼬리)를 잘라낼 때 환자가 수술대에서 떨어져 머리를 부딪히는 바람에 뇌를 다칠지도 모르지만, 그럴 확률은 매우 낮다. 따라서 이런 내용은 충분한 설명에 의한 동의의 표준 정보에 포함하지 않는다.

사실, 인지능력이 온전한 환자에게 '충분한 설명에 의한 동의'라는 표현을 쓰는 것은 그야말로 부적절하다. 환자가 유의미한 동의를 할 만큼 내용을 '실제로' 이해했느냐는 중요하지 않기 때문이다. 중요한 것은 의사가 '분별력 있는', 즉 제정신인 사람이 수술에 따른 위해와 이득을 이해할 만큼 정보를 충분히 제공했느냐다. 성형외과 의사 중에는 혹시나 의료과실로 기소되었을 때 배심원단에게 자기가 정확히 무슨 말을 했는지 증거로 쓰고자 사전 동의 과정을 영상으로 기록하는 사람까지 있다.

그렇다면 왜 '분별력 있는 사람'이라는 객관적 척도를 쓸까? 주관적 접근법(예컨대 특정 환자가 실제로 위험을 이해했느냐고 묻는 방식)은 나중에 의료과실 재판에서 환자가 결과를 근거로 의료진의 결정을 비난할 뿐 아니라 거리낌 없이 위증할 가능성을 열어주기 때문이다. 알고 나서 보면 무엇인들 모르겠는가. 야구팬이라면 알다시피, 경기가 끝난 뒤에 하는 비평가 놀음이야말로 식은 죽 먹기다. 안타깝게도 충분한 설명에 의한 동의는 엄격한 기준을 적용할 때조차 환자의 요구 사항을 충족하지 못하기 일쑤다. 2006년에 의료사학자 데이비드 로스먼David Rothman이 밝힌 바에 따르면, "환자와 연구 참여자 20~50퍼센트가 자신이 무엇에 동의했는지 이해하지 못한다"고 한다.

대체로 의사들은 다른 의료인의 치료 성공률을 환자와 공유하기를 꺼린다. 물론 그야말로 예외인 상황이 있을 때도 있다. 예컨대 특정 수술을 집도한 적이 '한 번도 없는' 의사라면 그 정보를 환자에게 밝혀야 할 것이다. 하지만 사회는 대개 '환자'에게 짐을 지워, '이 병원 저 병원을 돌아다니며' 다른 의사의 의견을 얻도록 한다. 만약 보니가 두리틀 박사에게 동맥류 복구 수술을 더 잘 집도할 다른 의사가 있느냐고 대놓고 물었다면 어땠을까? 두리틀 박사가 딱 잘라서 없다고 거짓말하면 잘못이겠지만, 그저 다른 의료인의 성공률을 말할 수 없다고 둘러대고 빠져나갈 수도 있다.

그렇다면 의사가 반드시 수술 성공률을 비교해 환자에게 알리도록 강제하는 규정을 적용하면 어떨까? 그랬다가는 원래 의도와 달리 몇 안 되는 일류 의료진에게 환자가 몰리도록 부추기는 결과를 낳을지 모른다. 이때는 동맥류 복원 기술에 능숙한 외과 의사가 갈수록 줄어 양질의 의료에 접근할 기회가 전반적으로 줄어들 것이다. 또 수술 성공률이 병세의 경중에도 영향을 받으므로, 외과의들이 수술하기 쉬운 환자를 골라 받는 바람에 정말로 목숨이 위태로운 환자들이 의료진을 찾기가 더 어려워질 것이다. 게다가 이런 정보는 결국 부유한 환자들에게만 이로울 때가 많을 것이다. 미국 중부 미네소타주의 메이오클리닉에서 치료받으면 완치율이 더 높다는 말을 들은들, 동부 뉴욕시의 임대 주택 단지에서 가난에 허덕이며 사는 환자에게는 그리 도움이 되지 않기 마련이다. 이 환자가 메이오클리닉에 갈 수 없다면 이런 정보는 도움이 되기는커녕 되레 마음만 괴롭힌다.

03

환자가 상담 도중 고백한
범죄를 알려야 할까?

#비밀 보장 의무   #심리치료   #환자 정보

정신과 의사 세라 쿠퍼 박사는 35세 남성인 마르셀을 오랫동안 상담하고 있다. 그런데 정기 상담을 하던 중, 마르셀이 대학 시절 저지른 범죄를 털어놓는다. 어느 날 시끄러운 음악 소리 때문에 자기 집 계단에서 올리비아라는 이웃과 다투다 분에 못 이겨 그녀를 밀쳤는데, 그 바람에 계단에서 굴러떨어진 올리비아가 그만 목이 부러져 즉사했다. 공포에 질린 마르셀은 몇 시간 거리에 있는 어느 주립공원에 시체를 묻었다. 쿠퍼 박사가 끈질기게 캐묻자 정확한 장소도 털어놓는다. 시체는 지금까지 발견되지 않았고, 올리비아는 아직도 실종자 명단에 올라 있다.

이제 결혼해 두 아이를 낳고 알콩달콩 사는 마르셀은 그 일이 사고였다고 단언한다. 쿠퍼 박사도 그 말을 믿는다. 어쨌든 마르셀은 목에 칼이 들어와도 올리비아의 사망 사실이나 매장 위치를 당국에 알릴 생각이 없다. 또 쿠퍼 박사에게도 정보를 알리지 말라고 못을 박는다.

쿠퍼 박사가 인터넷에서 그 사건을 찾아보니, 지금도 올리비아의 부모는 딸이 살아 있으리라는 희망을 버리지 않고 있다. 해마다 딸을 부디 안전하게 돌려보내달라는 영상을 찍어 지역 방송국에서 내보낸다. 쿠퍼 박사가 곰곰이 생각해보니, 익명으로 올리비아의 가족이나 당국에 올리비아가 죽었다는 정보만 알렸다가는 확신을 주기는커녕 도리어 의심만 살 것 같다. 그렇다고 시체가 묻힌 장소를 알렸다가는 마르셀의 죄를 밝힐 법의학적 증거가 나올지도 모르니 걱정스럽다.

쿠퍼 박사는 올리비아의 시체가 묻힌 장소를 가족이나 경찰에게 알려야 할까?

정신과 의사의 환자 비밀 보장 의무

—

비밀 보장은 의사와 환자 사이에 지켜야 할 필수 의무다. 이는 환자가 의사, 특히 정신과 의사와 심리상담사 같은 정신건강 전문가와 소통하는 데 중요한 버팀목 역할을 한다. 혹시라도 비밀이 새어나갈까 두려워 환자가 속내를 솔직히 털어놓지 않으려 한다면 오진이나 부적절한 치료로 이어지기 때문이다. 이 원칙이 법률에 정식으로 반영된 것은 1996년에 제정된 '건강보험 양도 및 책임에 관한 법Health Insurance Portability and Accountability Act; HIPAA'이지만, 저 멀리 히포크라테스 선서와 다른 여러 직업윤리 강령에서도 흔적을 찾아볼 수 있다. 그래도 공공의 안녕을 추구할 때는 연방법과 직업윤리 지침이 비밀 보장 의무를 벗어날 틈을 그나마 조금은 열어놨지만, 이런 예외 사유도 최근 몇 년 사이에 폭이 좁아졌다.

미국 연방대법원은 1996년 재피 대 레드먼드Jaffee v. Redmond 사건에서 '심리치료자와 환자가 상담 내용을 증언하지 않을 특권'을 인정했다. 이에 따라 환자는 정신과 의사와 심리상담사가 환자의 동의 없이는 법정에서 불리한 증언을 하지 못하게 막을 권리를 얻었다. 환자의 비밀을 지키도록 단속하는 보호 장치는 실제로 다른 의사보다 정신과 의사에게 더 강력하고 광범위하게 적용된다.

그래도 많은 주가 '타라소프 규칙Tarasoff rule'(1969년에 포다르라는 남성이 상담 과정에서 타라소프라는 여성을 살해할 계획을 털어놓은 뒤 실제로 살해한 일로, 캘리포니아 대법원은 상담을 맡은 심리상담사가 피해자에게 살해 계획을 미리 알렸어야 한다고 판결했다 – 옮긴이)를 따른다. 타라소프 규칙에서는 정신과 의사(대체로 다른 정신건강 전문가까지 포함한다)가 앞으로 일어날 범죄를 인지했을 때 비밀 보장 원칙을 깨고 피해자에게 경고해 보호하게 허용할 뿐만 아니라, 아예 그렇게 하라고 요구한다. 유독 아이오와주는 이 의무를 더 넓혀, 명확한 방화 사건에서 사유재산을 보호할 의무까지 지운다. 1994년에 마커스 J. 골드먼Marcus J. Goldman과 토머스 C. 구타일Thomas C. Gutheil이 진행한 연구에 따르면, 많은 정신과 의사가 환자의 과거 범죄를 인지했을 때도 마찬가지로 신고해야 할 의무가 있다고 생각한다. 하지만 사실은 그렇지 않다. 실제로 그렇게 했다가는 상황에 따라 의료과실 책임까지 져야 할지 모른다.

미국정신의학회American Psychiatric Association의 의료윤리원칙은 비밀 보장 의무 파기를 허용하는 범위를 정신과 의사가 '눈앞에 닥친 위험'에서 공동체를 보호하는 상황으로 제한한다. 이견이 있겠지만, 예컨대 환자가 과거에 저지른 범죄 때문에 엉뚱하게도 애먼 사람이 기소된 경우가 이런 상황에 해당할 것이다.

저명한 정신의학윤리학자인 폴 애펠바움Paul Appelbaum은 적어도 환자가 자백하지 않은 탓에 '피해자'가 꽤 큰 고통에 시달릴 때도 비밀 보장 의무에 예외를 적용해야 한다고 주장했다. 여기에서 조금만 범위를 넓히면, 마르셀과 올리비아 사건처럼 '피해자 가족'이 고통에 시달릴 때도 비슷하게 예외를 적용할 수 있다. 그런데 이렇게 비밀 보장 의무를 파기하면 더 큰 피해를 불러일으킬 위험이 있다. 과거에 저지른 범죄 행위를 털어놓아야만 마음을 치유할 수 있을 때조차 환자가 입을 꾹 다물 테니 말이다. 불신이 단단히 뿌리내리면 정신과 의사가 환자의 자백을 아예 듣지 못해 피해자나 피해자 가족에게 어떤 이득도 없을뿐더러 환자의 건강만 해칠 것이다.

04

꼭 진료기록에 남겨야 하나요?

25세 여성인 캐리는 폭력을 일삼는 연인 찰스와 동거 중이다. 어느 날 캐리가 눈 한쪽에 멍이 들고 팔목 한쪽이 부러진 채 지역병원 응급실에 도착했다. 당직 의사인 지라 박사가 살살 달래며 물어보니 남자친구 때문에 다쳤다고 한다. 지라 박사는 이 내용을 의무기록에 적는다.

몇 시간 뒤, 깁스를 하고 퇴원 준비를 마친 캐리가 지라 박사를 침대 옆으로 부른다.

"부탁인데, 제가 찰스 때문에 다쳤다는 내용은 차트에 한마디도 적지 말아주세요. 찰스 친구들이 이 병원에서 일하거든요. 제가 무슨 말을 했는지 그 사람들이 알면 찰스한테 떠벌릴 테고, 그럼 찰스가 저를 또 해칠 거예요."

병원의 전자의무기록 시스템에는 '철회' 기능이 있어서, 틀린 혈액형처럼 부정확할 뿐 아니라 위험을 부를 수 있는 잘못된 정보를 진료기록부에서 지울 수 있다.

지라 박사는 철회 기능을 사용해 이 '정확한' 정보를 캐리의 진료기록부에서 지워야 할까?

개인정보와 의무기록

—

1970년대 전까지만 해도 환자가 자신의 의무기록을 보여달라고 하면 많은 의료 종사자가 미심쩍게 바라봤다. 환자가 과연 내용을 이해할까 싶었기 때문이다. 또한 소송에 휘말리거나 의료 권위자의 신비감을 잃을지 모른다는 우려, 편리성도 그런 비밀주의를 만드는 데 한몫했을 것이다. 하지만 1996년에 '건강보험 양도 및 책임에 관한 법'이 발효되어, 환자가 늦어도 30일 안에 자신의 의무기록을 볼 권리를 보장했다. 또 많은 주 법률이 기록을 이보다 훨씬 더 빨리 확인할 수 있도록 규정한다.

연방 법령도 의무기록에 이의를 제기하는 환자에게 어떤 내용에든 '동의하지 않는다는 진술'을 첨부할 기회를 준다. 순전히 사실관계를 다툴 때는 그런 진술이 쓸모가 있다. 하지만 환자가 걱정하는 것이 정확성이 아니라 개인정보일 때는 진술이 거의 무용지물이다.

일반적으로 병원은 환자 치료에 직접 관여하는 직원들이 의무기록에 접근하지 못하도록 제한한다. 하지만 경비 인력, 특히 응급실 경비 인력의 접근을 막는 것은 만만치 않은 일이다. 게다가 법이란 대개 사건이 발생한 다음에야 집행된다. 병원이 불법으로 개인정보에 접근해 그 정보를 남한테 흘린 직원을 해고한들, 이미 비밀이 새어나간 환자에게는 그리 위안이 되지 않을 것이다.

이 시나리오에서 캐리는 자신의 안전을 진심으로 걱정하는 듯하다. 연인의 친구들이 권한도 없이 자신의 기록에 접속한 뒤 연인에게 내용을 폭로할까 봐 두려워한다. 아니면 지라 박사에게 털어놓은 비밀이 법정에서 찰스에게 불리하게 작용할 것을 걱정하는지도 모른다. 어떤 주에서는 연방 증거법에 따라 그런 일을 허용하기 때문이다.

많은 병원이 유명 인사와 신원을 숨겨야 하는 사람들에게 가명 등록을 허용한다. 일부 못된 병원 직원들은 빌 클린턴Bill Clinton이나 파라 포셋Farrah Fawcett 같은 유명 환자의 진료기록에 기를 쓰고 불법으로 접속했다가 그게 '가짜' 기록이라는 것을 알고서야 이 사실을 깨닫는다. 지라 박사가 일하는 병원이 캐리 같은 환자에게 그런 대안을 제공할지는 명확하지 않다. 또 설사 그렇게 한들 캐리가 두려워하는 직원들이 기록에 접근하지 못하도록 확실히 차단할 수 있을지도 알 수 없다. 자신의 전자의무기록을 활용하지 못하도록 거부할 권한을 환자에게 주는 병원은 설사 있더라도 드물뿐더러, 의사라면 누구나 법에 따라 진료기록을 남겨야 한다. 사실 의무기록을 제대로 남기지 않는 것은 여러 주에서 의사 면허를 취소할 사유에 해당한다.

의무기록의 목적은 정확하고 폭넓은 정보를 남기는 것이다. 기록이 더 완벽할수록 환자를 더 잘 치료할 수 있기 때문이다. 이때 환자가 의료진에게 마약 사용, 정신건강 진단, 불임 치료와 관련한 기록을 지워달라고 요구하는 상황을 어렵잖게 떠올릴 수 있다. 물론 기록을 일부러 빠뜨렸을 때 발생할 심각한 결과도 어렵잖게 떠올릴 수 있다. 예컨대 응급실에 실려 온 환자가 어떤 정신과 약물을 먹는다고 가정해보자. 의사가 이 사실을 모른다면 목숨을 위협할 치료제를 처방할 수도 있다. 환자가 밑도 끝도 없이 장모를 욕할 때는 의사가 재량껏 진료기록에서 제외하는 편이 슬기롭지만, 의료와 관련한 자료를 제외했다가는 중대한 영향을 미칠 수 있다.

캐리의 경우, 언젠가는 양육권 분쟁을 벌이거나 피해자 보호 명령을 요청할 때 찰스의 행실을 증명할 증거가 필요할 게 빤하다. 또 다음 주에 캐리가 더 크게 다쳐 의식을 잃고 병원에 실려 오더라도, 의료진이 찰스의 학대 이력을 모르면 따로 지켜보는 사람 없이 찰스 혼자 캐리의 곁을 지키도록 할 테니, 찰스가 다시금 캐리를 해코지할 기회를 얻을 것이다. 안타깝게도 캐리의 요청을 존중하든 거부하든 앞으로 캐리의 안전을 크게 위협할 위험이 있다.

05

대통령의 건강에 비밀이?

#정보공개   #정신질환 이력   #비밀 보장 의무

은퇴한 정신과 의사 에클버그 박사는 약 30년 전에 현재 미국 대통령 후보로 지명된 50대 후반의 정치인을 치료했던 일을 기억한다. 그때 에클버그는 수련의였고, 정치인은 20대 초반이었다. 그 일을 아직도 생생하게 기억하는 까닭은 유명한 선출직 관료의 아들이었던 이 정치인이 자살을 시도했기 때문이다. 그때가 두 번째 자살 시도였다. 이 정치인은 지금은 양극성 장애라 부르는 조울증을 진단받았다. 그런 그가 이제 선거운동의 하나로 자신의 의무기록을 '낱낱이' 공개한다. 그런데 자살 시도, 정신질환, 양극성 장애가 재발하지 않도록 흔히 처방하는 정신과 약물에 관해서는 어디에서도 언급하지 않으니, 에클버그 박사가 보기에는 놀라울 따름이다.

심각한 정신질환을 앓거나 거짓말쟁이인 사람이 자유세계의 지도자가 될지도 모른다는 생각에 에클버그 박사는 걱정에 휩싸인다. 그렇다고 비밀 보장 의무를 어기기도 꺼림칙하다. 무엇보다도 30년 넘게 이 정치인을 만난 적이 없기 때문이다. 에클버그 박사는 이 정치인의 정신질환 이력을 언론에 흘려야 할까?

정보공개

—

미국은 어떤 법률로도 대통령 후보자에게 의료정보를 공개하라고 요구하지 않는다. 그러기는커녕 역사적으로 대통령 집무실을 차지한 사람의 건강을 거의 대부분 완전히 사적인 문제로 취급했다. 대통령 후보자들은 더러는 몸과 마음을 무너뜨리는 큰 질병조차 유권자에게 숨겼다. 역사가들에 따르면, 1913년에 대통령직에 오른 우드로 윌슨 Woodrow Wilson은 이미 1896년과 1906년에 뇌졸중을 앓았고, 또 1919년에 더 심각한 뇌졸중을 겪은 뒤로는 퇴임하기까지 거의 2년 동안 정상적으로 생활하지 못했다. 드와이트 아이젠하워 Dwight Eisenhower 대통령은 30대부터 크론병(소화관에서 발생하는 만성 염증 질환 - 옮긴이)에 시달렸다. 존 F. 케네디 John F. Kennedy 대통령은 애디슨병(부신피질의 기능장애로 복통, 피로, 피부 색소 침착 등의 증상을 보이는 병 - 옮긴이) 및 만성 통증과 싸웠다. 2006년에 듀크대학교 정신과 의사 조너선 데이비드슨 Jonathan Davidson과 동료들이 진행한 연구에 따르면, 1776년부터

1974년까지 재임한 미국 대통령 37명 가운데 무려 49퍼센트인 18명이 정신질환으로 진단하는 기준에 부합하는 증상을 겪었다.

아이젠하워 대통령이 일부 건강정보를 언론에 공개하기는 했지만, 정치인의 건강이 처음으로 주요 국가 쟁점이 된 때는 1972년 민주당 대통령 후보 조지 맥거번George McGovern의 러닝메이트이자 미주리주 연방 상원의원이던 토머스 이글턴Thomas Eagleton이 우울증을 치료하고자 전기충격요법을 받았다고 인정한 뒤 사퇴하면서다.

지난 몇십 년 동안 대통령 후보자는 다양한 수준에서 자신의 의무기록을 공개했다. 가장 광범위하게 기록을 공개한 후보는 2000년 공화당 경선과 2008년 대선에 나섰던 존 매케인John McCain이다. 하지만 대권에 도전했던 주요 후보 가운데 적어도 한 명은 대중을 명백하게 속였다. 1992년 민주당 대선 경선에 나섰던 연방 상원의원 폴 송거스Paul Tsongas는 지병인 비호지킨 림프종(림프 조직에 있는 세포의 악성 종양으로, 호지킨 림프종을 제외한 악성 종양 - 옮긴이)을 골수이식으로 완치했다고 공언했다. 하지만 실제로는 골수이식술이 실패했고, 1997년에 끝내 세상을 떠났다.

앞서 말했듯이 의사들에게는 환자의 신뢰를 저버리지 않을 선량한 관리자로서 주의 의무가 있다. 하지만 무조건 지켜야 하는 의무는 결코 없는 법이다. 언제나 공공의 안녕이나 번영을 위해 비밀 보장 의무를 어겨야 하는 예외 상황이 존재하기 마련이다. 앞서 언급한 시나리오에서 에클버그 박사는 자신의 경력과 법적 분쟁에 미칠 영향까지 고려해, 그 상황이 비밀 보장 의무를 파기하기에 정당한 사유가 되는지 판단해야 한다.

고인이 된 대통령들에게서도 의료 비밀과 관련한 의문이 제기된다. 예를 들어 몇몇 대통령은 사생아가 있다는 소문이 나돌았다. 1884년에 당선된 그로버 클리블랜드Grover Cleveland 대통령은 마리아 크로프츠 할핀Maria Crofts Halpin이라는 여성과 관계를 맺고 오스카라는 아들을 낳았다는 소문이 돌아 선거운동 기간에 상대편에게 "엄마, 엄마, 아빠 어디 있어요?"라는 야유 섞인 노래를 들어야 했다. 워런 G. 하딩Warren G. Harding 대통령의 명성은 사후인 1927년에 낸 브리튼Nan Britton이라는 여성이 책《대통령의 딸The President's Daughter》에서 유부남이던 하딩과 사귀어 딸 엘리자베스 앤을 낳았다고 폭로하는 바람에 빛이 바랬다. 하딩의 친족들은 브리튼의 주장을 줄기차게 반박했다. 하지만 2015년에 진행한 유전자 검사에서 하딩의 후손과 엘리자베스 앤의 유전자가 매우 가깝다는 사실이 명확히 밝혀짐으로써 오랜 수수께끼가 풀렸다.

역사적 인물의 DNA는 친자 관계가 아닌 다른 영역에서도 관심을 불러일으킨다. 캘리포니아의 유명한 심장내과 전문의이자 의사학자인 존 소토스John Sotos는 에이브러햄 링컨Abraham Lincoln 대통령이 희소 유전질환인 다발 내분비샘 종양 2B형에 시달렸다는 솔깃한 주장을 내놓았다. 링컨이 포드 극장에서 암살되던 밤에 입었던 코트에 지금도 핏자국이 남아 있으니, 유전자 검사를 한다면 이 가설을 확인할 실마리를 얻어 대통령직에 있을 때 링컨이 어떤 마음이었는지 설명할 수 있을지도 모른다.

그런데 역대 대통령들의 비밀을 밝히면 역사 기록은 명확해질지 몰라도 후손에게 생각지 못한 영향을 미칠 수 있다. 예컨대 가족들이 지금도 유전질환을 보유한다는 사실이 드러날 가능성이 있다. 고인이 된 정치 지도자와 관련한 비밀을 밝힐 때 생각해야 할 또 다른 윤리 문제는 비밀을 주장하는 생존자가 고인과 개인적으로 알고 지냈느냐 아니면 다른 인연이 있느냐 하는 것이다. 개인적으로 알던 사이가 아닐 때는 시간이 지날수록 생존자의 주장이 힘을 잃을 것이다.

에클버그 박사가 마주한 독특한 윤리적 물음이 현실에서 실제로 제기될 일은 거의 없다. 그러나 이 문제는 의사를 향한 대중의 신뢰에 상당한 영향을 미친다. 대통령 선거에 출마했을 때 불리하게 쓰일까 두려워 정신과 의사를 신뢰하지 않을 사람은 드물겠지만, 유명하지 않은 다른 많은 환자도 자신의 비밀이 남에게 알려질까 봐 두려울 때는 정보를 숨길 것이다.

양극성 장애가 있더라도 적절한 치료를 받으면 매우 알찬 삶을 살 수 있고, 그중에는 고위 공직에 오른 사람도 많다. 그러니 에클버그 박사가 덮어놓고 비밀 보장 의무를 파기하기보다, 해당 정치인과 그의 정신과 주치의에게 직접 연락해 정말로 치료를 받지 않았는지, 아니면 그저 대중에게 치료 사실을 감출 뿐인지 확인하는 것도 한 방법이다. 만약 이 대선 후보가 치료를 받지 않아 위험한 상태라면, 그때는 대중에게 진단 결과를 공개할 합당한 근거가 주어질 것이다. 이와 달리 안타깝게도 후보가 다른 많은 정치인과 마찬가지로 거짓말을 밥 먹듯 할 뿐이라면, 비밀 보장 의무를 깰 근거가 훨씬 약해진다.

06

진상 환자를
내보낼 수 있을까?

#강제 퇴원   #환자 퇴출   #진상 환자

매케너 박사가 운영하는 투석 전문 병원에서는 인공 신장을 이용한 투석 치료로 매주 환자 수백 명이 생명을 연장한다. 환자 대다수는 치료에 크게 고마움을 드러내지만, 그렇지 않은 경우도 있다.

루신다라는 환자는 보기 드문 예외다. 수석 간호사의 말을 빌리자면 사상 최악의 환자다. 걸핏하면 술이나 코카인에 취한 채 병원에 나타나고, 말짱한 정신으로 나타날 때마저 의료진과 환자들에게 인종차별주의 발언이나 반유대주의 발언을 퍼붓기 일쑤다. 종종 심사가 틀어지면 옆 침대에 있는 환자의 팔뚝에서 투석용 관을 잡아 빼는지라, 이제는 병원 구석진 곳에서 간호조무사가 지켜보는 가운데 혼자 투석을 받아야 한다. 정신과 의사를 추천해도 마다하는데, 매케너 박사가 보기에 루신다는 정신질환자가 아니라 그저 불쾌하기 짝이 없는 사람일 뿐이다. 매케너 박사가 지난 2년 동안 갖은 노력을 다했지만 루신다와 협력 관계가 형성되지 않았다.

어느 날 오후, 직원들이 자신을 너무 오래 기다리게 한다고 느낀 루신다가 대기실에 있는 의자를 여러 개 뒤집어엎고 유리 탁자를 깨부순다. 진절머리가 난 매케너 박사는 루신다에게 투석 치료를 제공하지 않기로 마음먹는다. 하지만 루신다의 이력으로 보건대, 종합병원이든 개인병원이든 어디에서도 치료를 맡지 않으려 할 것이다. 투석 치료를 받지 못하면 루신다는 결국 사망할 것이다.

매케너 박사가 루신다에게 다른 병원을 찾든 말든 6개월 뒤부터 투석 치료를 맡지 않겠다고 통보한다면 윤리에 어긋날까?

환자의 행동

인종이나 종교처럼 보호받는 신분을 근거로 환자를 차별하지만 않는다면 개업의들은 치료할 환자를 폭넓게 선택할 수 있다.* 이런 자유는 의사들이 정부의 다양한 바람막이 장치(예컨대 의대 정원과 레지던트 자리를 제한하거나, 해외 의대 출신 의사에게 재교육을 요구하는 정책) 덕분에 시장 원리에서 크게 비켜나, 의사 수를 계속 인위적으로

---

* 한국은 의사에게 진료 거부권을 허용하지 않고 있으나, 타당한 사유가 있는 경우 환자의 동의를 얻어 치료받는 병원을 옮기도록 조치할 수 있다.

낮추고, 그래서 진료비를 높인다고 비난받는 원인이다. 의술을 펼칠 재능이 있다고 해서 누구나 의사 면허를 받거나 병원 간판을 내걸지는 못한다. 의료계 진입을 억제하도록 설계된 복잡하고 시간이 많이 드는 자격 요건도 채워야 한다. 어떤 비평가들은 의사들이 자유 시장의 일원이 아니라 보호받는 조합의 일원이므로, 면허를 받는 대가로 자선 의료를 펼칠 의무를 져야 한다고 주장한다. 하지만 실제로는 그런 의무를 조금도 지지 않는다. 이는 종합병원의 의무와 사뭇 다르다. 종합병원은 1986년 제정된 응급치료 및 분만법Emergency Medical Treatment and Active Labor Act을 적용받아, 병원에 들어서는 환자라면 그 사람이 누구이든 모두 치료해야 한다.

의사가 치료 중인 환자를 함부로 포기하지 못하도록 보호하는 안전장치가 있기는 하다. 그래도 환자에게 다른 의료 제공자를 찾을 적당한 시간과 기회를 주기만 한다면, 의사는 대체로 환자를 '퇴출'할 수 있다. 예를 들어 정신의학에서는 다른 치료자를 찾기에 충분한 기간을 대부분 6개월로 본다. 대체로 6개월이면 다른 치료자를 어렵지 않게 찾을 수 있다.

그래도 실제로는 병원을 옮기는 데 다양한 이유로 어려움을 겪는 환자가 더러 있다. 가끔은 환자의 정신건강 상태나 건강정보 이해력이 워낙 떨어져 스스로 새로운 의료 제공자를 찾지 못하기도 한다. 예를 들어 치매를 앓는 환자에게 혼자서 다른 신경과 의사를 구하라고 요청해서는 안 된다. 그런 상황에서는 원래 치료를 맡았던 의사가 다른 병원으로 옮기는 일까지 도와야 할 것이다.

극소수이긴 하지만 다른 대안을 전혀 찾을 수 없는 환자들도 있다. 2009년에 세상의 이목이 쏠렸던 사건에서 애틀랜타주 그레이디 메모리얼병원은 다른 곳에서 치료받지 못하는 많은 미등록 이민자를 도왔던 투석 치료소를 닫았다. 뒤이어 법정 다툼이 진행되는 동안, 환자 일부는 본국으로 송환되었고, 일부는 메디케이드(미국에서 65세 미만인 저소득층과 장애인을 지원하는 공영 의료보험 – 옮긴이) 정책을 더 관대하게 운용하는 주로 옮겼다. 그리고 몇몇은 응급실을 찾아 긴급 투석을 받았다. 캘리포니아주에서는 심각한 중독과 행동 문제가 있는 투석 환자 브렌다 페이턴Brenda Payton이 제멋대로 행동한 탓에, 다른 병원에서 받아주지 않는데도 투석 병원에서 '퇴출'당했다. 캘리포니아 항소 법원은 1982년 판결에서 브렌다를 퇴출한 의사들의 손을 들어줬다. 이 판례가 캘리포니아 밖에서는 법적 구속력이 없지만 다른 주의 법원에 본보기는 될 것이다.

　　법원과 의료인협회는 돈을 좇거나 환자를 함부로 여겨 치료를 포기하는 의사들을 대개 탐탁지 않게 보지만, 환자가 도무지 진정될 기미가 없이 지독하게 행동한 사례에서는 지금껏 퇴출에 동감해왔다. 매케너 박사가 루신다와 관련해 어떤 결정을 내리든, 이 사실을 알면 위안이 될 것이다.

07

성적 환상도 신고 대상일까?

#아동 학대　　#합리적 의심

　가정의학과 의사 마투린에게 남성 환자 대니가 새로 찾아온다. 대니는 늘 잠을 설치고 기분이 들쑥날쑥하며 일에 집중할 수 없다고 투덜댄다. 그런데 증상을 설명하는 동안, 17세인 의붓딸과 관련한 성적 환상을 묘사한다. 가끔은 밤에 일어나 잠자는 의붓딸을 지켜본다고도 털어놓는다.

　"실제로는 아무 짓도 안 할 거예요. 99퍼센트 확신해요."

　그리고 잠시 뒤 덧붙인다.

　"제 환상을 아무한테도 말하지 않으실 거죠, 그렇죠? 아내가 알았다가는 저를 떠날 겁니다. 아내를 굉장히 사랑하거든요. 성생활은 만족스럽지 않지만요."

마투린이 사는 주에서는 의사가 보기에 아동 학대나 방치가 '합리적으로 의심'될 때 주정부의 아동 복지 기관에 신고해야 한다.

마투린 박사가 대니를 신고하면 주정부가 조사에 나설 테고, 그러면 대니의 아내가 그의 성적 환상을 알게 될 것이다. 그래도 마투린 박사가 이 사실을 신고해야 할까?

의사의 신고 의무

———

아동 학대는 이미 19세기부터 의료 문헌에 자주 보고되었다. 하지만 의사들이 아동 학대에 널리 주목한 시기는 1962년에 소아과 의사 C. 헨리 켐프C. Henry Kempe, 방사선 전문의 프레더릭 N. 실버먼Frederic N. Silverman, 정신과 의사 브랜트 F. 스틸Brandt F. Steele이 〈매 맞는 아이 증후군Battered Child Syndrome〉이라는 혁신적인 논문을 발표한 뒤부터다. 사람들은 이 논문에 뒤통수를 후려 맞은 듯한 충격을 느꼈다. 그 뒤로 1967년까지 미국의 모든 주가 의사들에게 학대로 보이는 사례를 신고하도록 요구하는 의무 신고 법령을 가결했다.

연방정부는 1974년에 아동 학대 예방 및 치료법을 제정해 주정부가 특정 연방 기금을 지원받으려면 아동 학대 신고를 의무 요건으로 반영하도록 요구했다. 많은 법령이 교사와 사회복지사 같은 아동 보호 인력은 물론이고 의료인에게도 아동 학대나 방치로 의심할 만한 사례를 신고하라고 요구한다. 실제로 학대가 일어났는지 판단할 책임은 정부 당국의 몫이다. 이런 신고 의무는 다른 형태의 학대를 다루는 법률과 다르게 작동한다. 이를테면 어떤 주에서는 의사에게 배우자 학대를 신고하라고 요구하지 않을 뿐만 아니라, 아예 신고를 금지한다. 신고 의무에서 이렇게 아동과 성인을 구별하는 까닭은 매 맞는 어른은 학대를 신고할 때 발생할 위험과 이득을 스스로 판단할 수 있지만 아이들은 그럴 능력이 없기 때문이다.

그런데 무엇을 아동 학대로 봐야 할까? 극심한 사례에서는 아동 학대를 정의하기가 쉽다. 하지만 학대와 훈육 사이에는 모호한 회색지대가 존재한다. 미식축구팀 미네소타 바이킹스의 러닝백 에이드리언 피터슨Adrian Peterson을 둘러싼 논란은 사람들이 이 경계 공간을 인지하는 계기가 되었다. 2014년에 피터슨은 네 살배기 아들에게 회초리를 휘두른 혐의로 고발되었다. 이 미식축구 스타는 회초리가 자기 지역사회에서 용인되는 체벌이라 주장했지만, 결국은 경범죄 폭행 혐의에 이의를 제기하지 않았다. 지금도 19개 주에서는 체벌이 합법이다.

〈보스턴글로브The Boston Globe〉의 기자 데버라 코츠Deborah Kotz가 2014년에 보도한 바에 따르면, "2012년 설문 조사에서 남성 77퍼센트, 여성 65퍼센트가 아이들은 가끔 '따끔하게 엉덩이를 맞아야' 한다고 답했다". 학대로 오해할 만한 문화 관행도 있다. 잠재적 아동 학대 사례에서 어려운 점은 또 있다. 상황을 축소해 신고하면 아이의 목숨을 위험에 빠뜨리고, 부풀려 신고하면 애먼 가족에게 꽤 큰 피해를 줄 위험이 있다는 것이다. 아이를 부모에게서 떼놓을 때가 많은 학대 조사는 온화하게 진행하기가 어렵다.

대니는 자신의 성적 환상을 고백해 마투린 박사를 곤경에 빠뜨렸다. 다행히 아직 환상을 행동으로 옮기지도 않았고, 절대 그렇게 하지 않을지도 모른다. 하지만 대니의 말대로, 비록 1퍼센트일 뿐이지만 그가 앞으로 언젠가 자신의 환상을 행동으로 옮길 가능성은 있다. 마투린 박사는 이 1퍼센트의 가능성만으로도 아동 학대라고 볼 '합리적 의심'이 성립하는지 판단해야 한다. 그리고 만약 그렇게 생각한다면 대니를 신고해야 한다. 의무 신고법은 그 자체가 명령이라 재량권을 허용하지 않는다.

하지만 대니의 행동에 '합리적 의심'이 성립하느냐를 판단할 때는 상당한 주관성이 개입한다. 즉 재량권이 발휘된다. 그런 탓에 아동 학대는 고민할 것 없이 반드시 신고해야 할 일이지만, 지금도 종종 의사들은 어떻게 선택해도 흡족하지 않은 결정을 내려야 하는 부담을 떠안는다.

08

정신과 주치의가
환자와 잤다고?

#부적절한 관계   #그루밍 성범죄

57세 이혼녀인 리타는 노련한 정신과 의사 스톡만에게 외래 치료를 받고 있다. 숫기가 없고 불안이 많은 그녀는 툭하면 자신이 하찮거나 쓸모없다고 깎아내린다. 성적 관계를 늘 억눌러왔다고도 말하더니, 결국은 평생 딱 한 번 흡족했던 연애가 있었다고 털어놓는다. 상대는 15년 전 리타를 치료한 다른 정신과 의사 프레토리우스 박사였다. 매주 한 번씩 한 달 동안 치료를 진행했을 때, 프레토리우스 박사가 느닷없이 이렇게 말했다.

"이제 당신을 치료하지 못하겠어요. 당신이 너무 매력적으로 보이거든요. 정말이지 당신과 사귀고 싶어요."

두 사람은 그때부터 2년 동안 몰래 만났다. 그러다 프레토리우스 박사가 관계를 끊었다. 증거는 없지만 리타는 프레토리우스가 다른 환자와 사랑에 빠졌다고 생각한다. 연인 사이가 끝난 것은 아쉽지만, 그렇다고 프레토리우스 박사와 사귄 일을 후회하지는 않는다. 그리고 스톡만 박사에게 비밀을 지켜달라고 강력하게 요청한다.

정신과 의사가 자기 환자와 성관계를 맺으면 설사 치료가 끝난 뒤라도 위법 행위로 간주해 대개 의사 면허를 박탈한다. 프레토리우스 박사는 지역에서 유명한 정신과 의사였지만 최근 은퇴했다. 이제 환자를 치료하지는 않고, 여러 위원회와 자문단에서 일한다.

스톡만 박사는 리타의 강력한 요청을 외면하고 주 의료위원회에 프레토리우스와 리타의 관계를 보고해야 할까?

의사와 환자 사이의 끌림

—

윤리 규범과 여러 주의 법률은 정신건강 분야에 종사하는 의료인과 환자의 성관계를 금지한다. 예컨대 캘리포니아주는 결혼 및 가족 전문 상담사가 치료를 마친 지 2년이 지나지 않은 내담자와 성관계를 맺는 것을 금지한다. 미국심리학회의 윤리 강령도 마찬가지로 심리상담사와 치료를 마친 지 2년이 지나지 않은 내담자와 관계를 맺는 것을 금지한다. 게다가 2년 뒤라도, 심리상담사가 내담자를 착취하지 않았다고 증명할 수 있는 '매우 특수한 상황'에서만 허용한다. 미국 정신과 의사에게 적용되는 규정은 더 엄격해, 자신이 치료한 사람과는 '절대' 성관계를 맺지 못한다고 봐야 한다. 주정부들은 의료인이 치료를 마친 지 한참 지난 환자와 결혼할 때조차 예외를 두지 않으려 한다. 단호한 법 규정을 포괄적으로 적용하는 근거는 그런 관계의 본질이 의사와 환자의 '감정 전이를 왜곡'하는 데 있기 때문이다. 쉽게 말해 심리치료가 끝난 뒤에도 의사와 환자가 결코 동등해지지 않아서다.

1970년대까지만 해도 정신과 의사와 환자의 성관계에 적용되는 법 규정이 훨씬 느슨했다. 듣자 하니 카를 융Carl Jung과 브루노 베텔하임Bruno Bettelheim 등 정신의학계의 많은 거물이 자기 환자와 불륜 관계를 맺었다고 한다. 1972년에 정신과 의사 셸던 H. 카드너Sheldon H. Kardener가 연구해보니, 로스앤젤레스에서 활동하는 정신과 의사 10퍼센트가 자신이 치료하는 환자와 성관계를 했다고 인정했다. 1973년까지만 해도 미국정신의학회는 그런 관계를 금지하지 않았다. 그러다 1975년 로이 대 하토그스Roy v. Hartogs 사건(1978년에 NBC가 립 톤Rip Torn과 레슬리 앤 워런Lesley Ann Warren의 TV 영화 〈배신Betrayal〉으로 제작했다)을 계기로, 정신의학계는 레나투스 하토그스Renatus Hartogs처럼 진료소를 여자 낚는 장소로 악용하는 의사들에게 완전히 등을 돌렸다.

하지만 이런 행태는 지금까지도 남아 있다. 1980년대에는 전 미국정신의학협회 회장 줄스 매서먼Jules Masserman이 과거에 치료했던 환자 4명에게 성폭력으로 고소당했다. 하버드의대 맥린병원 병원장이던 정신과 의사 잭 고먼Jack Gorman은 환자와 성관계를 맺은 뒤인 2007년에 의사 면허를 반납했다.

치료를 마친 지 시간이 한참 흐른 뒤에 지난날 치료했던 환자와 성관계를 맺는 것을 어떻게 볼지는 지금도 의견이 갈리는 문제지만, 이제 정신과 의사와 윤리학자 대다수는 치료자와 환자의 성관계가 윤리에 어긋난다고 본다.

환자의 가까운 친척과 사귀는 것도 우려를 불러일으키는 쟁점이라서 적어도 한 주의 의료위원회는 이 행위를 규정 위반으로 처벌한다. 대다수 주는 의사에게 동료 의사의 부정행위를 신고하도록 요구한다. 어떤 의사가 동료 정신과 의사와 환자가 동침한다는 사실을 알면, 대개는 당국에 그 위반자를 신고해야 할 도덕적 의무가 생긴다. 하지만 리타의 사례에서는 상황이 더 복잡하다. 스톡만 박사가 위반 행위 사실을 치료 과정에서 알았고, 리타가 그에게 아무런 조처도 하지 말라고 강력하게 요청하기 때문이다.

의사에게는 타인의 건강이나 안전을 심각하게 위협할지 모를 위험을 막고자 할 때라면 비밀 보장 의무를 어겨도 되는 꽤 큰 재량권이 있다. 만약 프레토리우스 박사가 지금도 환자를 치료하고 있다면, 스톡만 박사는 신의를 저버린 동료에게서 대중을 보호하려는 선택이 지금까지 리타와 맺어온 치료 관계를 훼손해도 되느냐는 어려운 과제와 마주했을지 모른다.

하지만 프레토리우스 박사가 어느 날 현장으로 복귀할 가능성이 여전히 남아 있더라도, 이제는 환자 치료에 활발하게 참여하지 않으므로 대중에게 미칠 위험은 매우 낮아 보인다. 이런 상황에서는 전부는 아니라도 윤리학자 대다수가 리타의 비밀을 발설하는 데 반대할 것이다.

스톡만 박사가 리타를 치료해 리타 스스로 이 문제를 의사면허위원회에 제기하도록 설득하는 것도 한 방법이다. 그렇게 된다면 정의를 실현할뿐더러 치료 효과도 입증하는 셈이다.

09

살인자가 의사가 된다면?

휴는 열여덟 살 때 신나치 패거리에 가담했다가 총격전에서 그만 상대 패거리 한 명을 죽이고 만다. 이 때문에 고의 살인으로 유죄판결을 받고 15년형을 선고받았는데, 3년을 복역했을 때 판사가 세부 법조항을 근거로 그를 풀어줬다. 교도소에 있을 때 고졸 검정고시에 합격했던 휴는 출소 뒤 각고의 노력 끝에 대학에 들어갔고, 생물학과 물리학에서 우수한 성적을 받고 졸업했다. 이제 27세인 그는 의사가 되기를 바란다. 그리고 의학전문대학원 입학시험에서 거의 만점에 가까운 점수를 받는다. 응시 원서에서 휴는 지난날 자신의 행동을 후회하고 이제는 백인우월주의와 완전히 손을 끊었다고 해명한다.

과거에 그런 죄만 저지르지 않았다면, 휴는 거의 틀림없이 미국 최고의 의학전문대학원에 합격했을 것이다. 많은 주가 유죄판결을 받은 중죄인에게 의료 행위를 허용하지 않지만, 휴는 의학전문대학원 입학 전에 범죄를 저질렀으므로, 의사면허위원회가 휴의 의료인 자격을 결정할 때 의학전문대학원이 입학 사정 과정에서 내린 판단을 그대로 따를 수도 있다. 따라서 휴가 의학전문대학원을 졸업하면 의사 면허를 받을지도 모른다.

의학전문대학원은 지난날 폭력을 휘두른 휴의 입학을 허락해야 할까?

직업 기준

—

여러 설문 조사에 따르면 의사는 한결같이 크게 신뢰받고 존경받는 직업으로 꼽힌다. 이런 존경은 대부분 의료 전문가의 진실성을 믿는 데서 비롯한다. 변호사 백에 아흔아홉은 변호사라는 직업에 먹칠한다는 오랜 농담이 있지만, 의사를 놓고서는 누구도 그런 말을 하지 않는다.

효과적인 의사-환자 관계를 확립하는 데 필수인 이런 폭넓은 신뢰를 유지하려면 의학전문대학원 의사면허위원회가 미심쩍은 기질이 있는 응시자의 입학과 면허 응시를 거절해야 한다. 미국의과대학협회Association of American Medical Colleges는 2002년부터 응시자에게 중범죄로 체포되어 유죄를 선고받은 이력을 응시 원서에 기재하도록 했다. 또 대학에 모든 예비 학생의 범죄 이력을 확인하라고 권고한다. '부도덕한 행위'는 역사적으로 의료계가 의사를 제명하는 기준이었다. 하지만 누군가는 부도덕하게 여기는 일을 누군가는 그렇게 여기지 않을 수도 있다. 한때 합의에 따른 동성애 행위는 부도덕한 범죄로 취급되었다. 애리조나주에서는 학자금 대출을 갚지 못한 이력이 있으면 변호사 업계에 발을 들일 수 없었다. 그런데 그 부도덕한 행위가 살인이라면 어떨까?

살인자가 의사가 될 가능성이 제기된 것은 2008년 스웨덴에서다. 신나치에 빠져 1999년에 유명한 노조 활동가를 살해한 죄로 유죄판결을 받은 칼 헬게 함푸스 헬레칸트Karl Helge Hampus Hellekant(나중에 칼 스벤슨으로 이름을 바꾼다)가 카롤린스카의과대학에 의대생으로 입학했기 때문이다. 일반적으로 스웨덴 의과대학은 전과 이력을 묻지 않는다. 헬레칸트도 응시 원서와 면접에서 범죄 이력을 밝히지 않았다. 그러다 고등학교 성적 증명서를 위조한 사실이 드러나 퇴학당했다. 하지만 헬레칸트의 사례는 스웨덴뿐 아니라 전 세계 의료계 문지기들을 꽤 깊은 성찰로 이끌었다.

헬레칸트의 입학을 비난한 많은 사람이 이런 물음을 던졌다. 과연 환자가 살인자였던 의사를 신뢰할까? 또한 다른 지원자 대신 헬레칸트의 입학을 허락한 의과대학의 결정이 대중에게 피해를 주지 않았을까? 만약 헬레칸트가 의술을 펼치도록 허락한다면 전체 의사에 대한 신뢰를 떨어뜨리지 않을까?

〈뉴욕타임스〉 기고가 로런스 올트먼Lawrence Altman에 따르면 당시

카롤린스카대학교 총장이던 하리에트 발베리-헨릭손Harriet Wallberg-Henriksson은 학교 윤리위원회에 이 사건을 넘겨 지침을 요구했다. 총장은 이렇게 물었다.

"교육자와 학교 운영자들은 유죄판결을 받은 전력이 있는 범죄자 출신 학생의 과거를 환자들에게 알려야 할까요?"

무엇보다도 의대생은 수련 기간에 환자와 광범위하게 교류한다. 헬레칸트를 옹호하는 사람들은 헬레칸트가 남다른 경험이 있으므로, 그동안 의료를 충분히 지원받지 못한 죄수와 전과자들을 진료하는 데 누구보다 적합하지 않겠냐고 주장했다.

그런데 앞서 언급한 휴 같은 지원자가 의술을 펼치지 못하도록 제외해야 한다면, 어디쯤에서 경계를 그어야 할까? 금융 사기범은 실격일까? 음주 운전은? 무면허 낚시는? 법조계 또한 눈길을 끌었던 몇몇 사례에서 비슷한 물음을 맞닥뜨렸다.

16세에 차를 훔쳐서 8년 동안 복역했던 레지널드 드웨인 베츠 Reginald Dwayne Betts는 출소 뒤 예일대 법학대학원을 졸업했다. 코네티컷주 변호사시험위원회는 처음에 도덕적 '기질과 적합성'을 이유로 베츠의 변호사 면허 응시를 거부했으나 결국은 받아들였다. 베츠는 2017년에 변호사 면허를 받았다. 이 사례는 〈뉴리퍼블릭The New Republic〉의 전직 기자 스티븐 글라스Stephen Glass와 대조를 이룬다. 특집 기사를 잇달아 날조했던 글라스도 나중에 캘리포니아주 변호사협회에 가입 신청서를 냈지만 캘리포니아주 대법원은 그의 지원을 받아들이지 않았다. 이 결정에 따라 글라스는 법률 보조원으로 일해야 했다.

휴가 의술을 펼치도록 허락할 때 어떤 장점이 있든, 그런 결정은 대중의 호응을 얻지 못할 것이다. 사람들은 대체로 변호사에게 기대하는 것보다 훨씬 높은, 최고 수준의 윤리 기준을 의사에게 기대하기 때문이다.

10

의사가 고문 행위에
참여해도 될까?

#비윤리적 행위   #직업윤리

배너 박사는 미국 해군의 군의관이다. 어느 날 상관이 배너에게 테러 행위 용의자로 억류된 몇몇 사람에게 '강화 심문 기법'을 사용하려 한다고 알린다. 이 기법은 말이 좋아 심문이지 고문이라는 비난을 더러 받는다.

심문 과정에서 억류자가 한 명이라도 응급처치를 받아야 할 상황이 벌어질지 모르니, 해군은 치료에 나설 의사가 대기하기를 바란다. 부대 지휘관은 배너에게 "자네는 장교 휴게실에 앉아 신문만 읽으면 되네. 응급 상황이 생기면 자네를 부르지"라고 말한다. 배너의 상관도 설사 응급 상황 시 손쓸 의사를 찾지 못하더라도 당국은 어쨌든 의사가 없는 채로 심문을 밀고 나갈 것이라고 말한다. "자네에게

이 일을 강요하지는 않겠네만, 자네가 꼭 맡아줬으면 좋겠네. 조국도 자네가 꼭 그래 주기를 바랄 걸세. 이건 우리가 마땅히 해야 할 일이야."

배너 박사가 상관이 요구한 대로 이 심문 과정에 간접 참여한다면, 윤리적일까?

강화 심문

오랫동안 의료윤리 규범은 의사가 고문에 참여하는 것을 금지했다. 1975년 세계의사회World Medical Association 도쿄 선언, 1982년 UN 의료윤리원칙United Nations Principles of Medical Ethics, 1984년 UN 고문방지위원회United Nations Convention against Torture가 잇달아 이런 금지령을 제시했다. 미국의사협회 의료윤리강령은 한 걸음 더 나아가, "의사는 고문을 사용하거나 위협하는 현장에 참석해서는 안 된다"라고 언급한다. 또 "죄수나 억류자에게 큰 도움이 된다면 의사가 이들을 치료해도 괜찮겠지만, 고문을 시작하거나 계속 진행해도 괜찮은지 확인하고자 이들을 진료해서는 안 된다"라고 경고한다.

미군이 사용하는 '강화 심문 기법'이 고문에 해당하느냐는 꽤 큰 논란거리였다. 부시 행정부가 관타나모만에 억류한 수감자들을 심문하려 할 때, 법무차관보 존 유John Yoo와 법무부 보좌관 제이 바이비Jay Bybee는 그런 기법이 고문에 해당하지 '않는다'고 조언했다. 인권을 위한 의사회Physicians for Human Rights 같은 비판자들은 이 의견에 강하게 반대한다. 미국의사협회와 미국정신의학회는 회원들에게 강화 심문에 참여하지 말라고 권고하지만, 미국심리학회는 한때 그런 참여를 승인했다. 들리는 바로는, 심리학자 제임스 엘머 미첼James Elmer Mitchell 과 브루스 제센Bruce Jessen이 알카에다 관련 수감자들을 조사하는 데 참여했다고 한다. 두 사람은 나중에 이런 억류자 몇몇을 대신한 미국시민자유연맹American Civil Liberties Union에 고소당했다. 소송은 비공개를 조건으로 합의 종결되었다.

배너 박사는 강화 심문에 직접 참여하라는 요청을 받지는 않았다. 엄밀히 말하면 그가 있든 없든 그런 심문을 진행한다고 통보받았을 뿐이다. 게다가 그가 맡을 역할이라고는 의료적으로 나쁜 결과가 나타난 죄수를 돕는 것뿐이다. 그러나 따지고 보면 환자 일부는 그의 치료를 받아 회복한 탓에 심문을 더 많이 받을 수도 있다. 그런 상황이라면, 또 강화 심문 기법이 실제로는 고문이라면, 배너 박사는 고문이 계속 이어지도록 돕는 셈이다.

이 시나리오의 본질은 한 사람이 비윤리적 행위에 얼마만큼 연루될 때 그 행위에 도덕적 책임을 느껴야 하느냐다. 의사가 법 집행에 관여하는 여러 영역에서 이와 같은 물음이 제기된다. 예를 들어 미국 연방대법원은 사형수가 사형 집행 사유를 이해해야만 형을 집행할 수 있다고 본다. 그런데 주요 의료기관 대다수는 의사가 사형 집행에 참여하는 것을 금지하므로, 정신과 의사가 정신질환을 앓지 않는 사형수에게 처형 사유를 이해할 능력이 있다고 보증하려면 소속 기관에 허락을 받아야 한다. 배너 박사가 자신이 응급 처치를 할 수 있도록 대기하는 쪽이 억류자들에게 도움이 된다고 여겨도 부당하지는 않을 것이다. 하지만 그의 평판이, 또 의사라는 직업의 평판이 비윤리적일 수 있는 행동을 합법화하는 수단이 될 때 일으킬 해로움이 그런 고귀한 의도를 넘어서지는 않는지 반드시 저울질해보아야 한다.

11

건강 문제가
주가에 영향을 준다면?

#의료정보   #주가조작

종양 전문의인 호크아이 피어스 박사는 뉴욕시 월스트리트 근처에서 최고급 병원을 운영한다. 박사의 환자 가운데 말기 뇌종양을 치료받고 있는 헤르만은 미국 대기업의 최고경영자다. 최근 헤르만의 회사가 덩치가 더 큰 어느 미국 기업과 합병하기로 합의했다. 공개된 합병 계획에 따르면, 합병된 회사는 앞으로 그 분야의 귀재인 헤르만이 이끌 예정이다.

핼쑥하고 파리해 보이는 헤르만을 둘러싸고 건강에 문제가 있다는 소문이 나돈다. 하지만 헤르만은 자신의 초췌한 모습이 오랫동안 앓아온 빈혈 탓이라고 공표한다. 언론에 대고 "빈혈만 빼면 저는 황소처럼 튼튼합니다. 다른 문제는 하나도 없어요. 의사들이 저더러 앞으로

50년은 더 살 거라더군요." 하고 호언장담한다. 헤르만의 발언으로 두 회사의 주가가 20퍼센트 넘게 치솟는다. 피어스 박사는 헤르만의 발언이 사기성 주가조작에 해당하며 불법일 수 있다는 사실을 안다.

피어스 박사는 이 내용을 증권거래위원회에 알려야 할까?

최고경영자의 책임

—

미국의 재계 인사들이 자신의 의료정보를 주주들에게 공개하는 수준은 저마다 천차만별이다. 이를테면 구글의 공동 창업자 세르게이 브린Sergey Brin은 2008년에 자신이 파킨슨병과 관련된 돌연변이 유전자를 보유하고 있어 먼 미래에 언젠가는 장애를 겪을 위험이 크다고 발표했다. 이와 정반대로, 애플의 공동 창업자 스티브 잡스Steve Jobs는 췌장 신경내분비 종양을 치료한다는 사실을 아주 오랫동안 감쪽같이 감췄다가 2011년에 끝내 사망했다.

우리가 아는 한, 건강 문제를 재빨리 낱낱이 공개하는 쪽을 택한 유명한 경영자로는 제너럴모터스General Motors의 해리 J. 피어스Harry J. Pearce, JP모건 체이스JPMorgan Chase의 제이미 다이먼Jamie Dimon, 버크셔해서웨이Berkshire Hathaway의 워런 버핏Warren Buffett이 있다. 이와 달리 크래프트푸즈Kraft Foods는 2004년에 당시 최고경영자 로저 디로미디Roger Deromedi가 병가를 떠난 이유를 밝히지 않았고, 베어스턴스Bear Stearns는 2007년에 최고경영자 제임스 케인James Cayne이 생사를 오가는 패혈증으로 입원했을 때 이를 철저히 숨겼다.

경영계 유명 인사들이 심각한 질환을 앓을 때 그 사실을 증권거래위원회에 알려야 하는지, 알린다면 어디까지 알려야 하는지는 오랜 논란거리다. 증권 소송 전문가 앨런 호리치Allan Horwich는 1934년 제정된 증권거래법에 따라 적어도 "재계 유력 인사의 건강과 관련해 일부러 거짓 자료를 언급"하는 것은 불법이라고 주장했다. 미국 법원도 이 주장에 대체로 동의한다. '유력 인사'와 '자료'의 정의를 따질 수야 있겠지만, 뇌종양으로 죽어가는 최고경영자 헤르만의 공언이 법규의 선을 넘지 않았다고 옹호할 사람은 거의 없을 듯하다.

하지만 이 시나리오가 던지는 물음은 헤르만이 투자자들에게 자신의 진단명을 밝힐 법적 의무가 있느냐가 아니라, 피어스 박사가 헤르만의 진단명을 증권거래위원회에 알리는 것이 윤리적으로 허용되느냐다. 연방정부의 '건강보험 양도 및 책임에 관한 법'과 많은 주 법령은 의사가 비밀 보장 의무를 깰 근거를 환자의 행위가 "개인 혹은 공공의 건강이나 안전을 당장 심각하게 위협"할 때로 제한한다. 예컨대 폭력 범죄의 피해자가 될 수 있는 사람에게 경고하는 것은 확실하게 이 예외에 해당한다. 사실 많은 주가 의사에게 그런 경고를 보내라고 요구한다. 연방법에는 탈옥수를 만났거나 병원에서 범죄가 일어났을 때 의사가 신고하는 것을 허용하는 다른 예외도 명시되어 있다. 이런 예외를 제외하면, 의사들은 대체로 비밀 보장 의무를 어겨서는 안 된다.

확실하지는 않지만, 판사나 배심원이 헤르만의 부정직한 발표가 공익을 심각하게 위협한다고 볼 가능성은 적어 보인다. 비밀을 지켜야 하는 내용의 본질이 의료 비밀이라는 사실도 비밀 보장 의무를 지키는 쪽에 무게를 싣는다. 하지만 대규모 금융 사기가 얽힌 탓에 의료진이 비밀 보장 의무를 어기는 쪽이 더 바람직한 사례도 생각해볼 수 있다. 어느 의사가 다단계 금융 사기꾼 버니 메이도프Bernie Madoff나 엔론Enron 경영진을 당국에 넘겼다고 생각해보라. 흥미롭게도 주 법원은 소송 당사자에게 의사와 환자 간 상담 내용을 증언하지 않을 특권을 부여하지만, 연방정부는 그렇게 하지 않는다. 따라서 헤르만이 끝내 증권법 위반으로 기소되면 피어스 박사는 어쩔 수 없이 헤르만에게 불리한 증언을 해야 한다.

한동안 우리 사회는 크게 볼 때 의사와 환자의 신뢰를 보호하는 쪽이 금융비리 사건에서 비밀 보장 의무 파기를 허용하여 얻는 사회적 이득보다도 더 중요하다고 판단했다. 따라서 법적으로는 피어스 박사의 손발이 묶여 있는 셈이다. 하지만 지난 10년 동안 드러난 다양한 금융사기를 고려하면, 꼭 이렇게 의사들의 손발을 묶어야 하느냐는 물음에 답하기가 더 만만치 않다. 물론 피어스 박사가 조리 있는 언변으로 헤르만을 설득해 스스로 진실을 털어놓도록 마음을 돌리는 것도 좋은 방법이다. 또 헤르만이 다른 곳에서 적절한 치료를 받을 수만 있다면, 헤르만이 대중을 속이는 한 더는 진료를 맡지 않겠다고 거절하는 것도 한 방법이다. 아, 그리고 혹시 궁금해할까 봐 말하는데, 피어스 박사가 주가 하락을 예상하고 헤르만네 회사의 주식을 공매도하는 건 불법이자 비윤리적 행위다.

12

공익을 위해
과거의 비윤리적 실험을 용인해도 될까?

#비윤리적 연구   #의료윤리

의대생인 에마는 한가한 시간에 재미 삼아 역사를 연구한다. 지금은 자신이 사는 주의 주립병원에서 1960년대에 정신장애 아동들에게 잇달아 진행한 오크필드 간염 실험을 주제로 논문을 쓰고 있다. 이 중 가장 충격인 실험은 바이러스 간염의 다양한 치료 후보군을 연구하고자, 지능지수가 70 이하인 환자 중에서도 주로 흑인인 유아에게 일부러 바이러스 간염을 감염시킨 것이다. 그나마 다행히 죽은 아이는 없었지만, 몇몇 아이는 심각한 증상을 보였다. 그때는 주류 연구자들이 그런 연구를 반대할 만한 일로 여기지 않았지만, 이제는 피실험자를 학대한 비윤리적 연구의 한 사례로 본다.

에마는 오크필드 기록물보관소에서 당시 실험에 자원한 대학생

몇 명의 이름을 언급한 자료를 찾아낸다. 그중 한 명이 이제 75세가 된 밴 헬싱 박사인데, 에마의 학교에서 가장 솜씨 좋은 의사이자, 지역병원의 환자 복지와 전 세계의 인권을 오랫동안 소리 높여 옹호한 인물이다. 에마는 밴 헬싱 박사가 오크필드 실험에 참여한 사실이 드러나면 그의 명예가 크게 떨어질 것을 안다. 하지만 밴 헬싱 박사가 이 비극에서 자신이 맡았던 역할을 한 번도 밝히지 않았다는 점이 마음에 걸린다.

에마는 논문에서 밴 헬싱 박사의 과거를 밝혀야 할까?

진화하는 윤리 규범

의료윤리와 연구 규범은 끊임없이 진화한다. 의료계의 걸출한 인사들 가운데도 지금 시각으로 보면 변명하기 어려운 행위에 발을 담근 사람이 더러 있다. 이를테면 소아마비 백신을 발명한 유명한 의사 조너스 소크Jonas Salk는 그전에 정신질환자의 콧구멍에 '야생형 독감 바이러스'를 분무하는, 논란이 큰 연구에 참여했다. 현대 부인과 의학의 아버지인 J. 매리언 심스J. Marion Simms가 초기에 얻은 명성은 흑인 노예 여성을 마취하지 않은 채 수술하는 실험에서 비롯했다.

당시에는 별문제 없었으나 이제는 매우 비윤리적인 것으로 드러난 실험도 있다. 예컨대 1932년부터 1972년까지 미국 공중보건국 연구자들이 진행한 악명 높은 터스키기 매독 실험에서는 매독을 치료하지 않으면 병세가 어떻게 진행하는지 지켜보고자, 매독에 걸린 가난한 흑인 남성들을 치료하지 않은 채 내버려뒀다. 의료계가 이런 추악한 역사 기록을 바로잡고자 온갖 노력을 다한 지 이제 겨우 몇십 년이 지났을 뿐이다. 예를 들어 나치에 협력한 의사 프리드리히 베게너Friedrich Wegener와 한스 라이터Hans Reiter의 이름을 딴 병명에는 최근에야 다른 이름을 붙였다. 뉴욕 센트럴파크에 있었던 심스의 동상도 2018년 철거했다.

현대사회는 지난날 저지른 잘못을 인정하는 것을 꽤 중요하게 여겨, 잘못을 솔직하게 인정하면 대체로 응징하기보다 호의를 베푼다. 이런 현상은 아르헨티나와 남아프리카공화국을 포함해 여러 나라에서 다양하게 운영한 '진실과 화해 위원회'에서 볼 수 있다.

하지만 높이 평가받는 인물의 어두운 과거를 폭로하면 그 인물의 이미지만 손상하는 게 아니라, 가치 있는 대의를 옹호한 그의 능력까지 무너뜨릴 것이다. 예컨대 독일의 노벨상 수상자 귄터 그라스Günter Grass가 제2차 세계대전 때 나치 무장친위대 대원이었다는 폭로는, 그라스의 전기 작가 말을 빌리자면 '도덕적 인물의 종말'을 낳았다.

밴 헬싱 박사가 대학생 때 참여한 실험은 현대의 윤리 기준에 분명히 어긋나지만, 1960년대부터 1970년대에 걸쳐 환자의 권리가 혁신적으로 개선되기 전까지는 그런 실험이 흔하디흔했다. 그렇지만 밴 헬싱 박사가 맡은 역할이 아무리 하찮았을지언정 역사가 그의 실험 참여를 재평가해야 한다는 주장이 나올 수 있다. 에마가 자신이 발견한 사실을 밝히는 것은 밴 헬싱 박사가 감염시킨 아이들을 위해

마땅히 해야 할 일이다. 그런데 사실이 폭로되면 밴 헬싱 박사가 더는 환자의 권리와 인권을 옹호하지 못할 것이다. 따라서 지금 더 많은 사람의 목숨을 살리는 데 도움이 된다면 과거의 피해자를 위한 정의를 포기해야 한다는 주장이 나올 수도 있다. 물론 많은 사람이 그런 공리주의식 접근법을 꺼림칙하게 여길 것이다.

2부

개인과 공공
사이의 문제들

고대부터 철학자들은 개인의 행복과 집단의 이익 사이에서 균형을 잡는 문제로 골머리를 앓았다. 18세기 유럽의 계몽주의는 철학자 존 로크John Locke의 저술을 근거로 개인의 자유를 우선했다. 이어 제러미 벤담Jeremy Bentham과 존 스튜어트 밀John Stuart Mill 같은 공리주의 철학자들은 계몽주의의 여러 가치관을 수용하면서도, 최대 다수의 최대 이익을 달성하는 정책을 목표로 삼아야 개인 행복의 총합이 가장 커진다고 주장했다. 비슷한 시기에 다른 쪽에서는 로버트 오웬Robert Owen의 유토피아를 추종한 초기 사회주의자부터 카를 마르크스Karl Marx의 후예인 볼셰비키까지 다양한 공동체주의 옹호자들이 개인주의가 집단행동을 가로막는 걸림돌이라고 비난했다.

현대사회의 의료는 서로 경쟁하는 여러 가치관을 뒤섞어 반영한다. 누군가는 개인의 자유가 확장되는 쪽을 선호하겠지만, 거의 모든 시민이 공영이나 민영 의료보험에 의존하는 체계에서는 개인의 결정이 다른 모든 사람의 보험료와 세금에 영향을 미친다. 이와 달리 공리주의 가치관을 따르면 의료의 전체 성과가 높아지겠지만, 더러는 설사 자신의 장기로 더 많은 목숨을 살릴 수 있을지라도 임의로 선택한 시민들에게 장기를 나눠주는 쪽을 선호하는 사람이 있기 마련이다.

현대사회가 바로 이런 특성을 보이므로 권리와 의무, 개인과 공동체가 끊임없이 진화하는 복잡한 상호 보완 작용을 주고받아야 한다. 우연과 상황이 겹치면 누군가는 이웃의 행복을 위해 다른 이들보다 훨씬 큰 희생을 요구받을 수밖에 없다. 역사를 되돌아보면 그런 부담을 가장 무겁게 떠안은 사람들은 주로 정치권력과 사회자본에서 가장 멀리 떨어진 이들이었다.

현대의 의료윤리학자와 정책 입안자들은 종종 스스로 이런 물음을 던진다. 요구해서는 안 되는 지나친 희생이란 얼마나 큰 희생을 뜻할까? 개인이 공공의 이익 앞에서 자신의 권리나 이익을 양보하지 않겠다고 거부하면 어떻게 해야 할까? 기술과 세계화로 세상이 갈수록 더 많이 연결되므로, 이런 물음의 답이 더 중요해진다. 하지만 답을 찾기는 더 어려워지기 일쑤다.

13

아이를 낳지 않으면
돈을 준다고?

#약물남용 치료　　#임신 중단

유아보호서비스라는 비영리단체가 약물남용 치료를 받은 여성들이 1년 동안 약물을 끊었음을 증명하면서 동시에 임신하지 '않으면' 그 사이 다달이 1,000달러를 주려고 한다. 술과 코카인 같은 여러 중독성 약물이 선천성 장애를 일으킬 위험이 큰 데다, 약물에 중독된 부모는 아이를 보호할 안전하고 안정된 가정을 유지하지 못하기 일쑤이기 때문이다.

이 단체는 뉴욕시의 저소득 주민에게 약물중독 및 알코올의존증 재활 과정을 제공하는 스톤콜드협회에서 치료받았거나 치료받고 있는 모든 환자를 프로그램 참여 대상에 포함하고자 한다. 그래서 스톤콜드협회에 요청해 건물 로비에 안내 포스터를 붙인다. 포스터를 보

고 흥미를 느끼는 환자들은 유아보호서비스에 등록한 뒤 다달이 약
물검사와 임신검사를 받고, 두 검사 모두에서 음성으로 나오면 매달
1,000달러를 받을 것이다.

이런 프로그램이 윤리에 어긋나지는 않을까?

약물남용자의 권리
—

1980년대의 '코카인 아이' 이야기처럼 임신 및 중독과 관련한 특
정 이야기가 과장되어 나돌았을지는 몰라도, 임신 기간에 일어나는
심각한 약물남용이 꽤 많은 경제·사회 비용으로 이어진다는 것을
의심하는 사람은 거의 없다. 예를 들어 술은 미국에서 지적장애와 선
천성 장애를 일으키는 '예방 가능한 원인'으로 손꼽힌다. 태아가 자
궁에서 마리화나에 노출되면 호흡 곤란, 시력 저하, 정신건강 문제 등
을 일으킬 수 있다. 코카인에 노출되었을 때 선천성 장애를 얼마나
많이 일으키는지에 관해서는 아직 의견이 갈리지만, 대개 미숙아로
태어나거나 주의력 결핍을 겪는다고 한다. 게다가 많은 중독자가 양
육권을 잃는 탓에 아이가 위탁 보호를 받는 신세가 된다.

그렇지만 서구 문화에서는 재생산과 양육을 기본권으로 폭넓게
인식하므로, 그런 권리를 제한하려는 국가의 노력은 특히 미국에서
우생학 운동이 남긴 얼룩진 역사에 비추어볼 때 윤리학자와 대중 양
쪽에서 대체로 냉담한 반응을 맞닥뜨린다. 어느 말마따나, "개를 키

울 때는 허가를 받아야 하지만, 아이를 키울 때는 그럴 필요가 없다".

1997년에 캘리포니아에서 바버라 해리스Barbara Harris라는 여성이 이 문제에 맞서고자 나섰다. 코카인에 중독된 어느 산모에게서 이미 아이 넷을 입양한 해리스는 지금은 예방프로젝트Project Prevention로 알려진 '돌봄공동체가 필요한 아이들Children Requiring a Caring Kommunity; CRACK'을 세웠다. 목적은 중독자들에게 돈을 줘 임신하지 않게 하는 것이었다. 처음에는 장기 피임 수단보다 난관 결찰술과 정관 결찰술 같은 불임시술을 받을 때 돈을 더 많이 줬지만, 이제는 압력에 못 이겨 자궁 내 피임 기구나 호르몬 요법을 선택하는 사람들에게도 불임시술을 받는 사람과 똑같은 금액을 준다.

사람들은 이런 활동에 대해 다양한 반응을 보인다. 앨버커키시는 해리스를 돕는 사람들을 가차 없이 교도소에 보냈지만, 브루클린대학병원의 임상 사회복지사인 아틸리오 리조 주니어Attilio Rizzo Jr.는 이 프로그램이 뉴욕에 처음 등장했을 때 〈뉴욕타임스〉에 "하늘이 준 선물이다"라고 묘사했다.

이와 달리 도시 빈민 여성과 소수 인종 여성을 옹호하는 사람들은 이 단체가 이런 여성들을 목표로 삼는 데 반대했다. 미국임신부지지모임을 설립한 린 펠트로는 2003년에 〈타임Time〉에서 이렇게 주장했다. "해리스가 하는 일은 어떤 사람들이 아이를 낳기에는 위험한 지역이 있다고 암시합니다. 아이를 낳을 가치가 없는 사람들이 있다고요. …… 나치가 그렇게 말했죠. 병자와 유대인에게 불임시술만 해도 경제가 개선된다고요." 2010년 예방프로젝트가 영국에 전파되었을 때도 비슷한 논란이 일었다.

해리스는 자신을 아동 학대에 맞서 싸우는 운동가라고 생각하지만 비판자들은 해리스가 대상을 잘못 골랐다고 주장한다. 해리스가 중독자들에게 아이를 낳지 말라고 강요하는 대신, 이들이 중독을 극복하거나 삶을 개선하도록 도와야 한다는 뜻이다.

시나리오에서 제시한 유아보호서비스는 이 두 접근법 사이에서 균형점을 찾으려 애쓰는 듯 보인다. 돈을 줘서 약물을 끊고 임신을 미루도록 해, 이 여성들이 단기간에 약물중독을 극복하고 앞으로 아이를 낳고 키울 준비를 하도록 장려하는 것 같다. 하지만 중독에 취약한 여성에게 약물을 끊는 대가로 1,000달러를 주는 것이 오히려 문제를 더 키우는 꼴이 될지도 모른다. 유아보호서비스 수혜자 가운데 1년 뒤 실제로 약물중독에서 벗어난 사람이 얼마나 있을지 고개를 갸웃거리지 않을 수 없다.

14

나를 강제로
중독 치료소에 보낸다고?

────

#알코올의존증   #치료감호   #약물중독

변호사인 클레이는 심각한 알코올의존증에 시달린다. 클레이는 이미 직장까지 잃었다. 가족들은 클레이가 알코올의존증을 치료받지 않으면 말도 섞지 않겠다고 한다. 이제 노숙자가 된 클레이는 지나가는 사람들에게 구걸해 얻은 돈으로 술을 사 마신다. 지난 석 달 사이, 밤에 만취해 정신을 잃고 인도에 쓰러진 채 발견된 탓에 구급차에 실려 응급실로 이송된 날이 무려 42일이다. 잠을 푹 자서 술기운이 가신 아침이면, 의사들에게 다시 술을 마시겠다는 말을 남기고 응급실을 떠난다.

발작이 일어나 한 주 동안 비싼 입원 치료를 받은 적도 몇 번 있다. 비용은 주정부의 빈민층 지원 보험으로 충당했다. 클레이는 알코올의존증 치료는 물론이고, '익명의 알코올의존자들Alcoholics Anonymous' 모임에 이름을 올리는 것조차 마다한다. "나는 술을 끊고 싶지 않아요. 술을 마시는 게 '좋다고요'."

클레이가 입원한 병원의 의사 중 한 명인 마사 리빙스턴 박사는 클레이를 치료하느라 많은 혈세가 허비되는 것이 불만이다. 그래서 지방 정부가 만성 알코올의존증 환자(30일 동안 10번 넘게 술에 취해 병원에 실려 온 사람으로 정의한다)를 강제로 3개월간 재활치료소에 보내는 법을 통과시키기를 바란다.

지방 정부는 그런 법을 제정해야 할까?

약물 법정

미국에서는 권역 응급의료센터 입원 환자 약 절반을 포함해, 응급실을 찾는 환자 상당수가 술과 약물 관련 환자다. 미국 보건복지부에 따르면, 그런 이유로 응급실을 찾는 횟수가 연간 200만 건이 넘는다. 이 가운데 많은 비중을 차지하는 만성 약물남용자는 술이나 약물에 취한 상태로 병원에 오가기를 되풀이한다. 이들의 치료비는 대개 메디케이드를 통해 납세자가 부담하거나, 병원에서 자선 치료 예산으로 처리한다. 주 법령에 따라 많은 보험사가 술과 관련한 응급 진료에는 보험금을 지급하지 않아도 된다.

크랙 코카인(가열해서 연기 형태로 흡입하는 코카인. 일반 코카인보다

값이 싸고 흡수 속도는 빠르지만, 효과가 매우 짧고 중독성은 매우 강하다 -
옮긴이)이 극도로 유행했던 1989년에 플로리다주의 마이애미데이드
카운티가 미국에서 처음으로 '약물 법정drug court'(범죄를 저지른 중독
자와 정신질환자에게 치료 명령을 내릴지 판단하는 법정 - 옮긴이)을 세운
뒤로, 현재는 3,000곳이 넘는 약물 법정이 운영되고 있다.

이제 판사들은 중독자들에게 치료를 강제하는 전환 프로그램을
갈수록 더 많이 명령하고 있다. 이런 의무 재활 프로그램을 지지하는
사람들은 프로그램을 이수한 사람 중 4분의 3이 2년 안에 다시 체포
되는 일이 한 번도 없어, 기존 방식에 견줘 중독자 1인당 세금을 평균
6,744달러 아낀다고 언급한다.

이에 맞서 비판자들은 이런 프로그램이 환자를 위해 의료 결정을
내릴 권한을 판사에게 줄뿐더러, 판사들이 헤로인 중독 치료법 중 하
나인 메타돈 유지법을 거절하는 등 그릇된 결정을 내리기 일쑤라고
비난한다. 어떤 장단점이 있든, 약물 법정은 개인이 음주 운전과 마약
거래 같은 형사범으로 기소되었을 때만 조처한다. 따라서 클레이 같
은 만성 알코올의존증 환자는 대부분 이런 사법 관할권에 영향을 받
지 않는다.

더 최근에는 몇몇 주가 만성 알코올의존증 환자와 약물중독자의
가족이 법원에 치료를 명령해달라고 청원할 수 있는 법을 제정했다.
2004년에 켄터키주는 23세에 약물 과다 복용으로 숨진 케이시 웨딩
턴Casey Wethington의 이름을 따 케이시법Casey's Law을 도입했다. 이 법에
따르면 "술과 여러 약물남용 장애에 시달린 나머지 치료를 받지 않

으면 자신이나 가족, 타인을 위협하거나 위험에 빠뜨릴" 사람의 가족이나 친구가 요청할 때, 판사가 재활치료를 명령할 수 있다. 이때 청구인이 유일하게 주의할 사항은 치료비를 자신이 내겠다고 동의해야 한다는 것이다. 비슷한 법률이 오하이오주에서도 제정되었다. 인디애나주에서는 2015년에 제정한 제니퍼법Jennifer Act에 따라, 약물남용자가 '위험'이나 '심각한 장애'를 보일 때 치료감호를 강제할 수 있지만, 재활 시설이 그 환자를 기꺼이 수용하려 하는지와 치료비를 확실히 마련할 수 있는지를 가족이나 의사가 확인해야 한다.

더 제한된 치료를 허용하는 주도 여럿 있지만, 대다수 주는 중독자의 가족에게 아무런 도움을 제공하지 않는다. 그러니 가족이나 친구들이 전혀 관심을 보이지 않으면 대개는 병원이 어떻게 손쓸 방법이 없다. 물론 만성 약물중독자치고 지지를 보낼 가족이나 친구가 있는 사람은 드물다.

2013년에 오스트레일리아 노던준주는 클레이 사례에서 리빙스턴 박사가 지지한 것과 비슷한 프로그램을 마련했다. 이제는 두 달 사이에 알코올의존증으로 경찰에 세 번 보호 처분을 받은 사람은 누구든 의무 재활치료를 받아야 한다.

의무 재활에 반대하는 사람들은 질병을 범죄로 보는 일이 벌어지지 않을까 우려한다. 어떤 반대자들은 개인의 결정권을 근거로 든다. 만약 클레이가 술을 끊고 싶지 않다면, 사회가 무슨 권리로 그에게 금주를 강요할 수 있을까? 하지만 클레이의 행동으로 발생하는 비용을 납세자가 치른다면 자기결정권을 주장하는 항변이 그리 설득력이 없을 것이다. 아니면 더 급진적인 다른 대안을 적용할 수도 있다. 이 때는 클레이가 계속 술을 마셔도 되지만, 여러 차례 경고한 뒤 술과 관련한 응급 진료를 이용하지 못하게 차단할 것이다.

15

바이러스 보균자를
강제 격리해야 할까?

#의무 격리   #전염성 바이러스

어느 여름, 지금까지 알려지지 않은 바이러스가 미국의 한 대도시에 나타난다. 환자 대다수는 지독한 독감을 앓을 때처럼 열, 두통, 메스꺼움 증상을 보인다. 하지만 환자 일부, 특히 어린아이들은 꽤 심한 내출혈을 일으킨다. 8월까지 시 보건 당국이 확인한 바로는 93명이 감염되었고, 6명이 위중한 상태다. 환자 대다수는 가볍게 앓고 마는데도 왜 어떤 환자는 중증으로 발전하는지에 관해선 아직 답을 찾지 못했다.

공중보건 종사자들이 이 질병을 추적해보니, 모든 환자가 보육 시설 종사자인 32세 여성 샌드라와 직·간접으로 접촉한 사실이 드러난다. 샌드라 본인은 아무런 증상을 보이지 않지만, 치료하기 어려운 이 희귀 바이러스가 체액에 들어 있는 '보균자'다. 샌드라가 몇 주 전에 만진 물건에 가볍게 닿기만 해도 이 바이러스에 감염될 위험이 있다.

의사들은 치료법이 나올 때까지 시가 샌드라를 병실에 격리하기를 바란다. 그렇다고 치료법을 연구할 일정표를 짜지도 않는다. 사실은 개발에 들어간 치료법이 하나도 없다. 이 바이러스의 보균자로 알려진 사람이 세상에서 딱 한 명 샌드라뿐이니 샌드라를 격리하면 모든 사람에게서 위협이 제거되기 때문이다. 당연하게도 샌드라는 격리에 반대한다.

아무 잘못도 저지르지 않은 샌드라를 영원히 격리하는 것이 윤리적일까?

의무 격리

—

의무 격리를 둘러싼 충돌만큼 개인권과 공공의 안녕이 첨예하게 맞서는 사안은 거의 찾아보기 어렵다. 격리quarantine라는 용어는 40일을 뜻하는 이탈리아어quaranta giorni에서 기원한 것으로, 약 1346년에서 1353년 사이 페스트, 즉 흑사병이 유럽을 휩쓸었을 때 이탈리아가 입항 선박을 40일 동안 격리했던 관습을 반영한다.

미국에서는 나병에 걸린 환자들을 하와이 칼라우파파와 루이지애나주 카빌 같은 '수용소'에 격리했다. 19세기에 황열병이 유행했을 때도 미국의 많은 도시가 환자들을 격리했다. 1938년에 베티 데이비스Bette Davis가 출연한 영화 〈제저벨Jezebel〉도 황열병과 관련한 사건을 바탕으로 삼는다. 더 최근에는 약물 내성 결핵 환자와 에볼라 바이러스에 감염된 환자를 억류하려는 시도가 미국 전역에서 사람들의 이목을 끌었다. 쿠바는 1986년부터 1994년까지 HIV 감염자를 강제로 요양소에 감금했다. 지역사회 전체를 대규모로 '집단' 격리한 적도 있었다. 이를테면 1893년에 인디애나주 먼시에 천연두가 유행하자 여러 지구에 통행 제한을 내렸고, 1900년에는 페스트 전염을 지나치게 우려한 나머지 샌프란시스코에 거주하는 중국인들을 격리했다.

그래도 가장 유명한 격리 사례는 장티푸스 무증상 보균자였던 메리 맬런Mary Mallon, 즉 장티푸스 메리일 것이다. 아일랜드계 미국인 주방 노동자였던 맬런은 뉴욕시 이스트강의 노스브러더섬에 무려 23년 동안 강제 격리되었다. 역사가 주디스 올저 레빗Judith Walzer Leavitt이 쓴 《장티푸스 메리: 공중보건의 포로Typhoid Mary: Captive to the Public's Health》는 바로 이 억류를 다룬 책이다.

미국이 강제 격리를 허용하는 질병은 에볼라 같은 바이러스성 출혈열, 콜레라, 디프테리아, 결핵, 페스트, 천연두, 황열, 유행성 독감, 중증급성호흡기증후군SARS이다. 이 중 몇 가지는 쉽게 치료할 수 있지만 나머지는 잠복기가 짧다. 접촉 감염성이 매우 높은 사람을 단기 격리하는 사안에 관해선 거의 모든 윤리학자가 그리 심각하게 염려하지 않는다. 사리를 분별할 줄 아는 사람이라면 공익을 보호하고자 그런 격리를 대부분 스스로 받아들일 것이다. 정말로 골치 아픈 문제는 보육 시설 종사자 샌드라처럼 치료할 길이 없는 무증상 보균자나 필요한 치료를 마다해서 장기 격리해야 하는 보기 드문 환자다.

샌드라는 사회에서 완전히 발을 빼라는 요구를 받는다. 따지고 보면, 아무 잘못도 저지르지 않았는데 병원에 억류된 죄수가 되는 셈이다. 만약 결핵 환자가 '결핵 교도소'에서 1년을 보낸다면 우리는 환자가 겪는 불편을 보상할 것이다. 하지만 돈을 아무리 많이 준다 한들, 무기한 격리를 받아들일 사람은 거의 없을 것 같다.

샌드라가 공익을 위해 격리 요구를 따르기를 바란다면, 사회도 샌드라의 질환을 치료할 방법을 찾고자 상당한 노력과 자원을 쏟아야 할 윤리적 의무가 있다. 그렇다면 얼마나 많은 노력과 자원을 쏟아야 할까? 샌드라를 격리할 때 의료비 지출과 경제 손실이 얼마나 많이 줄어들지를 추산할 수 있다. 철학적으로 볼 때 그런 돈을 '한 푼도 남김없이' 샌드라를 치료하는 데 쏟아부어야 한다는 강력한 주장이 있다. 하지만 정치 현실로 보건대 설사 윤리적으로는 적절할지언정 그런 막대한 경비를 마련할 가능성은 매우 낮다.

16

DNA 수사가
사생활 침해인가요?

병원 직원인 달리아가 비상계단 통로에서 무자비하게 성폭행을 당한다. 안타깝게도 달리아는 의식을 회복하지 못한 채 사망한다. 그나마 다행히 특수 사건 수사대 조사관이 성폭행범의 정자에서 DNA를 확보했다.

당국이 알아보니, 병원을 드나드는 모든 직원, 환자, 방문객은 입구에서 사원증을 긁거나 사진이 부착된 신분증을 제시해야 하고, 이 내용이 보안 일지에 기록된다. 경찰은 달리아를 성폭행한 범인을 밝히고자, 범행 2주 전부터 병원을 오간 모든 남성 직원, 환자, 방문객의 이름과 연락처를 병원에 요청한다. 하지만 이들에게 DNA 표본을 달라고 강요할 수는 없으므로, 한 사람 한 사람에게 표본을 요청하고,

표본 채취를 거절하는 사람은 알리바이를 꼼꼼히 살필 계획이다.

병원이 경찰에게 그런 출입 자료를 제공하면 윤리에 어긋날까?

DNA 수사망

—

DNA 수색, 즉 DNA 수사망은 1987년 영국에서 처음 등장했다. 당시 레스터셔주 경찰은 두 차례에 걸쳐 강간 살해를 저지른 범인을 찾고자 애쓴 끝에 27세 제빵사인 콜린 피치포크Colin Pitchfork를 체포했다. 지역 남성의 DNA를 4,000명 넘게 검사하는 과정에서 피치포크를 대신해 가짜 DNA 표본을 제출한 사람이 그 사실을 떠벌렸기 때문이다. 1995년에는 미국 오클라호마주 당국이 발레리나 지망생 줄리 버스켄Juli Busken을 죽인 범인을 찾고자 DNA 수사망을 활용했지만 성공하지 못했다(그래도 나중에 DNA 증거에 힘입어 범인을 밝혀낸 뒤 기소했다). 미국에서는 이런 수사망이 아직 흔하지 않지만 루이지애나, 플로리다, 매사추세츠 등 여러 곳에서 세상의 이목을 끈 살인범을 밝혀내는 데 사용되었다.

이런 수사 기법은 달리아를 성폭행한 사람처럼 난폭한 범죄를 저지른 가해자를 체포할 확률을 높인다. 검사 결과는 폭행 혐의자와 범행 현장을 매우 정확하게 연결한다. 당국이 달리아 살해범을 찾아내 체포한다면 범인이 다시 성폭행을 저지르지 못하도록 막을 것이다. 게다가 성폭행을 저지르려던 사람들까지 단념시킬 것이다.

그런데 DNA 수사망이 사생활을 침해할지 모른다는 우려의 목소리가 꽤 크다. 일반인이 DNA를 제공했을 때 자신의 DNA가 안전하게 보관되어 특정 범죄를 해결하는 목적으로만 쓰인다고 보장받을 길은 법 집행 당국의 의지에 기대는 것뿐이다. 하지만 그런 수사가 더 빈번해지면 취급 부주의로 일어나는 사고를 피하기 어려울 것이다. 더구나 적절한 안전장치를 갖추고 수행할 때조차도 DNA 수사망이 오랫동안 숨겨진 가족의 비밀을 뜻하지 않게 드러낼 수 있다.

이탈리아에서 실제로 그런 일이 일어났다. 야라 감비라시오Yara Gambirasio라는 여학생을 살해한 범인을 찾는 과정에서 당국이 DNA 수사망을 이용했는데, 야라의 아버지가 친부가 아니라는 사실이 뜻하지 않게 드러났다. 그래도 FBI의 DNA 색인 시스템인 코디스Combined DNA Index System; CODIS에 저장된 DNA가 유전학 전문의나 23앤드미23andMe처럼 유전자 계보를 알려주는 상업 회사가 사용하는 것과 유전자 표지가 다르므로, 다른 표본과 연결하기가 어렵다고들 오랫동안 생각했었다. 그런데 2017년에 〈미국국립과학원회보Proceedings of National Academy of Sciences〉에 실은 논문에서, 스탠퍼드대학교 마이클 에지Michael Edge와 동료들이 CODIS에 저장된 DNA 표본을 다른 데이터 세트에 저장된 표본과 연계할 수 있다는 사실을 증명했다. 이에 따라, 수사 과정에서 확보한 DNA가 의학적 위험 요소와 관련한 유전자 데이터를 노출해 사생활 침해를 일으킬 수 있다는 우려가 일어났다.

DNA 표본을 제출하지 않겠다고 하면 수사관이 주변을 이 잡듯

샅샅이 뒤질 테니, 사람들이 수사망에 동의하는 까닭은 보기보다 '비자발적'일 것이다. 하지만 법을 준수하는 시민일지라도, 죄가 있어서라기보다 사생활 침해 우려부터 경찰에 대한 공포까지 여러 합당한 이유로 DNA 제출을 거부하기도 한다.

달리아 사건에서는 수사를 병원 출입 데이터에 의존하므로 상황이 더 복잡해진다. 우리 대다수는 환자로든 문병객으로든 병원을 방문하는 것을 사생활로 여긴다. 만약 사람들이 그런 데이터를 경찰이 캐내지 않을까 두려워한다면, 전체 의료 시스템의 효과가 뚝 떨어질 수 있다. 아픈 사람이 개인정보를 걱정하는 마음에 치료를 미룰지 모르고, 누군가는 사랑해 마지않는 친구나 가족이 입원해 있는데도 문병을 피할 것이다.

DNA 수사망을 2001년에 제정된 애국자법Patriot Act의 '도서관 기록 조항'에 빗댈 수 있다. 2015년에 폐기될 때까지, 연방정부는 이 법을 근거로 이른바 '테러와의 전쟁'과 관련해 도서관 자료를 추적할 수 있었다. 옹호자들은 이 정책으로 테러범을 붙잡을 것이라고 주장했지만, 비판자들은 정당한 도서관 이용 행위를 가로막을 것이라고 비난했다. 물론 붙잡히지 않은 강간 살해범이 여전히 병원을 자유롭게 돌아다닐까 봐 사람들이 두려움에 떤다면, DNA 수사망을 적용하지 않더라도 사람들의 행동이 얼어붙기는 마찬가지일 것이다.

17

의무 유전자 검사는
윤리에 어긋날까?

#DNA 정보   #유전질환

유아형 테이-색스병(발병 시기에 따라 유아형, 청소년형, 성인형으로 나뉜다 – 옮긴이)은 젖먹이 때 발병하는 보기 드문 유전 장애로, 생후 6개월 안에 나타나며, 환자 대다수가 5세 이전에 사망한다. 이 질병을 안고 태어나는 아이는 눈이 멀고, 귀를 먹고, 신체마비를 겪는다. 소아청소년과 의사이자 미국 공중보건총감(준군사 조직인 공중보건 복무단Public Health Service Commissioned Corps의 수장으로 미국 연방정부의 공중보건을 총괄한다 – 옮긴이)인 보바리 박사는 이 천형을 뿌리 뽑는 데 특히 관심이 많다.

테이-색스병은 이른바 열성 유전질환이다. 즉 엄마와 아빠 양쪽에서 모두 결함이 있는 유전자를 받아야만 병이 발현한다. 보바리 박사는 생식이 가능한 나이인 사람은 누구든 운전 면허증이나 여권, 정부 발행 신분증을 발급받을 때 필수로 유전자 검사를 받는 제도를 도입하고자 한다. 검사용 표본은 입 안쪽을 면봉으로 훑어 채취하므로 의학적으로 아무런 위험이 없다. 정부는 테이-색스병 말고는 다른 어떤 질병도 검사하지 않고, 검사 뒤에는 표본을 폐기할 계획이다. 검사 결과에는 본인만 접근할 수 있다.

보바리 박사는 이렇게 주장한다. "이 정보로 무엇을 할지는 완전히 본인에게 달렸습니다. 해당 유전자 결함이 없는 배우자를 고를 수도 있고, 아이를 낳지 않을 수도 있죠. 아이를 입양할 수도 있고, 낙태할 수도 있고요. 만약 원한다면 테이-색스병을 앓는 아이를 낳을 수도 있어요. 다만 아이를 낳았을 때 테이-색스병에 걸릴 위험이 있는지는 알게 하자는 거죠."

이런 의무 검사가 윤리에 어긋나지는 않을까?

유전자 의무 선별검사

신생아에게 유전질환이 있는지 선별하는 검사는 1960년대에 단백질을 근거로 페닐케톤뇨(단백질 속 페닐알라닌을 분해하는 효소가 없어 발생하는 질환으로, 치료가 늦어지면 지능 저하 등 부작용이 나타난다-옮긴이)를 처음 검사한 뒤로 생겨났다. 2018년 기준으로 미국의 모든 주가 어떤 형식으로든 유아에게 질병 검사를 제공한다. 43개 주가 특정 상황에서 부모에게 검사 불참을 허용하지만, 이런 프로그램 가운데 48개가 의무 검사다. 검사에 어떤 질병을 포함하느냐는 상황에 따라 다르다. 검사 항목 대다수는 당장 또는 조기에 개입해 치료할 수 있는 질병이다. 선별에 드는 자금은 대부분 '생명을 구하는 신생아 선별검사 2014 재승인법'에 따라 연방정부가 지원한다. 이런 선별검사에서는 주로 신생아의 발꿈치에서 혈액을 채취하고, 지금까지 채취한 혈액은 연구 목적으로 보관하고 있다.

그런데 미네소타주의 활동가 트와일라 브레이즈Twila Brase가 이런 혈액 채취에 반대하는 운동을 벌여 미국 전역에서 이목을 끌었다. 브레이즈는 앞으로 언젠가는 그런 혈액 표본이 유전자에 근거해 폭력 성향 같은 성격 특성을 예측하는 데 쓰여, 사생활과 부모의 결정권을 위협할지 모른다고 염려한다.

그런데 신생아 유전자 검사는 사후 약방문일 때가 많다. 예컨대 테이-색스병을 앓는 갓난아이가 태어나면 의료가 아무런 도움이 되지 않는다. 따라서 의무 선별검사 옹호자들은 이 질병에 내재한 고통을 피할 유일한 길은 애초에 이런 아이를 낳지 않는 것이라고 주장한다.

예비 부모를 위한 자발적 유전자 검사 프로그램은 흔하다. 예컨대 세간에 화제가 된 도르 예쇼림Dor Yeshorim도 그런 검사를 제공하는 단체 중 하나다. 히브리어로 '바로 선 세대'를 뜻하는 이 단체는 테이-색스병 발병률이 높은 집단에 속하는 정통파 유대교 신자에게 검사를 제공한다. 2004년부터 사우디아라비아는 약혼한 예비부부에게 의무 건강검진을 받게 했는데, 정부에 따르면 무려 16만 5,000쌍이 유전자 부적합성 때문에 파혼했다고 한다. 하지만 사우디아라비아에서 유전자를 실제로 어느 범위까지 검사하는지는 명확하지 않다.

미국과 서유럽에는 의무 검사에 강력한 반감이 존재한다. 반대자 가운데 장애인 인권 옹호자들은 그런 의무 검사가 시각 상실 검사나 자폐증 검사로 이어지는 미끄러운 비탈길이 되지 않을까 걱정한다. 자유주의자들은 더 폭넓게 사생활과 자기결정권 침해, 더 나아가 우생학을 걱정한다. 대체로 이런 반대자들은 사람들에게 본인의 유전자 상태를 알리는 것이 재생산과 관련한 선택, 예컨대 아이를 낳지 않거나 유전자 결함을 공유하는 사람과 짝이 되지 않는 선택을 강요하는 것과 그리 다를 바 없다고 본다. 대다수가 유전병이 있는 아이를 낳지 않는 쪽을 선택하면, 그런 아이를 낳은 사람들이 사회적 낙인을 마주할 터이기 때문이다.

또 어떤 사람들은 검사가 임신중절률을 높이지 않을까 걱정한다. 임신중절권을 옹호하는 여러 생명윤리학자마저도 특정 질환을 앓는 아이를 낳을지 말지 선택하는 것을 굉장한 논란거리로 볼 것이다. 게다가 질병을 안고 태어난 아이가 부모에게 꼭 불행만을 안기지는 않는다. 에밀리 랩Emily Rapp 의 회고록《세상이 멈춘 순간The Still Point of the Turning World》은 테이-색스병을 앓던 아들 로넌이 2013년에 세상을 떠나기 전까지 쌓았던 애틋한 관계를 그린다.

의무 검사 옹호자들은 테이-색스병 같은 특정 개별 질환에 국한해 질병을 찾아내는 검사 프로그램을 대체로 지지한다. 어떤 이들은 심신이 쇠약해져 대개 죽음에 이르는 병을 앓을 아이를 검사 덕분에 낳지 않을 수 있다면, 그런 아이를 낳는 부모에게 낙인이 찍히는 것이 합당하다고 주장한다. 어떤 윤리학자들은 여기서 한 걸음 더 나아간다. 그들은 만약 태어난 아이에게 테이-색스병과 비슷한 증상을 일부러 겪게 한다면 절대 용납될 리 없으니, 아이가 테이-색스병을 앓을 줄 알면서도 낳는다면 아동 학대에 해당한다고 말한다.

18

단식투쟁 수감자에게 강제 영양공급을 해도 될까?

#강제 영양공급   #단식투쟁

경비가 삼엄한 어느 교도소 수감자들이 수감 환경에 항의해 단식투쟁을 벌인다. 이들은 과밀 수용, 교도관의 상습 학대, 최근에 내려진 담배 반입 금지 조치를 해결해달라고 요구한다. 단식투쟁 6주가 지나자, 수감자 중 한 명인 토니가 심각한 영양 결핍에 빠져 뭐라도 먹지 않으면 죽을 지경에 이른다. 의식이 또렷한 토니는 "단식투쟁을 그만두느니 차라리 죽겠어"라는 말로 인공영양 섭취를 단호히 거절한다.

교도소 의무관이 토니에게 진정제를 놓은 뒤 코위영양관nasogastric tube으로 영양분을 곧장 위로 퍼붓는 인공영양을 '공급'하면 윤리에 어긋날까?

수감자 강제 영양공급

___

단식투쟁은 수백 년 동안 시위자와 죄수들이 사용한 항의 방식이다. 유명한 단식투쟁 사례로는 20세기 초반의 여성 참정권 운동가, 인도 독립 투쟁 시기의 마하트마 간디Mahatma Gandhi, 1981년 영국 북아일랜드 교도소의 아일랜드 공화군들이 있다. 자율권이라고는 손톱만큼밖에 없기 일쑤인 수감자들에게는 스스로 곡기를 끊는 위협적인 단식이 그나마 쓸 수 있는 몇 안 되는 시민 불복종 수단 가운데 하나다. 많은 미국인이 알다시피, 2000년대에 미국 정부는 관타나모만에 억류한 이른바 '적국 전투원enemy combatant'에게 강제로 영양을 공급했다. 하지만 비슷한 강제 영양공급을 미국의 형사 사법제도 아래 놓인 평범한 죄수들에게도 사용한다는 사실은 아는 사람이 훨씬 적다.

이 문제가 대중의 주목을 받은 계기는 2013년에 미국 연방지방법원 판사 셸튼 헨더슨Thelton Henderson이 캘리포니아주 교도소 의무관들에게 단식투쟁에 나선 죄수들한테 강제로 영양을 공급할 권한을 부여했을 때였다. 그래도 수년 동안 강제 영양공급에 맞선 것으로 유명한 인물은 코네티컷주의 수감자 윌리엄 콜먼William Coleman이다. 성폭행 혐의로 부당하게 유죄판결을 받았다고 생각한 콜먼은 항의 표시로 음식 섭취를 거부했고, 2008년부터 2014년까지 본인의 의사에 어긋나게 정기적으로 끈에 묶인 채 코위영영관으로 영양분을 공급받았다. 콜먼의 단식투쟁은 형이 만료되어 고국인 영국으로 추방될 때야 끝이 났다.

강제 영양공급이 적법하다고 옹호하는 사람들은 사뭇 다른 두 가지 주장을 내놓는다. 첫째는 수감자 개인의 복지다. 이들에 따르면 사회는 자살을 막을 권리가 있고, 음식을 거부하는 수감자들은 관심을 끌고자 오랫동안 자살 시도에 몰두할 뿐이다. 설사 교도소 바깥에서는 단식이 허용될지라도, 수감자는 본래 취약한 집단이라 자살처럼 생사를 가르는 중대한 문제를 스스로 판단할 능력 자체가 줄어들 수밖에 없다. 의사는 수감자 본인을 위해 그들의 목숨을 보전해야 할 도덕적 의무가 있다. 둘째는 복잡하고 위험하기 쉬운 처벌 제도에서 질서를 유지하려면 반드시 그런 단식을 막아야 한다는 주장이다. 수감자가 굶어 죽도록 내버려두면, 교도관의 권위를 해치고 죄수와 교도소 직원을 모두 위험으로 몰아넣는다.

그렇다 해도 강제 영양공급은 자비로운 절차가 아니다. 특히 환자가 거부할 때는 온화하게 진행하기가 어렵다. 미국의학협회와 세계의학협회 모두 강제 영양공급을 규탄하고, 많은 인권 옹호자가 강제 영양공급을 고문의 한 형태로 간주한다. 의료인 단체 대다수는 회원이 강제 영양공급에 참여하는 것을 금지한다.

강제 영양공급에서 의사가 맡는 역할을 흔히들 사형 집행에서 의사가 맡는 역할에 빗댄다. 의사는 환자와 사회에 모두 충실해야 하지만, 의료인이 법 집행에서 조금이라도 중요한 역할을 맡으려면 설득력 있는 명분이 있어야 한다. 설사 강제 영양공급이나 사형 자체가 윤리적이라고 생각할지라도, 그것이 의사가 반드시 어떤 역할을 맡아야 한다는 뜻은 아니다.

19

아이에게 꼭
백신을 맞혀야 하나요?

#백신 접종 거부   #집단면역

    리즈 윌슨 박사는 소아청소년과 개업의다. 박사가 돌보는 한 살배기 환자 리키는 애딜라인과 로저의 아들로, 지난 12개월 동안 일정에 따라 모든 백신을 맞았다. 그런데 리키가 첫돌 정기검진을 받으러 온 날, 애딜라인이 리키에게 홍역 예방주사를 맞히지 않겠다고 고집한다. "온라인에서 보니까 백신이 자폐증을 일으킬 수 있대요. 게다가 홍역에 걸릴 위험도 아주 낮잖아요. 이 자그마한 몸에 그런 독을 집어넣을 이유가 있을까요?" 윌슨 박사가 아무리 설득해도 애딜라인과 로저 모두 꿈쩍도 하지 않는다.

    윌슨 박사가 알기로 올해 여름 이 도시에서 보고된 홍역 사례가 예닐곱 건이고, 적어도 한 명이 사망했다. 윌슨 박사는 리키가 감염된 뒤 다른 환자, 특히 너무 어리거나 아파 백신을 맞지 못하는 환자에게 홍역 바이러스를 옮기지나 않을까 걱정스럽다.

윌슨 박사가 로저와 애덜라인에게 리키를 치료하지 않겠다고 말한다면 윤리에 어긋날까?

부모의 반대

부모가 너무 터무니없는 결정을 내릴 때는 법에 따라 법원이 개입할 수 있다. 하지만 부모가 의학적 이유로 아이에게 예방 접종을 하지 않을 권리만큼은 모든 주가 인정한다. 또 많은 주가 종교나 철학에 근거한 거부도 예외 사유로 인정한다. 하지만 부모가 아이에게 백신을 접종하지 않을 권리가 있다고 해서, 소아청소년과 의사가 반드시 계속 아이를 진료할 법적·윤리적 의무를 진다는 뜻은 아니다.

리키의 사례는 소아청소년과에서 벌어지는 다른 여러 갈등과 다르다. 윌슨 박사가 리키의 안녕뿐 아니라 자신이 돌보는 다른 환자의 안녕도 걱정하기 때문이다. 시나리오에서 언급했듯이, 이 병원의 많은 환자가 접종 나이에 미치지 못하거나 건강이 나빠 예방 접종 대상자가 되지 못할 것이다. 게다가 환자에 따라 백신이 효과가 없을 때도 있다. 그러니 유일한 방어책은 전염병에 걸렸을 만한 사람이 이 환자들 가까이 가지 못하게 막는 것뿐이다. 충분히 많은 사람이 백신을 접종하면 백신에 면역반응이 일어나지 않은 사람도 보호받는다.

백신을 접종하지 않았거나 백신이 '효과'가 없었던 사람과 접촉할 가능성이 매우 낮아지기 때문이다. 이런 면역 원리를 '집단면역'이라 부른다.

홍역 백신이 자폐증을 일으킬 위험이 있다는 주장의 근거는 의사였던 앤드루 웨이크필드Andrew Wakefield가 내놓았던 사기성 연구다. 과학계는 이 주장을 폭넓게 부정한다. 물론 어떤 백신에든 위험은 따른다. 그래도 모든 아이가 백신을 접종하여 얻는 집단 이익, 즉 홍역 퇴치가 그런 위험보다 어마어마하게 더 크다.

로저와 애덜라인의 말대로 홍역에 걸릴 확률은 대체로 낮다. 하지만 그렇게 위험이 낮은 까닭은 아이들이 대부분 백신을 접종했기 때문이다. 만약 더 많은 가정이 접종을 거부하면 감염 위험이 올라갈 것이다. 이것이 '공유지의 딜레마Dilemma of the Commons'라고도 부르는 '집단행동 문제Collective Action Problem'다. 애덜라인과 로저가 남들이 광범위하게 백신을 접종하여 낮아진 위험의 이익을 누리는 셈이니 무임승차라고 볼 수도 있다.

종합병원에서 근무하거나 응급 상황을 맞닥뜨리지 않는 한, 의사는 환자를 선택하는 데 대체로 거의 규제를 받지 않는다. 윌슨 박사가 애덜라인과 로저에게 리키를 진료할 다른 의사를 찾을 시간만 적절하게 준다면, 진료를 거부할 법적 권리를 전혀 어기는 게 아니다. 물론 이렇게 강제로 치료 관계를 단절하는 게 윤리적인지는 훨씬 난감한 물음이다.

20

범인의 다리에 증거가?

사일러스가 운영하는 작은 가게에 총기 무장 강도가 든다. 강도가 쏜 총에 맞은 뒤, 사일러스도 권총을 들어 강도의 허벅지를 맞힌다. 곧 경찰이 도착하지만, 사일러스는 범인의 인상착의를 설명하지 못하고 그저 "내가 그놈 다리를 쐈어요. 내가 그놈 다리를 쐈어요"라는 말만 남긴 채 숨을 거둔다.

경찰은 웨슬리라는 소문난 범죄자를 의심한다. 강도 사건이 발생한 지 2시간 뒤, 다리에 총상을 입은 웨슬리가 어느 시립병원 응급실에 나타났기 때문이다. 경찰은 웨슬리 다리에 박힌 총알을 사일러스의 권총에 남아 있는 총알과 대조하기를 바란다. 그런데 총알이 자기에게 불리한 증거로 쓰일 것을 알아차린 웨슬리가 총알 제거 수술에 동의하지 않는다. 의사들은 총알을 뽑아내지 않으면 웨슬리가 앞으로 만성 통증에 시달리고 다리를 절뚝일지는 몰라도, 상처만 적절히 치료하면 죽거나 다른 후유증에 시달릴 일은 없다고 본다. 총상 말고 웨슬리를 강도 살인 사건과 엮을 다른 직접 증거는 없다.

총알 제거 수술은 부분 마취만으로도 집도할 수 있는 꽤 안전한 수술이다. 경찰이 재판에서 증거로 제출하고자, 의사에게 웨슬리의 다리에서 총알을 빼내라고 명령할 수 있을까?

압수 수색

—

사람의 몸에서 증거가 될 만한 무엇을 외과 수술로 빼내는 일은 드물다. 그런데도 법학과 윤리학에서는 이 사안을 놀랍도록 자주 연구 주제로 다룬다. 미국 연방헌법 수정 제4조는 부당한 압수 수색을 금지하고, 의료윤리 규범도 판단 능력이 있는 환자를 수술할 때만큼은 당사자의 의사에 어긋나게 신체적 완전성을 침해하는 것을 대체로 금지한다. 하지만 범죄 혐의자를 기소하는 데는 공공을 보호한다는 중대한 국익이 달려 있으므로, 의사와 판사들은 올바른 균형점을 찾고자 애쓴다.

1970년대에 변호사 존 케인John Cain이 대수술과 소수술을 구분하자는 주장을 내놓았다. 케인이 제시한 범주에 따르면, 대수술로 증거를 확보하는 것은 절대 허용해서는 안 되지만, 소수술은 수긍할 만한 상황이라면 허용해도 괜찮다. 1985년에 연방대법원이 심리한 윈스턴 대 리Winston v. Lee 사건에서, 판사 윌리엄 브레넌William Brennan은 수술의 위험성과 증거의 중요성을 모두 아우른 '타당성'이라는 기준을 채택했다. 브레넌 판사는 이런 문제를 포괄 규칙이 아닌 사건별 상황에 따라 판단해야 한다고 생각했다. 이 사건에서 강도 혐의자 루돌프 리 주니어Rudolph Lee Jr.는 자기 빗장뼈 아래 박힌 총알을 수술로 빼내는 데 반대했다. 브레넌 판사는 주정부가 상당한 추가 증거를 확보할 수 있으니, 수술을 강제해야 한다는 주장에 설득력이 없다고 언급했다.

비자발적 증거 적출에서 문제를 복잡하게 만드는 요인은 의사의 역할이다. 정부가 수술로 증거를 회수할 권리를 주장하는 것과 의사에게 수술로 증거를 회수하라고 명령하는 것은 다른 문제다. 특히 의사가 수술을 꺼릴 때는 그다지 뾰족한 수가 없다. 이런 논란은 차량 검문 때 강제 채혈과 관련해 가장 빈번하게 발생한다. 하와이주와 아이다호주 두 곳에서는 이제 법 집행 기관이 정맥 채혈을 명령하면 설사 환자가 거부하더라도 의료인이 채혈에 참여해야 한다. 채혈 참여를 거부하는 의사를 보호한다고 법으로 명시한 곳은 사우스다코타주 뿐이다.

하지만 비자발적 증거 적출을 시도할 때는 검사들이 수술을 집도할 외과의에게 크게 의존한다. 만약 어떤 외과의도 그런 수술에 참여하길 원하지 않으면, 법원은 의사에게 수술 명령을 내리려 하지 않을 것이다.

어떤 윤리학자들은 환자의 의사에 반하는 증거 적출 수술은 모두 윤리에 어긋난다고 주장한다. 이들에게는 웨슬리의 다리에서 총알을 빼내는 것이 근본적으로 받아들일 수 없는 일이다. 이와 달리 브레넌 판사의 균형적 접근법을 받아들이는 윤리학자들은 웨슬리에게 강제 수술을 집도할 근거가 꽤 강력하다고 본다. 수술은 가볍고 범죄 혐의는 심각한 데다, 총알이 결정적 증거로 보이기 때문이다.

21

개발도상국 피험자를 대상으로
실험적인 연구를 진행해도 될까?

#의료윤리   #비윤리적 실험

뼈가 균에 감염되어 생기는 골수염을 치료하려면 4주에서 6주 동안 정맥 주사로 항생제를 투여해야 한다. 그런데 어느 미국 대학의 연구진이 항생제 투여 기간을 더 짧게 2주로 줄여도 환자 대다수에게서 약효가 있을지 시험하려 한다. 하지만 4~6주 투약 치료가 효험이 크다고 알려진 바이므로, 2주 동안 항생제를 투약한 환자와 4주 동안 항생제를 투약한 환자를 비교하려는 연구 계획이 미국에서 승인될 리 없다.

연구진은 미국 대신 다른 나라로 눈을 돌려, 자신들이 공중보건 당국과 우호 관계를 맺은 어느 개발도상국에서 이 연구를 수행하려 한다. 그 나라에서는 골수염에 걸린 환자 대다수가 치료를 받지 못해 숱하게 목숨을 잃는다. 연구진은 이런 연구가 아니라면 아예 치료를 받지 못할 환자들에게 2주 동안 항생제를 투약해 효과가 있는지 확인하려 한다. 환자들에게 다른 기초 의료도 제공하겠지만, 이미 효과가 검증된 4~6주 투약 치료는 누구에게도 제공할 생각이 없다.

미국에서라면 승인되지 않았을 이런 연구를 다른 나라에서 수행하는 것이 윤리적일까?

연구 기준

—

미국의 의학 연구 역사에는 취약 계층에게 실험을 자행한 얼룩진 과거가 있다. 역사가 해리엇 워싱턴Harriet Washington이 2007년에 펴낸 책 《의학계의 아파르트헤이트Medical Apartheid》는 미국 역사에서 흑인을 대상으로 진행한 끔찍한 연구를 자세히 다룬다. 이제는 일반인 대다수도 1932년부터 1972년까지 정부 연구진이 가난한 흑인 남성들의 치료 요청을 거부한 채 매독의 자연 진행 과정을 관찰한 터스키기 매독 실험을 안다.

미국 의학계는 이 밖에도 고개를 절레절레 젓게 하는 여러 악명 높은 연구를 수행했다. 뉴욕시에서는 윌로브룩주립학교의 발달장애 아동을 대상으로 간염을 연구했고, 일리노이주에서는 스테이트빌교도소의 수감자를 대상으로 말라리아를 연구했다. 터스키기 실험이 대중에게서 격분을 자아내자, 정부는 비로소 1974년에 국가연구법

National Research Act을 통과시켰고, 생의학 및 행동 연구의 연구 대상자 보호를 위한 국가위원회National Commission for the Protection of Human Subjects of Biomedical and Behavioral Research를 설립했다. 그리고 1979년에 나온 〈벨몬트 보고서Belmont Report〉와 1981년에 미국 보건복지부가 제정한 공통 규칙Common Rule에 근거해, 향후 그런 학대를 막고자 기관생명윤리위원회를 설립했다.

HIV/에이즈가 유행하던 1980년대와 1990년대에, 진심으로 더 값싸고 효능이 뛰어난 약제를 만들려는 자기네 노력을 기관생명윤리위원회Institutional Review Board가 가로막는다고 생각한 연구자들이 있었다. 어떤 연구자들은 해외로 눈을 돌려, 미국에서라면 수행할 수 없었을 연구를 우간다나 태국 같은 나라에서 수행했다. 이런 연구 계획서 대다수는 기존 치료법과 관련한 지식을 더 넓히고자 고안된 것이라, 한 치료법이 다른 치료법보다 나은지가 완전히 불확실하다고 보장할 '임상 불확정성Clinical Equipoise'을 충족하지 못했다. 또 다른 연구자들은 효능이 있다고 알려진 기존 치료법을 제공하지 않은 채 신규 치료법을 시험했다.

시나리오에서 제시한 골수염 연구는 후자에 해당한다. 이런 연구를 옹호하는 사람들은 실험 참가자가 비록 선진국의 의료 기준을 충족하는 치료는 못 받지만, 그래도 실험에 참가하지 않았을 때 예상되는 것보다 상태가 더 나빠지지 않을뿐더러 대개는 더 좋아진다고 주장한다. 실제로 더러는 실험 참가자가 효과를 기대할 수 있는 치료를 받기도 한다. 게다가 모두 기초 의료를 지원받는다. 만약 실험이 없었다면, 실험 참가자 누구도 이런 혜택을 아예 누리지 못했을 것이다. 물론 논리적으로 보면 같은 근거를 들어 미국 내 빈민가나 외딴 지역에서 실험을 수행해도 되겠지만, 어떤 기관생명윤리위원회도 그런 실험 방식을 승인하지 않을 것이다.

몇몇 나라의 보건부 장관들은 그런 연구로 나온 결과물이 의료 접근성을 개선하리라는 희망에 기대어 서구 과학자들을 반겼다. 이와 달리 〈뉴잉글랜드 의학학술지New England Journal of Medicine〉의 편집자를 지낸 마샤 에인절Marcia Angell은 그런 이중 연구 규범 행태를 누구보다 앞장서 거세게 비난했다. 에인절은 서구 의사들이 세계 어디에서든 미국에서와 똑같은 연구 기준을 유지해야 할 윤리적 의무를 진다고 본다.

이와 밀접하게 관련된 난제가 비윤리적 실험으로 확보했다는 사실이 밝혀진 기존 데이터를 학계가 어떻게 다뤄야 하느냐다. 이를 극단적으로 보여주는 사례가 나치 강제수용소에서 수행한 의학 실험 결과물이다. 하버드대학교 외과의 로버트 버거Robert Berger가 확인한 바로는 그렇게 진행된 실험이 30건이고, 가장 널리 알려진 실험은 나치 의사 지그문트 라셔Sigmund Rascher가 다하우 강제수용소에서 저체온증을 연구하고자 수감자들을 얼음물에 담근 것이다.

갈수록 많은 사람이 〈뉴잉글랜드 의학학술지〉의 편집장을 지낸 아놀드 렐먼Arnold Relman과 버거의 주장에 동의하며, 따라서 이런 실험에서 나온 데이터는 과학적 가치가 없다는 의견이 커지고 있다. 하지만 이 같은 상황에서도 학술 논문 수십 편이 비윤리적 연구를 언급한다. 1980년대에 저체온증 전문가 로버트 포소스Robert Pozos는 그런 연구의 잠재 가치를 열렬하게 옹호했다.

그런데 여기서 생각해봐야 할 물음이 하나 있다. 나치가 확보한 데이터에 어떤 가치가 있든, 이 연구의 유산은 누구 '소유'일까? 이런 데이터를 사용해도 좋을지 결정할 때, 이 끔찍한 실험에서 살아남은 몇 안 되는 생존자나 더 넓게는 홀로코스트 피해자를 대변하는 집단에게 발언권을 줘야 할까?

1990년에 〈뉴잉글랜드 의학학술지〉에 실은 비평에서, 에인절은 미국에서라면 윤리 문제에 걸려 수행할 수 없었는데도 개발도상국에서 실험을 진행해 얻은 데이터를 활용하는 데 무조건 반대한다고 밝혔다. "그런 데이터를 사용하면 실험에서 일어났던 만행의 끔찍함을 누그러뜨려, 어떤 의미에서는 실험으로 목숨을 잃은 사람들의 명예를 짓밟고 살아남은 사람들에게 상처를 줄 것이다."

그런데 에인절이 이런 데이터를 활용하는 데 반대한 주요 사유는 더 긴 안목에서 나왔다. 에인절은 어떤 종류든 비윤리적 데이터를 출판물에 공개하면 다른 과학자들이 계속 비윤리적으로 행동하도록 부추길 것이라고 보았다. 또 출판이 학계의 정보 유통 통로이니, 위법행위를 부추기는 주요 자극을 학술지에서 없애면 그런 불법행위가 줄어들 것이라고 기대했다. 에인절의 주장은 실제로 큰 영향력을 발휘해, 다른 많은 편집자가 그녀를 뒤따랐다. 골수염 시나리오에서 언급한 연구진의 계획이 윤리적이든 아니든, 그들은 기꺼이 연구 결과물을 싣겠다는 학술지를 찾는 데 애를 먹을 것이다.

22

임상 연구가 실험 참여자들에게 이익을 가져다줄까?

#임상 연구의 딜레마   #생체 검사

소아 종양 전문의인 크러셔 박사는 반드시 목숨을 앗아가고야 마는 어떤 소아 뇌종양이 유아기에 특정 화학물질에 노출되는 것과 밀접하게 관련 있다고 생각한다. 박사는 자신의 이론을 검증하고자 이 뇌종양에 걸린 아이들의 종양을 생체 검사해, 부모들이 알려준 화학물질 노출 이력과 비교하는 연구를 진행하려 한다. 화학물질에 노출되었던 소아 뇌종양 환자들의 생체 표본이 화학물질에 노출된 이력이 없는 소아 뇌종양 환자들에게서는 보이지 않는 독특한 신경 화학물질 표지를 드러낼 것으로 생각하기 때문이다. 크러셔 박사의 장기 목표는 화학물질 노출과 뇌종양의 연관성을 증명해 이런 화학물질을 규제하고, 궁극적으로 아이들의 목숨을 살리는 것이다.

다만 이 연구는 생체 검사에 참여하는 아이들이 어떤 직접적인 이익도 얻지 못한다는 문제가 있다. 그러기는커녕 이 아이들이 받아야 하는 뇌 생체 검사에는 감염부터 출혈, 조직을 채취한 부위의 통증 발생 같은 위험이 뒤따른다. 게다가 대부분 3세에서 5세 사이라 스스로 검사에 동의하기 어려워 아이들 부모에게 허락을 얻어야 한다. 크러셔 박사는 부모들을 이런 말로 설득할 생각이다. "여러분이 도울 수 있는 다른 모든 부모와 아이들을 생각해보세요."

과연 이 연구를 허용해도 될까?

연구와 치료의 갈림길

—

의학 연구가 임상 의학과 근본적으로 다른 점 하나는 연구에 시험 대상으로 참여하는 사람이 어떤 이익도 기대할 수 없다는 것이다. 이익은커녕, 약제 임상 시험 같은 과학 연구에 참여하는 대상자들이 실제로 피해를 보기도 한다. 이를테면 2010년에 제약사 일라이 릴리 Eli Lilly는 알츠하이머병 치료제로 유망했던 세마가세스타트 Semagacestat 개발을 임상 시험 마지막 단계에서 중단했다. 임상 시험 참여자들의 인지능력이 갈수록 떨어진 데다 피부암 발생 위험까지 커졌기 때문이다. 2006년에 진행된 인공 항체 TGN1412의 임상 시험에서는 참여자 6명이 모두 중태에 빠졌다. 1999년에는 펜실베이니아대학교의 유전자 치료 연구 도중 당시 열여덟 살이던 제시 겔싱어 Jesse Gelsinger가 사망했다. 이처럼 의학 연구의 부정적 결과가 널리 알려졌는데도, 많은 연구 참여자가 자신들이 연구로 이익을 얻으리라고 잘못 기대한다. 이런 그릇된 믿음을 처음 설명한 의료윤리학자 폴 애펠바움은 이를 '치료라는 오해Therapeutic Misconception'라고 부른다.

의료사회학자 게일 헨더슨Gail Henderson과 동료들은 "임상 연구의 본래 목적이 일반화할 수 있는 지식을 생산하는 것이라, 연구 중인 치료법이나 임상 시험의 다른 측면에서 시험 참여자들이 이익을 얻는지 신경 쓰지 않는다는 사실을 개인이 이해하지 못할" 때 치료라는 오해가 일어난다고 정의한다. 의학 연구에 참여하는 환자들은 자신이 이익을 얻지 못한다는 사실을 여러 이유로 알아채지 못한다. 많은 비전문가에게는 연구와 의료가 거기서 거기처럼 보인다. 둘 다 주로 하얀 가운을 걸치는 의료인이 수행하고, 약제 같은 치료법을 제공한다. 게다가 이 참여자들은 기존의 치료법이라는 치료법은 죄다 써본 뒤라 지푸라기라도 잡고 싶은 심정이다.

대개 의사이기 마련인 의학 전문가와 환자 사이에는 커다란 힘의 불균형이 존재하므로 문제가 한층 더 복잡해진다. 의사에게 실험용 약을 받는 참여자는 대부분 설마하니 의사들이 자신을 위험에 드러내지는 않겠거니 하며 덮어놓고 믿어버린다. 앞에서 제시한 소아 종양 시나리오에서도 연구 대상이 될 아이의 부모들이 똑같은 오해와 그릇된 낙관에 빠지기 쉽다. 그러니 우리는 크루서 박사가 제안한 연구에 참여할 아이의 부모들이 자기 아이가 이익을 얻지 못한다는 사실을 얼마나 제대로 이해했는지 반드시 물어야 한다.

아이들은 임신부, 인지장애인, 죄수와 더불어 연방정부가 지정한 취약 계층에 속하므로, 연구 대상자일 때 특별 보호를 받을 자격이 있다. 크루셔 박사의 시나리오에서 아이들은 아무런 이익도 없이 정말로 부작용을 일으킬지도 모를 위험을 마주하는 데다, 대부분 너무 어려 그런 위험에 의미 있는 동의를 하지 못한다. 이런 상황에서는 연방정부가 기관생명윤리위원회의 연구 승인 조건을 위험이 낮고 "연구 대상자의 장애나 질환을 이해하거나 개선하는 데" 대단히 중요한 연구로 한정한다(연구가 이런 요구 조건을 충족하지 못하면, 보건복지부가 상황에 따라 전문가 위원회에 승인 여부를 위임한다).

현실에서라면 크루셔 박사는 뇌 생체 검사로 이 환자들에게 늘어날 위험이 대단치 않고, 자신이 수집할 데이터가 암 연구에 매우 중요하다고 설득해야 한다. 그런데 기관생명윤리위원회는 심의가 빡빡하기로 악명이 높으니 설득하는 데 꽤 애를 먹을 것이다.

23

식수에 리튬을 넣으면
자살률이 내려가요?

#공공자원 #역학 연구

몇몇 확실한 역학 연구에서 식수에 천연 리튬 성분이 들어 있는 지역의 자살률이 낮다고 밝혀진다(현재 제안된 가설에 따르면 뇌가 발달할 때 리튬이 보호 인자로 작용한 결과이므로, 식수로 섭취한 리튬이 자살 방지 효과를 내려면 몇십 년이 걸릴 것이다). 지금까지 알려지기로는 미량의 리튬에 노출되었을 때 부작용이 나타나지는 않았지만, 그런 위험을 찾아내고자 수행한 장기 연구는 거의 없다.

리튬과 관련한 이런 역학 연구가 영국의 어느 소도시 시장인 오티스의 눈길을 끈다. 이 도시의 자살률은 서방 세계에서 손꼽히게 높다. 오티스는 시의 식수에 리튬을 미량 첨가해 이 조처가 도움이 되는지 살펴보자고 제안한다. 오티스가 생각하기에는 길게 봤을 때 리튬 첨

가로 해마다 불필요한 자살을 50건은 예방할 수 있다. "리튬에 노출
되고 싶지 않은 분은 생수를 사 마시면 됩니다."

오티스의 제안은 윤리에 어긋날까?

자살 방지

식수 속 리튬 함유와 낮은 자살률의 연관성을 뒷받침하는 데이터
는 놀랍도록 탄탄하다. 미국 텍사스주, 일본, 오스트리아, 그리스에서
진행한 연구가 모두 비슷한 결과를 보였다. 텍사스에서 진행한 연구
에 따르면 자살뿐 아니라 살인과 강간 같은 강력 범죄도 줄어들었다
(확실히 짚고 가자면, 여기서 말하는 리튬의 양은 정신질환을 치료할 때 쓰
는 수준이 아니라 리터당 10억분의 1그램 수준인 미량이다).

이런 효과를 내는 리튬을 충치를 예방하고자 식수에 첨가하는 미
량의 불소에 빗댈 수 있다. 질병통제예방센터는 불소를 공중보건이
20세기에 이룬 10대 업적 중 하나로 꼽지만, 대체의학 옹호자와 자유
주의자, 크리스천사이언스(깨달음으로 병을 고칠 수 있다고 믿는 기독교
교파 - 옮긴이) 교도 등 좌우를 가리지 않고 많은 사람이 끊임없이 불
소 첨가에 반대한다. 설사 리튬이 자살을 방지하더라도, 그것이 상수
도에 꼭 리튬을 첨가해야 한다는 뜻은 아니다. 엄밀히 말해, 그런 결
정을 내리려면 리튬 첨가로 얻을 효과를 리튬 첨가에 들어갈 경비,
리튬 노출에 반대하는 사람들의 권리, 그런 노출이 장기적으로 불러

올지 모를 부작용 등 갖가지 비용에 견줘 따져봐야 한다. 게다가 리튬에 노출된 사람들은 자살률도 낮지만 창의성과 담력도 떨어진다.

그런데 리튬 첨가에 반대할 때는 자칫 자연 상태로 존재하는 것이 더 좋거나 건강하다고 믿는 '자연에 기댄 호소appeal to nature'에 빠질 위험이 있다(이 개념을 영국 철학자 조지 에드워드 무어George Edward Moore가 제안한 '자연주의적 오류naturalistic fallacy'와 혼동해서는 안 된다. 둘은 상관없는 개념이다*). 이 세상에는 비소처럼 천연물인데 독성이 매우 높은 것이 많다. 이와 달리 아스피린처럼 합성물인데 약효가 매우 뛰어난 것도 있다. 식수에 천연 리튬이 들어 있는 지역도 있지만 그렇지 않은 지역도 있다. 그렇다고 이 사실이 리튬이 들어 있지 않은 식수에 리튬을 첨가하는 게 윤리적이냐는 물음에 답을 주지는 않는다. 윤리 측면에서는 리튬이 풍부한 수원의 물길을 리튬이 부족한 유역으로 돌리는 일과 그 유역에 단순히 리튬을 추가하는 일이 조금도 다를 바가 없다. 한쪽이 확실히 덜 자연스러운 방식이기는 하지만 결과는 똑같다.

상수도와 같은 공공 자원의 사용법을 평가할 때는, 그 방식이 자연스러운지가 아니라 건강을 증진하거나 대중에게 도움이 되는지 물어야 한다. 하지만 불소 첨가를 둘러싼 갈등이 보여주듯이, 그런 주제에 대한 합의를 이루기는 쉽지 않다. 사람들이 자연에 기댄 호소가

---

* 둘을 혼동해서는 안 되지만 두 오류는 상관이 있다. 자연주의적 오류란 사실에서 당위를 꺼내는 추론으로, 이를테면 본능이므로 따라야 한다와 같은 주장이다. 따라서 자연에 기댄 호소가 자연적인 것이 좋다고 주장할 때 자연주의적 오류도 범하는 셈이다.

비논리적이라는 사실을 더 깊이 이해하지 않는 한, 오티스 시장이 내놓은 제안은 그리 큰 정치적 동력을 얻지 못할 것이다.

24

왜 나한테
발병 위험을 알려주지 않았죠?

#의료과실 소송   #사생활 보호   #유전질환

결장암 중에는 젊을 때 발병하는 유전성 암이 몇 가지 있다. 의사들은 이런 환자의 자녀들에게 자주 결장 내시경을 받아 암의 전조 증상인 전암 병소를 찾아내라고 조언한다. 전암 병소가 생기면 하나하나 제거하거나 결장을 통째로 떼어내야 한다. 이 사실은 이미 1950년대부터 종양 전문의 사이에 잘 알려져 있다.

모는 1995년에 조기 발병 결장암을 진단받았다. 모가 앓는 특이한 유전성 변이 암은 40~70세에 발병한다. 발병 당시 모는 42세였다. 모는 담당의인 지킬 박사에게 자신이 암에 걸렸다는 사실을 가족이 절대로 모르기를 바란다고 밝혔다. "이건 내 문제예요. 아이들이 70세까지 살아도 발병하지 않을 수 있는데, 무엇하러 걱정을 끼칩니까?” 모의 아이들은 아버지가 장폐색을 치료하지 못해 죽었다고 믿고 자랐다.

모가 사망한 지 20년 뒤, 맏딸인 모린이 41세에 결장암에 걸린다. 담당의에게서 자기가 걸린 암의 유전 특성을 들은 모린은 아버지의 병력을 꼼꼼히 조사한다. 그리고 마침내 아버지가 남긴 서류함에서 지킬 박사가 모를 치료할 때 작성한 의무기록을 발견한다. 여기에는 조기 발병 결장암이라는 진단 소견도 들어 있다. 모린은 당장 변호사를 고용해, 지금도 현업에 종사하는 지킬 박사를 의료과실로 고소한다. 모린이 사는 주에서는 손해를 인지한 뒤부터 소송 제기 기간을 산정하므로, 지금도 손해배상을 청구할 수 있다.

지킬 박사는 손해배상 책임을 져야 할까?

유전질환과 사생활 보호

—

지난 50년 동안, 의사가 자신의 환자가 아닌 사람에게 져야 하는 법적·윤리적 의무가 상당히 넓어졌다. 예전에는 의료인이 의사와 환자의 비밀 보장 의무를 근거로 들어, 제삼자에게 져야 할 의무를 대부분 벗어났다. 하지만 이제는 법원이 그런 보호막을 꽤 많이 걷어냈다.

많은 주의 법률이 캘리포니아주의 ‘타라소프 규칙’을 본보기 삼아, 의사가 위험한 환자 때문에 피해를 볼 만한 사람에게 위험을 경고해 보호해야 한다고 규정한다. 어떤 주들은 접촉 전염병에 걸린 환자를 치료하는 의사가 환자의 가족에게도 감염 위험을 알려야 한다고 본다.

1993년에 테네시주에서 진행된 브래드쇼 대 대니얼Bradshaw v. Daniel 사건에서는 처음으로 법원이 환자가 비전염성 질환을 앓을 때도 의사가 환자 가족에게 감염 위험을 경고해야 한다고 판결해 의무의 범위를 넓혔다. 이 사건에서 로키산 홍반열(리케차가 일으키는 치명적인 급성 발진 전염병 – 옮긴이)로 치료받다 사망한 남성의 아내는 남편과 같은 감염원을 통해 이 병에 노출되었을지 모른다는 안내를 받지 못했다. 그리고 며칠 지나지 않아 로키산 홍반열로 사망했다. 가족은 진료를 받으라는 조언을 듣지 못했다며 소송을 걸어 승소했다. 게다가 몇몇 사법 관할권은 동반자 의무 통지 법령을 제정했다. 이 법령에 따르면 의사는 에이즈를 일으키는 HIV에 양성 반응이 나온 환자를 보건 당국에 신고해야 하고, 보건 당국은 감염 위험이 있는 접촉자에게 HIV에 노출된 사실을 알려야 한다.

유전자 진단과 검사가 폭넓게 증가한 오늘날에는 유전할 위험이 큰 질환을 앓는 환자의 가족에게 의사가 어떤 의무를 져야 하느냐는 물음이 화두로 떠올랐다.

유전질환에 걸릴 위험을 환자 가족에게 알려야 하느냐는 물음이 제기된 초창기에 이 쟁점을 다룬 다른 두 법원은 사뭇 다른 판결을 내놓았다. 1995년 페이트 대 스렐켈Pate v. Threlkel 사건에서 플로리다주 대법원은 의사와 환자의 비밀 보장 의무가 중요하다고 언급했다. 그러면서 의사가 환자에게 가족이 똑같은 유전질환에 걸릴 위험이 있다고 알린 뒤부터는 가족에게 그런 정보를 전할 도덕적 의무를 의사가 아닌 환자가 지므로, 의사는 자신의 의무를 다했다고 판결했다. 하지만 이듬해인 1996년 세이퍼 대 팩의 유산Safer v. Estate of Pack 사건에서 뉴저지주 법원은 완전히 정반대 결론을 내놓았다. 의사가 환자의 딸에게 유전성 결장암에 걸릴 위험을 직접 알리지 않았으니 의료과실이라고 판결한 것이다.

이제는 환자에게 가족이 처한 위험을 알리는 것을 흔히들 타당한 의료 행위로 받아들이지만, 환자가 그 정보를 비밀로 유지하기를 바랄 때 의사가 어떻게 행동해야 하느냐는 여전히 논란거리다.

이에 미국인간유전학회American Society of Human Genetics; ASHG와 의학·생의학·행동 연구의 윤리 문제를 연구하는 대통령 위원회President's Commission for the Study of Ethical Problems in Medicine and Biomedical and Behavioral Research가 환자 가족에게 유전질환에 걸릴 위험을 밝힐 때 의사가 참조할 구체적 지침을 발표했다.

미국인간유전학회의 방침에 따르면 그런 정보를 공개할 때는 다음 기준을 충족해야 한다. (1) 가족에게 직접 알리라고 환자를 설득하는 데 실패했다. (2) 환자 가족이 심각한 피해를 볼 위험이 크다. (3) 해당 질환에 걸릴 위험이 큰 환자를 특정할 수 있다. (4) 예방법이나 치료법이 존재하거나, 조기 관찰로 발병 위험을 줄일 수 있다.

하지만 이 지침은 의사와 환자의 비밀 보장 의무를 선호하는 미국의학협회의 지침과 충돌한다.

지킬 박사는 모린이 본 피해를 되돌릴 수 없지만, 앞으로 의사들은 유전질환에서는 비밀 보장 의무를 깨고 위험에 처한 가족을 보호하겠다고 환자에게 미리 알리는 방침을 선택할 것이다. 물론 그런 '사전 경고' 때문에 효과적인 치료를 멀리하는 환자가 더러 생길지도 모른다. 하지만 대다수는 치료에 따르는 당연한 결과로 받아들일 것이다. 여기서 지킬 박사의 사건을 맡은 판사가 참고할 내용은 그리 많지 않겠지만, 그런 접근법 덕분에 앞으로는 모린이 제기한 종류의 소송은 없어질 것이다.

25

반은 쥐, 반은 사람?

#동물실험 #이종 배아 #키메라 연구

어느 신경학 연구자가 파킨슨병과 알츠하이머병처럼 뇌세포에 영향을 미치는 질병의 기제를 연구할 기발한 아이디어를 떠올린다. 바로 사람의 뇌세포를 쥐 배아에 주입해 발달 과정을 추적하는 것이다. 이 연구자는 그런 배아의 뇌가 반은 사람, 반은 쥐에 속할 것으로 생각한다. 따라서 그런 쥐가 태어나기 한참 전에 고통 없이 죽인 다음, 그 뇌를 연구해 사람의 인지능력에 기초가 될 요소를 찾아내려 한다. 장기 목표는 인간의 중증 뇌질환 치료용 약제를 개발할 쥐 모형을 만드는 것이다.

이 연구자가 실험을 계속 밀고 나가게 허용해도 될까?

사람과 동물의 결합

—

1970년대 전까지 동물 키메라, 즉 둘 이상의 종이 결합한 동물은 대개 신화에나 나오는 소재였다. 하지만 스탠퍼드대학교 생물학자 폴 버그Paul Berg와 리처드 멀리건Richard Mulligan이 토끼의 헤모글로빈 유전자를 영장류의 신장에 이식하는 데 성공한 뒤로, 과학자들은 이 분야에서 빠른 진전을 선보였다.

네바다대학교 리노캠퍼스의 어느 혈액학자는 간 일부를 '인간화'한 양을 생산했다고 주장했다. 메이오클리닉의 한 연구실은 '사람의 혈액이 도는 돼지'를 생산했다. 중국에서는 연구자들이 사람의 피부 세포를 토끼의 난자에 주입했다. 하지만 이 분야에서 가장 의미심장하면서도 논란이 컸던 진전은 스탠퍼드대학교 병리학 및 발생생물학 교수인 어빙 와이스먼Irving Weissman이 사람의 뇌세포를 이식한 쥐 배아를 만드는 실험을 학교에 요청해 허락받았을 때 일어났다. 와이스먼은 전에도 신경조직 1퍼센트가 사람의 것인 쥐 배아를 만들었지만, 연구실에서 사람의 신경조직을 연구할 모형을 만들려면 쥐의 신경아교세포(신경세포의 활동을 돕고 보호하는 역할을 한다 - 옮긴이)에 사람의 신경세포를 결합해야 한다고 생각했다.

사람과 동물을 결합한 키메라 연구에 반대하는 사람들은 이런 실험에 신경조직을 사용하는 것을 특히 우려한다. 비판자들은 사람의 뇌세포를 지닌 쥐가 어느 정도 사람의 인지 특성을 보이고, 심지어 사람과 비슷한 고통을 느끼지 않을까 염려한다. 이런 생명윤리학자들은 흔히 이와 같은 결합이 인간의 존엄성을 훼손한다고 생각한다. 또 종의 완전성과 인간의 고유성, 즉 비평가 웨슬리 J. 스미스Wesley J. Smith가 말하는 '인간 예외주의Human Exceptionalism'와 관련한 우려도 드러낸다. 어떤 평론가들은 쥐를 사람에 가깝게 만들면 사람이 쥐에 더 가까워진다고 주장한다. 켄자스주 연방 상원의원 샘 브라운백Sam Brownback은 사람과 동물의 결합을 연구하지 못하게 막으려는 법안을 여러 번 제출했지만 지지를 얻지 못했다.

그런데 원칙적으로는 이런 연구를 지지하는 윤리학자마저도 연구자들에게 크게 주의를 기울이라고 촉구한다. 와이스먼의 연구를 승인한 법학자 헨리 그릴리Henry Greely와 동료들은 저명한 〈미국생명윤리학회지American Journal of Bioethics〉에 실은 논문에서 이런 실험이 설사 본질에서는 윤리에 어긋나지 않더라도 사람들의 불안을 지나치게 자극해 "다른 유용한 생화학 연구의 지지 기반을 해친다면" 문제가 될 것이라고 언급했다. 하지만 이제는 와이스먼의 요청에 사람들이 처음 보였던 우려가 상당 부분 사라졌고, 사람과 쥐의 결합을 시도하는 노력이 과학계에서 갈수록 늘고 있다.

앞에서 제시한 시나리오의 가장 놀라운 특징은 무엇일까. 오늘날 많은 대학의 연구자들은 그런 키메라가 나온다는 전망을 더는 놀랄 일도, 딱히 논란이 될 일도 아니라고 본다는 것이다. 많은 미국인이 뇌의 반이 사람 세포로 된 쥐를 만든다는 발상을 여전히 크게 반대할 일로 생각하지만 말이다.

26

악명 높은 독재자에게
치료를 제공하지 않아도 될까?

#의료 거부   #독재 정권   #정치와 의료

미국과 오랫동안 군사 동맹 관계를 유지해온 어느 부유한 나라의 잔혹한 독재자 포지가 혈액암 중에서도 기존 화학 요법에 내성이 있는 희소 백혈병에 걸린다. 마침 미국의 한 대형 병원에서 아직은 실험 단계이지만 이 변이성 백혈병을 치료할 전망이 밝은 신약으로 임상 시험을 시작하려 한다는 소식이 들린다. 포지는 긴급 비자를 발급받고, 연구에 참여하기로 병원과 합의한다. 현실적으로 포지가 목숨을 구할 기회는 임상 시험에 참여하는 것뿐이다.

병원의 종양외과 과장인 스티븐 스트레인지 박사는 처음에 포지에게 실험적 치료를 제공하는 데 동의했다. 하지만 포지가 치료를 받고자 병원에 도착한 날, 한 친구가 스트레인지 박사에게 포지의 나라에서 일어난 인권 유린을 다룬 책을 건네준다. 책을 읽은 스트레인지 박사는 포지 정부가 무고한 시민 수천 명을 죽음으로 내몰았고, 성폭력과 고문, 심지어 식인 행위에까지 연루되었다는 사실을 알게 된다. 그 나라 국민은 기초 의료나 가장 기본적인 인권도 누리지 못하는데, 자신이 치료를 제공해 포지가 나라를 계속 통치한다고 생각하니 마음이 괴롭다. 친구는 이렇게 말한다. "그 나라에서는 많은 사람이 백혈병으로 죽어. 그중에 미국으로 와서 실험적 치료를 받도록 허가받는 사람은 아무도 없지."

스트레인지 박사가 포지에게 실험적 치료를 제공하지 않겠다고 거부하면 윤리에 어긋날까?

인권과 치료

—

민주 선거로 뽑혔지만 독재를 일삼는 개발도상국 지도자들이 부유한 서방 국가로 건너와 치료받는 것은 어제오늘 일이 아니다. 그러다 보니 세계에서 손꼽히는 민주주의 국가들이 세계에서 손꼽히는 잔혹한 통치자들에게 의료 서비스를 제공하는 일이 종종 벌어진다. 예컨대 2012년에 에티오피아의 독재자 멜레스 제나위Meles Zenawi가 벨기에에서 치료 도중 사망했다. 또 같은 해에 사우디아라비아 왕세제였던 나예프 빈 압둘아지즈Nayef bin Abdulaziz가 미국 클리블랜드주에서 암을 치료받았고, 나중에 스위스 제네바에서 사망했다. 2009년에 죽음을 앞뒀던 가봉의 독재자 오마르 봉고Omar Bongo는 스페인에서 남은 생을 마감했다. 앙골라의 독재자 조제 에두아르두 두스산투스José Eduardo dos Santos도 2017년에 치료차 스페인을 방문했다. 카자흐스탄의 독재자 누르술탄 나자르바예프Nursultan Nazarbayev는 정기적으로 독일을 찾아 건강을 확인한다. 가장 유명한 사건은 1979년에 지미 카터Jimmy Carter 대통령이 축출된 이란 국왕 모하마드 레자 팔라비Mohammad Reza Pahlavi가 맨해튼 뉴욕병원에서 수술받는 것을 허용한 일일 듯하다. 카터 대통령은 그 일로 국내외에 걸쳐 광범위한 비난을 받았고, 외교 정책에서 크나큰 위기를 겪었다.

아프리카 정치 전문가인 이언 테일러Ian Taylor 교수에 따르면, 2000년부터 2015년까지 자연사한 아프리카 국가수반 10명이 모두 외국에서 치료받았고, 그 가운데 8명은 해외에서 사망했다. 이런 국가 대다수의 인권 상황은 한숨이 절로 날 지경이고, 국민이 의료라고 부를 만한 서비스에 접근하기가 하늘의 별 따기다.

놀랍게도 생명윤리학계는 이 문제에 꽤 깊은 침묵을 유지한다. 원칙적으로 의료윤리가 정치와 무관하게 의료 서비스를 제공해야 한다는 쪽을 지지하기 때문이다. 2011년에 바레인 정부가 반정부 시위대에게 응급처치를 제공했다는 이유로 간호사 룰라 알-사파르Rula al-Saffar 같은 의료인들을 법정에 세웠을 때, 전 세계의 수많은 의료협회가 바레인 정부의 조치를 규탄했다. 비슷한 이유로, 시리아 내전에서 반군과 정부군이 양쪽에서 의사들을 겨냥했을 때도 의료단체들이 비난을 퍼부었다.

하지만 얄궂게도, 정치와 얽히지 않으려는 의료계의 이런 노력이 해외에서 치료받으려는 독재자에게 목소리를 높이기 어렵게 한다. 몇몇 평론가가 국가수반들은 자기 나라에서 치료받아야 한다는 법을 제안했지만, 실현되기 어려운 노력으로 남았다.

그런데 미국 정부가 포지에게 비자를 내줬다고 해서 스트레인지 박사에게 그를 치료할 윤리적 의무가 있다는 뜻은 아니다. 사실 아직 의사-환자 관계가 성립하지 않았다면 의사는 대체로 누구에게도 진료 의무를 지지 않는다(스트레인지 박사가 포지의 이름을 임상 계획서에 올리는 데 동의했을 때 그런 관계가 성립했다고 주장할 수 있겠지만, 아직 치료를 시작하지 않았으므로 다툼의 여지가 있다). 포지와 달리 많은 환자가 임상 목표 인원이 모두 차는 등 자신이 어찌할 수 없는 상황 탓에, 목숨을 구할지도 모를 실험적 치료를 툭하면 거절당한다. 그런 연구가 진행 중인 줄도 모른 채 죽음을 맞는 환자도 있다.

스트레인지 박사가 포지를 환자로 받아들이지 않았을 때 나타날 광범위한 영향도 고려해볼 만하다. 포지를 거절한다면 의료가 정치 문제가 되어, 세계보건기구와 국제간호협의회 같은 단체가 해외에서 진료하는 의료인을 보호하기가 더 어려워질 것이다. 아니면 진료 거부가 성명서 역할을 해, 사람들이 포지의 독재 정권에 인권을 유린당한 피해자의 고초에 주목할지도 모른다. 하지만 의사들이 진료 거부를 공표하는 데는 제약 사항이 많다. 독재자들이 대체로 진료를 비밀로 유지하기를 바라는 데다, 비밀 보장 의무법에 따르면 의사가 환자의 허락 없이 진료 요청을 공개해서는 안 되기 때문이다.

사실 일반인은 얼마나 많은 외국 독재자가 자기네 나라로 건너와 진료를 받으려 하는지 거의 알지 못한다. 어쩌면 의사들이 그런 독재자를 진료하지 않겠다고 숱하게 거부하고 있을지도 모른다. 진실을 알 길은 없다. 하지만 문제의 환자 포지를 치료하든 치료하지 않든, 사람들이 스트레인지 박사의 결정을 모른다고 해서 그가 선택의 책임에서 벗어날 수는 없을 것이다.

3부

현대의학이
마주한 문제들

의 료윤리는 흔히 '무엇을 해야 하느냐'라는 물음으로 규정된다. 또 현대 의료 제도라는 맥락에서는 '무엇을 할 수 있느냐'라는 평가도 반영한다. 한때 미국 의료는 공식 법규가 아닌 비공식 직업 규범에 좌우되었다. 하지만 이제는 1996년 제정된 건강보험 양도 및 책임에 관한 법과 2010년 제정된 환자보호 및 부담적정보험법 Patient Protection and Affordable Care Act, 즉 오바마케어를 포함해 연방정부와 주정부의 복잡한 법규에 규제를 받는다. 그런데 이런 법규는 빈번하게 바뀐다. 예컨대 의회가 머잖아 오바마케어를 일부 폐지할지 모른다는 불확실성이 여전히 남아 있다.

한때 의사들은 환자와 동료들의 물음에 누구보다 먼저 답할 수 있었다. 하지만 이제는 얽히고설킨 정부 규제, 병원 내규, 보험사의 잡다한 절차를 헤쳐나가야 한다. 환자의 이익에 부합하는 의료를 제공하기 어려운 체계 속에서, 현대 의료는 어떻게 환자에게 도움이 될 것인가 하는 무거운 짐을 짊어지고 있다.

의료가 갈수록 '학구적 소명'이 아닌 사업으로 바뀌고 있어, 많은 의사가 비용 절감, 자원 부족 같은 문제와 씨름해야 한다. 의료 사업을 둘러싸고 떠오르는 난제들은 이제 여러 의료정책 전문가에게는 밥벌이 수단이 되었고, 병원에서 일하는 많은 생명윤리학자에게는 골칫거리가 되었다.

27

입사 지원자에게
유전자 검사를 요구한다면?

#유전자 차별 사회   #우성과 열성

한 대규모 연구에 따르면 흡연자 가운데 15번 염색체에 특정 유전자 표지가 있는 사람이 그런 표지가 없는 사람에 견줘 폐암 발병률이 훨씬 높다고 한다. 이 연구가 담배 제조사 해피앤드헬시를 소유한 어윈의 관심을 끈다. 어윈은 대부분 담배를 피우는 직원들이 폐암에 걸릴지나 않을까 걱정스럽다. 회사의 의료비 지출과 기업 이미지에 모두 악영향을 줄 테니 말이다. 그래서 모든 입사 지원자에게 이 유전자 표지를 검사하도록 요구해, 결과가 음성으로 나온 사람만 채용하려 한다.

어윈이 입사 지원자에게 이런 유전자 검사를 요구하는 것을 우리 사회가 허용해도 괜찮을까?

유전자 차별

2008년에 미국 의회는 유전정보 차별 금지법Genetic Information Nondis-crimination Act; GINA을 초당적 지지로 통과시켰다. 당시 대통령 조지 W. 부시George W. Bush 뿐 아니라 전임 대통령 빌 클린턴도 이 법안을 지지했고, 법안은 상원을 95 대 0, 하원을 414 대 1로 통과했다. 반대표를 낸 사람은 자유당 소속 하원 의원 론 폴Ron Paul이 유일했다. 이 법은 유전정보에 근거한 채용 차별과 의료보험 차별을 금지한다(그런데 생명보험과 장애보험을 포함하지 않으므로, 유전자 검사가 계속 보험 가입을 막는 걸림돌이 될 여지가 있다).

영화 〈가타카Gattaca〉에서 감독 앤드루 니콜Andrew Niccol은 유전자 정보를 이력서 삼아 사람을 차별하는 행태를 '제노이즘Genoism'이라 불렀다. 이 법의 목적은 바로 제노이즘에 맞서 싸우는 것이다. 고용주는 지원자의 건강 상태가 현재 회사에 손해를 끼칠지는 검사할 수 있어도, 앞으로 회사에 손해를 끼칠 위험이 있는지는 검사하지 못한다. 예컨대 버스 회사가 소속 기사에게 급성심근경색이나 뇌졸중을 일으킬 유전자 변이가 있는지는 검사할 수 있지만, 앞으로 언젠가 눈이 멀 변이가 있는지는 검사하지 못한다.

이 법을 옹호하는 사람들은 유전자 차별을 인종 편견에 빗댄다. 비판자들은 이 비유를 바로 맞받아친다. 기고가 앤드루 설리번Andrew Sullivan은 〈뉴욕타임스〉에 이렇게 적었다. "인종 편견에 반대하는 법의 핵심은 무관한 특성에 근거한 (불합리한) 차별을 금지하는 것이다. 이와 달리 유전자 차별에 반대하는 법의 핵심은 관련 정보에 근거한 (합리적) 편견을 금지하는 것이다.ˮ (괄호 안은 내가 추가한 내용이다.) 설리번은 그런 유전자 데이터가 앞날을 '추정'한다고 인정하면서도, SAT 점수가 내놓는 추정과 다를 바 없다고 주장했다. 즉 SAT 점수가 낮은 학생도 더러 대학 교육을 무사히 마치기는 하지만, 그렇다고 SAT 시험이 학업 이수 능력을 예측하지 못한다는 뜻은 아니라는 말이다. 그러므로 공정한지 아닌지를 떠나, 15번 염색체의 폐암 표지가 음성인 지원자만 고용하겠다는 어윈의 계획도 완전히 합리적이기는 마찬가지라고 볼 수 있다.

앞으로 발병할지도 모를 유전질환을 근거로 차별을 허용한다는 발상을 들으면 많은 사람이 불공정을 떠올린다. 그런데 이런 차별이 이미 발현한 형질을 차별하는 것보다 정말로 훨씬 더 불공정할까? 누구도 버스 회사 그레이하운드Greyhound가 맹인을 기사로 고용하리라고는 생각하지 않는다. 그렇다면 유전자 정보로 볼 때 5년 안에 눈이 멀 확률이 99퍼센트인 사람을 고용할 까닭도 없지 않을까? 그랬다가는 아마도 회사는 머잖아 일할 능력을 잃을 직원을 훈련하느라 자원을 낭비할 테고, 그 직원은 눈이 먼 뒤에도 할 수 있는 일을 배울 기회를 놓칠 것이다.

하지만 더 큰 우려는 구직자가 유전 조건 때문에 어디에서도 일자리를 찾지 못할 위험이 있다는 점이다. 담배 회사가 아닌 다른 회사들도 15번 염색체의 폐암 표지에 양성인 사람은 고용하지 않을 게 뻔하다. 유전정보 차별 금지법은 운 나쁘게도 건강한 유전자를 타고나지 못한 사람들이 고용 차별을 겪지 않도록 포괄적 보호막을 제공한다. 이른바 유전자 로또와는 인연이 먼 사람들에게 의미 있는 기회를 차단하지 않으면서도 합리적인 유전자 차별을 허용하는 문제는 우리 사회가 아직 해결하지 못한 윤리적 난제다.

28

백인 의사한테 진료받고 싶은데요?

#인종차별   #의사 선택

헥터라는 환자가 긴급하게 충수절제술을 받으러 입원한다. 진단해보니 수술을 받지 않으면 충수가 터져 죽을 위험이 크다. 백인우월주의 운동계에서 유명한 활동가인 헥터는 백인 외과의가 수술하는 조건으로만 수술에 동의하겠다고 고집한다. 그뿐 아니라 백인이 아닌 직원, 이를테면 간호조무사가 수술실에 들어올 수는 있어도 자기 몸에 손을 대서는 안 된다고 못 박는다. 병원이 자신의 요구를 수용하지 않는다면 신념을 어기느니 차라리 죽겠다고 단언한다.

병원은 헥터를 위해 백인으로만 수술팀을 꾸려야 할까, 아니면 헥터의 의사에 반해 수술하거나, 헥터가 죽게 내버려둬야 할까?

환자의 편견

환자가 특정 인종이나 성별의 돌봄 인력이나 의료 인력을 요구하는 일은 끊임없이 발생한다. 우리 사회가 여기에 보이는 반응은 상황에 따라 다르다. 예컨대 큐클럭스클랜 같은 백인우월주의자가 백인 의사를 요청하면 사회 구성원 대다수가 역겨움까지 표현하진 않더라도 눈살을 찌푸린다. 이와 달리 임신한 십 대 소녀가 첫 산과 검진에서 여성 의사를 요청하면 많은 사람이 크게 고개를 끄덕인다.

하지만 많은 사례가 이런 극과 극 사이의 모호한 영역에 놓여 있다. 예컨대 흑인 정신질환자가 백인 의사는 자신의 경험을 이해하지 못할까 염려해 흑인 정신과 의사에게 정신 감정을 받겠다고 요청할 때가 그렇다. 실제로 긴급하고 중요한 상황인지도 영향을 미칠 것이다. 특정 인종이나 성별의 재택 요양보호사를 요청했다가 거절된 환자는 자신의 요구 조건에 맞는 보호사를 만날 때까지 어떻게든 기존 요양보호사를 해고할 구실을 끈질기게 찾아낼 것이다.

의료진의 인종에 따라 환자가 어떤 태도를 보이는지 파악한 데이터는 없지만, 연구에 따르면 적잖은 환자가 의사의 성별에 호불호를 드러낸다. 2005년에 진행한 한 연구에 따르면 소아청소년과 환자들은 여성 의사를 좋아하지만, 부모들은 반대로 남성 의사를 좋아했다. 그런데 2016년 조사에 따르면 성인 환자에서는 의사의 성별에 신경 쓰는 사람이 열에 한 명뿐이었다. 물론 10퍼센트를 인구수로 환산하면 여전히 많은 숫자다(게다가 더 난감하게도, 2017년에 〈미국의사협회

내과학회지〈JAMA Internal Medicine〉에 발표된 연구에 따르면 노년층 환자는 여성 의료인에게 치료받을 때 실제로 치료 성과가 더 좋았다).

신앙은 문제를 한층 더 복잡하게 만든다. 유대교 정통파 랍비가 가족이 아닌 여성과는 되도록 몸이 닿지 않아야 한다는 정통파 교리에 따라 남성 비뇨기과 의사에게 전립선절제술을 받고 싶다고 요청하면 꽤 많은 사람이 동의할 것이다. 하지만 어느 남성 환자가 "여자는 너무 감정에 휘둘려 절개를 제대로 못 한다"라는 그릇된 믿음 탓에 남성 비뇨기과 의사를 요청한다면 여기에 동의할 사람은 거의 없다.

병원과 법원은 환자가 어떤 동기로 특정 인종이나 성별의 의료인을 요구하는지 조사하느라 시간과 노력을 쏟는 것을 달갑지 않게 여긴다. 그런데 헥터의 사례에서는 해당 병원이 완전히 다른 세 가지 방법을 선택할 수 있다. 첫째, 헥터의 요구를 존중해 백인으로만 구성된 수술팀을 꾸린다. 둘째, 헥터의 요구를 무시하고 응급 상황임을 분명히 밝힌 뒤 다인종 수술팀으로 수술을 강제 집도한다. 셋째, 백인 수술팀을 꾸려달라는 헥터의 요구를 거절하되, 백인이 아닌 의사에게 수술받아야 한다면 차라리 죽겠다는 요구는 존중한다. 헥터처럼 인종에 강한 신념을 드러내는 환자는 거의 없으니, 그런 보기 드문 요구를 수용한들 전체 의료 제공 체계를 크게 무너뜨릴 것 같지는 않다.

게다가 헥터의 사고방식을 못마땅하게 여기는 사람이 많다는 이유로 그를 죽게 내버려둔다면, 많은 의사가 의학의 고귀한 전통에 어긋난다고 생각할 것이다. 하지만 헥터의 요구를 존중한다면 특정 인종, 민족, 성별에 '열등'하다는 낙인을 찍어 그런 집단의 의욕을 꺾을 위험이 있다. 더 나아가 특정 집단이 계속 배제되어 사회가 편견을 갈수록 더 널리 받아들일 때는 그런 낙인 효과가 나타날 우려가 특히 커진다.

29

어머니한테 암에 걸린 사실을
알리지 말아줄래요?

#자기결정권 #말기 암 통보

90세 노인인 애거사가 피를 토한 채 병원에 도착한다. 서둘러 진단해보니 폐암 말기다. 근무 중인 지바고 박사가 애거사에게 이 사실을 알리려는데, 때마침 애거사의 딸 델리아가 병원에 도착해 지바고에게 면담을 요청한다.

델리아는 자기 어머니가 캅카스 지역에 있는 작은 독립국에서 자랐고 소련이 붕괴한 뒤인 70대에야 미국으로 이민했다고 밝힌다. "우리 문화에서는 나이 든 사람이 암에 걸렸을 때 본인에게 알리지 않아요. 곧 죽는다는 이야기는 절대 하지 않는 거죠. 그러니 제발 어머니에게 감염병에 걸렸지만 걱정할 것은 전혀 없다고 말해주세요. 믿으셔도 돼요. 어머니는 진실을 알고 싶지 않으실 거예요."

몇 분 뒤 도착한 델리아의 남동생 빅터도 어머니에게 사실을 알리지 말라고 강하게 요청한다. "엄마는 미국 사람이 아니라 당신이 나고 자란 곳 사람들처럼 생각합니다. 그곳에서는 의사가 환자에게 곧 죽는다고 말하는 건 상상도 할 수 없는 일이에요. 당신이 무슨 권리로 엄마에게서 희망을 앗아갑니까? 게다가 아무것도 할 수 없는 상황에서 엄마 마음만 힘들게 하는 게 무슨 소용이냐고요?"

지바고 박사는 이 나이 지긋한 환자에게 진단 결과와 예후를 알리지 말아야 할까?

자기결정권과 문화

___

현대 미국 의료의 기본 원칙 가운데 하나는 환자가 당연히 자신의 의료 문제를 스스로 결정할 권한을 가져야 한다는 것이다. 누군가는 이 말에서 프랭크 시나트라Frank Sinatra의 "내 방식대로 할 거야I'll do it my way"를 떠올릴지도 모르겠다. 환자가 상황을 잘 알고 결정하려면, 의사가 환자에게 진단 결과 및 선택할 수 있는 치료법을 알려줘야 한다. 한 가지 짚고 넘어가자면, 의사가 지금껏 언제나 그런 정보를 제공하지는 않았다. 1961년에 의사 도널드 오큰Donald Oken이 진행한 유명한 설문 조사에 따르면, 의사 90퍼센트가 말기 암으로 진단된 환자에게 으레 사실을 밝히지 않았다. 지금도 몇몇 비서구권 국가에서는 그런 정보를 알리지 않는 것이 흔한 관행이다. 여기에서 문제가 생겨난다. 애거사를 여느 미국인 환자처럼 치료해야 할까, 아니면 그녀가 태어난 곳의 문화 규범에 맞춰 치료해야 할까?

물론 의사들은 애거사의 바람을 따르고 싶을 것이다. 하지만 전혀 티를 내지 않고 애거사가 무엇을 바라는지 알아내기는 어려울 것이다. 지바고 박사가 애거사에게 이렇게 묻는다면 어떨까? "만약 환자분이 암으로 죽어간다면 제가 사실대로 말하기를 바라시겠습니까?" 하지만 안타깝게도 이 물음은 배우자에게 "나 바람피우는데, 당신한테 알리는 게 좋을까?"라고 묻는 꼴이다. 그래도 질문을 던져야 진실에 가까운 답을 얻을 수 있다.

애거사의 경우, 의료나 가족 건강과 관련한 흔한 질문을 잇달아 슬쩍슬쩍 던져보는 것도 괜찮은 방법이다. "가족 중에 암으로 돌아가신 분이 있나요?" 암 발병 통계로 보건대 환자 대다수는 그렇다고 답할 것이다. 그때 의사가 이렇게 묻는다. "그러면 환자분이나 가족들은 그 상황에 어떻게 대처하셨습니까? 그분에게 사실을 알렸나요?" 환자가 "천만에요. 제정신이세요, 선생님? 그런 짓을 왜 해요?"라고 반응한다면, 자신의 질병에 주변 사람들이 어떻게 대처하기를 바라는지를 강력하게 내비치는 셈이다. 마찬가지로 "당연히 그렇게 했지요"라고 답할 때도, 환자를 어떻게 치료할지 길잡이가 될 것이다. 하지만 이런 방법이 환자의 바람을 명확하게 밝혀내지 못하는 상황도 있을 것이다.

또 다른 방법은 치료와 관련해 환자가 결정할 일이 있느냐에 무게를 두는 것이다. 이를테면 완화 방사선 치료를 받을지 결정해야 한다면, 그리고 환자가 자신의 진단명을 알기 바라는지 확인할 길이 전혀 없는 상황이라면, 의사들은 진단명을 밝히는 쪽으로 생각이 기울 것이다. 하지만 의료진이 아무것도 해줄 수 없는 상황이라면 정보를 알리지 않는 쪽으로 크게 기울 강력한 논거가 된다.

이 방법의 맹점은 무엇일까. 설사 치료와 상관없을지라도 '누구나' 마지막을 앞두고 결정해야 할 일이 있는 법인데, 이를 고려하지 않는다는 것이다. 만약 애거사가 자신이 죽음을 앞두고 있다는 사실을 안다면, 유언장을 다시 쓰고 싶을 수도 있고, 임종을 맞고자 고국으로 돌아가고 싶을 수도 있고, 호화로운 유람선 여행을 떠나고 싶을 수도 있다. 의료와 관련한 자기결정권을 부정하면 때로는 의료와 상관없는 자기결정권까지 부정하는 결과를 낳는다.

30

최고의 치료법은 기도거든요?

#치료 거부   #종교적 신념

홀로 사는 65세 여성 미나가 길거리에서 넘어져 넓적다리뼈가 부러지는 바람에 지역병원 응급실로 실려 온다. 부러진 다리는 다행히 수술로 복원했다. 그런데 입원한 지 사흘째 되던 날, 미나가 세균성 폐렴에 걸린다. 이 폐렴은 대개 항생제로 치료되지만, 치료받지 않으면 많은 경우 환자가 사망한다. 그런데도 미나는 항생제 치료를 거부한다. 자신은 크리스천사이언스 신자이므로 자신의 폐렴을 낫게 할 최고의 치료법은 기도라는 이유에서다. "항생제는 효과가 없을 거예요. 사실, 항생제를 사용하면 내 믿음이 완벽하지 않다고 주님께 보이는 꼴인 데다, 기도의 효험도 떨어뜨릴 거예요."

의사들이 이 상황에 어떻게 대처할지 논의하는 사이, 미나의 딸

피오나가 병원에 도착한다. 외국 여행 중이던 피오나는 미나가 아프다는 말을 듣자마자 돌아왔다. 피오나는 의사들에게 항생제로 엄마를 치료해달라고 요청한다. "엄마는 겨우 지난달에 크리스천사이언스 신자가 되었어요. 새 남자친구와 사귀기 시작하면서요. 그전까지는 다른 식구들과 마찬가지로 평범한 감리교 신자였고요." 미나는 그 말이 맞지만, 자신은 어떤 이유로든 어느 때고 자신이 원하는 종교로 개종할 수 있다고 강하게 맞선다.

의사들은 미나의 강경한 반대를 무릅쓰고 그녀를 치료하고자 법원 명령을 받아야 할까?

인지능력

—

환자가 의료에서 자기결정권을 얻으려면, 먼저 기본적인 인지 기준을 충족해야 한다. 즉 '인지능력이 있다'고 증명해야 한다. 인지능력을 평가할 방법은 다양하지만, 가장 유명한 검사법은 1988년에 정신의학 윤리학자 폴 애펠바움과 심리학자 토머스 그리소Thomas Grisso가 〈뉴잉글랜드 의학학술지〉에 실은 중요한 논문에서 설명한 것이다. 애펠바움과 그리소는 환자가 일관된 선택을 하는지, 자신들의 건강 상태와 관련한 정보를 이해하는지, 제안받은 다양한 처치법의 결과를 제대로 인식하는지, 정보를 이성적으로 처리할 수 있는지 물었다.

크리스천사이언스 신도들은 대체로 이런 기준에 부합하지 않는다. 상처는 현대 의학으로 치료하면서도, 질병은 기도로 치료될 뿐 현대 의약품으로 치료되지 않는다고 믿어 약물을 대부분 거부하기 때문이다. 간단히 말해 이들은 의약품의 효능을 의심한다(이는 수혈을 거부하는 여호와의 증인과 대비된다. 여호와의 증인은 수혈의 효능을 인정한다. 즉 수혈이 효과 있다고 생각하면서도 성경이 수혈을 금했다고 본다).

기도를 하면 우울증 환자에게 도움이 될 수도 있고 그렇지 않을 수도 있으니 상당한 의견 차이가 있지만, 항생제는 '실제로' 세균성 폐렴을 낫게 한다. 크리스천사이언스 신도가 이런 의학적 '진실'을 받아들이지 않더라도, 이들은 애펠바움과 그리소의 원칙에서 벗어나 스스로 의료와 관련한 결정을 할 수 있다. 하지만 자기 아이에게까지 그런 결정을 내려서는 안 된다.

미나가 평생 크리스천사이언스 신도였다면, 의료윤리학자들은 비록 목숨이 오가는 상황일지라도 그녀가 치료를 거부하는 데 동의했을 것이다. 하지만 미나가 최근에야 개종했으므로 상황이 복잡하다. 브라운대학교 교수를 지낸 정치사학자이자 의료윤리학자 에드워드 바이저Edward N. Beiser는 이런 난제를 '젤로Jell-O 검사'에 자주 빗댔다. 어릴 때 한 번쯤은 부모님이 젤로로 푸딩을 만드는 모습을 보았을 것이다. 먼저 물이 끓는 냄비에 다양한 색의 젤로 가루를 부어 녹인 다음, 냉장고에 넣어 1시간 동안 굳기를 기다린다. 이때 성급한 아이들은 정확히 언제쯤 물이 푸딩으로 굳어지는지 알아보고자 중간에 냉장고 문을 예닐곱 번은 열어본다.

마찬가지로 생명윤리학자도 환자가 새로운 신앙에 따라 의료 결정을 내리기까지 얼마나 오랫동안, 또 얼마나 단호하고 일관되게 그 종교를 믿었는지 물어야 한다. 크리스천사이언스 신도가 된 지 한 달 이면 넉넉할까? 그렇다면 3일은? 30분은? 중대한 사안일수록, 특히 생사가 달린 문제일수록 병원과 의사들은 더 오랫동안, 더 신실하게 신앙이 이어졌어야 한다고 요구할 것이다.

31

의료보험 사기를
눈감아줘도 될까?

　중년 여성 비비언이 희소암을 치료하고자 종양 전문의 복 박사에게 첫 진료를 받으러 온다. 여동생인 진이 동행했는데, 두 사람이 놀랍도록 닮았다. 진료 과정에서 복 박사는 검진 결과 몇 가지가 의무 기록과 크게 다르다는 걸 발견한다. 가장 눈에 띄는 차이는 왼손 집게손가락이다. 이전 의사들의 기록에 따르면 비비언이 자동차 사고로 왼쪽 집게손가락을 잃었다는데, 복 박사가 보니 열 손가락이 모두 멀쩡하다.

　복 박사가 비비언에게 이런 차이를 들이대니, 비비언이 사실은 자기가 진이고 두 사람이 서로 짜서 신분을 바꾸기로 했다고 털어놓는다. 비비언은 건강보험이 있지만 진은 미등록 외국인이라 보험에 가입할 길이 없고, 암 치료비를 감당할 형편도 안 되기 때문이다. 진이 암을 치료하려면 15만 달러가 드는 화학 요법을 받아야 하는데, 실제로 자매가 그만한 돈을 이른 시일 안에 모을 길은 없다. 비비언과 진은 복 박사에게 이 사실을 '눈감아'달라고 애원한다. 복 박사가 확신하건대, 화학 요법을 받으면 진은 목숨을 구할 수 있다.

복 박사가 자매의 사기를 모르는 척 눈감고 '비비언'에게 목숨을 구할 치료를 제공하면 윤리에 어긋날까?

의료보험
—

의료 사기는 미국이 골머리를 앓는 문제다. 〈월스트리트저널Wall Street Journal〉이 추산한 바로는 2013년 메디케어(미국에서 주로 65세 이상 시민에게 제공하는 공영 의료보험 – 옮긴이)의 총지출 중 10퍼센트인 약 580억 달러가 의료 사기에 쓰였다. 2016년에 보건복지부는 메디케이드 지출의 12퍼센트인 1,390억 달러 넘는 돈이 '부적절한 지급'에 해당한다고 경고했다. 의료 사기는 이런 공영보험뿐 아니라 민영보험 가입자 사이에서도 만연한다. 이렇게 발생한 비용은 민영보험에서는 보험료 증가, 보장 축소로 대중에게 전가되고, 정부 지원 프로그램에서는 납세자에게 전가된다. 진과 비비언의 사례에서는 자매가 결국 납세자에게서 15만 달러를 훔치고 있는 셈이다.

하지만 윤리 문제를 따질 때는 대체로 맥락을 이해해야 한다. 그러므로 우리는 이렇게 물어야 한다. 왜 진이 이 비싼 치료를 다른 사람들한테서 훔치고 있을까? 기존 의료 체계를 비판하는 사람들은 당연히 사회가 불공정한 의료 체계를 만들었기 때문이라고 주장할 것이다. 부유한 나라라면 도움이 절실한 중년의 선량한 시민에게 목숨을 구할 화학 요법을 부담 없는 가격으로 제공할 수 있어야 한다.

누군가는 국내총생산의 거의 18퍼센트를 의료에 지출하는 건 지나치다고 생각하겠지만, 진 같은 여성들이 치료받지 못한 채 지내야 한다면 18퍼센트로는 너무 적다는 주장도 설득력이 있다. 국내총생산에서 의료비 지출을 늘리려면 국방비나 교육비, 소비재 구매 등 어딘가에서 지출을 줄여야 한다. 추측하건대 우리 대다수는 암에 걸렸을 때 저렴한 화학 요법을 받는 대가로 몇 가지 소비재를 기꺼이 포기할 것이다. 따라서 제도가 불공정한 탓에 비비언과 진이 부정직하게 행동한다는 논거가 될 수 있다.

의사들이 꾸준히 마주치는, 판단하기 몹시 어려운 문제가 있다. 환자들이 불법 행동에 가담할 때 어디까지 모른 체해야 하느냐다. 예컨대 환자가 가족과 약을 나눠 먹는다거나, 자신이 먹을 셈으로 더 값싼 약제를 해외에서 불법으로 들여온다면? 또 노숙자가 다른 곳에서는 얻지 못하는 깨끗한 침대와 따뜻한 식사를 누리고자 병원에 입원하려고 꾀병을 부린다면? 이럴 때 의사는 어떻게 해야 할까?

복 박사는 '비비언'에게 부담 없는 비용으로 치료받을 수 있는 다른 정직한 방법을 찾아보라고 권해야 한다. 또 자매의 속임수가 들통나기 쉽다고 알리는 것이 좋다. 자기가 속임수를 아주 쉽게 알아챘으니 다른 의사들도 마찬가지일 테고, 그들 대다수는 무관용 원칙을 적용할 거라고 말하면 어떨까?

만약 복 박사가 어떤 사익도 없이 자매의 속임수에 눈감아준다면 어떨까? 다른 많은 의료인이 날마다 더 작은 속임수에 눈감을 때 자기는 더 큰 속임수에 눈감을 뿐이라고, 의료 제도가 부조리하기 일쑤라 의료보험사의 비용으로 환자를 돕는다고 주장할 수도 있다. 그렇다고 복 박사가 '마땅히' 그래야 하는지는 완전히 다른 문제다.

32

환자 한 명에게
얼마나 많은 치료비를 써야 할까?

#의료 혜택   #과다 지출   #비용 대비 효과

교사로 일하다 은퇴한 63세 여성 이디스는 아이가 6명이고 손주
가 11명이다. 지금은 작은 도시에서 남편 허버트와 함께 개 두 마리
를 키우며 산다. 그런데 어느 날 이디스의 피부 아래쪽이 이상하게
변색한다. 남편과 함께 가장 가까운 병원의 응급실로 달려가 진단을
받아보니 원인을 알 수 없는 희소한 출혈질환이다. 다행히 치료제를
쓰면 대다수는 병이 낫는다고 한다. 치료제는 아주 값비싼 응고 인자
로, 한 병에 7만 5,000달러다. 환자 대다수는 한두 병만 맞으면 병이
낫는다.

그런데 알 수 없는 이유로, 응고 인자가 이디스의 증상을 가라앉
히기만 할 뿐 낫게 하지는 못한다. 이제 이디스는 날마다 응고 인자

를 네 병이나 맞아야 한다. 달리 말해 한 주 치료비가 200만 달러 넘게 든다. 이디스는 병원에서 가족들과 이야기를 나누고 손주들에게 줄 스웨터를 뜨며 한가로운 시간을 보내지만, 치료제가 부패하기 쉬운 데다 하루에 네 번이나 맞아야 하므로 병동을 떠날 수가 없다.

이디스와 허버트는 병원비를 자비로 부담할 형편이 안 되고, 두 사람이 든 보험은 의료비를 1년에 최대 100만 달러까지만 보장한다. 끝내는 이디스의 미지급 병원비가 10일 만에 300만 달러를 넘겨, 병원의 1년 치 자선 치료 예산이 거의 바닥을 드러낸다. 병원 관리자들은 고민 끝에 이디스의 치료를 끝내자는 논의에 들어간다.

병원이 치료를 끝낸다면 윤리에 어긋날까? 아니면 사실상 다른 환자 수백 명의 자선 치료비를 전용한 자체 경비로 이디스를 계속 치료해야 할까?

보이는 피해자와 보이지 않는 피해자

미국 보건의료연구·품질관리청에 따르면, 2012년에 지출된 전체 의료비에서 상위 의료 소비자 1퍼센트가 쓴 비용이 무려 22.7퍼센트를 차지했다. 상위 5퍼센트까지 범위를 넓히면 전체 비용 중 50퍼센트였다. 환자 중에는 더러 아주 값비싼 치료를 받아야 하는 사람들이 있다. 예컨대 은퇴한 교도관 슬림 왓슨Slim Watson은 2000년에 이디스와 비슷한 혈액질환에 걸려 노스캐롤라이나주의 어느 병원에서 34일을 보냈다. 이때 나온 병원비가 무려 520만 달러였다. 환자 한 명에게 얼마나 많은 의료비를 써야 하느냐는 의료 배분을 둘러싼 논쟁의 한복판에 있는 중요한 사안이다. 이디스나 슬림 왓슨 같은 환자 가운데 수백만 달러에 이르는 병원비를 감당할 수 있는 사람은 거의 없다. 또 보험사들은 이처럼 어마어마하게 많은 보험금 청구를 막고자 보험금 상한액을 정해놓았다. 그러니 그 비용은 결국 납세자나 민간 병원이 떠안게 된다. 달리 말하면 의료 제도에서 다른 환자들에게 쓸 돈이 줄어든다는 뜻이다.

오리건주 주지사를 지낸 응급의학 전문의 존 키츠하버John Kitzhaber는 '보이는' 피해자와 '보이지 않는' 피해자를 주제로 글을 썼다. 만일 우리가 이디스의 치료를 중단한다면, 눈에 보이는 피해자가 고통 속에 죽어가는 모습을 지켜봐야 한다. 의사 대다수와 일반 대중에게 이런 일은 받아들이기 매우 어렵다. 하지만 이디스의 병에 어마어마한 돈을 쓴다면 보이지 않는 피해자가 생긴다. 이를테면 예방 검진을 받지 못하거나 무료 독감 예방주사를 맞지 못해 죽음을 맞는 환자들 말이다. 이들은 눈에 보이지 않으니 우리 마음이 덜 괴로울 것이다. 하지만 그렇다고 해서 그들에게 손해를 끼치지 않는다는 뜻은 아니다.

철학자 존 롤스John Rawls는 이런 분배 정의 문제를 결정할 때는 이른바 '무지의 베일'을 쓴 것처럼 생각하라고 제안했다. 자신의 처지나 지위를 전혀 알지 못하는 가상의 세계를 떠올린 뒤, 모든 관련자에게 가장 공정한 규칙을 만들라는 뜻이다. 추측하건대 아마 이디스를 포함한 우리 대다수는 수많은 다른 환자를 희생하면서까지 환자

한 명에게 한 주에 200만 달러를 쓰는 의료 제도를 설계하지 않을 것이다. 그렇다 해도 이디스는 살아 숨 쉬는 인간이다. 이디스에게 의료비가 너무 많이 드니 죽어야 한다고 툭 통보하고 만다면 많은 사람이 본능적으로 질색할 것이다.

게다가 이디스에게 치료비를 지급하지 않는다면, 비록 이디스처럼 뉴스거리가 될 정도는 아니더라도 치료비가 많이 드는 다른 여러 환자도 문제가 된다. 예컨대 장기이식은 대체로 '비용 대비 효과가 높은' 치료법이 아니다. 이런 환자들에게 쓴 비용을 의료 제도의 다른 영역에 쓴다면 더 많은 사람이 더 오래 살 수 있을 것이다. 하지만 장기이식을 그만두라거나, 수학적으로 정밀하게 최대 다수의 최대 이익을 달성하고자 애쓰는 완벽한 효율의 공리주의 의료 전달 모형을 채택하자고 주장하는 윤리학자는 거의 없다.

많은 사람이 보기에 이디스의 사례는 가장 합리적인 선택(가장 많은 목숨을 살리도록 돈을 배분하는 방식)과 공정하다고 느끼는 선택(눈앞에 있는 사람의 목숨을 살리는 방식)의 차이를 드러낸다.

33

누구를 살리고
누구를 포기해야 할까?

1918년에서 1919년 사이의 독감 대유행은 미국에서만 50만 명이 넘는 사망자를 냈다. 그에 맞먹게 지독한 독감 대유행이 일어나는 긴급사태에 대비해, 어느 주가 인공호흡기 분배 계획을 수립하고 있다. 앞으로 독감 대유행이 일어나면 사태가 여러 달 동안 이어질 텐데 환자가 회복하기까지 인공호흡기가 필요한 기간은 며칠에서 몇 주뿐이니, 호흡기 하나면 예닐곱 명에서 몇십 명까지도 살릴 수 있기 때문이다. 게다가 전체 인구가 쓸 만큼 넉넉하게 인공호흡기를 비축하는 것은 비용 대비 효과가 낮을뿐더러 현실적으로 불가능하다.

이 주 전역의 병원과 요양원에는 척수 손상이나 뇌 손상 탓에 스스로 숨을 쉬지 못하는 사지마비 환자를 포함해 이미 오랫동안 인공호흡기에 기대어 살아가는 환자들이 있다. 이런 환자들은 평생 인공호흡기에 목숨을 의지한다. 달리 말해, 인공호흡기가 없으면 죽는다.

만약 독감 대유행이 일어난다면 어떻게 해야 할까? 수많은 중증 독감 환자의 목숨을 살리기 위해 만성질환자들에게서 호흡기를 떼는 것이 윤리적일까?

인공호흡기 분배

—

이 시나리오를 검토할 때 무엇보다 먼저 생각해야 할 질문이 하나 있다. 의료 체계가 완전히 붕괴한 시기에도 평상시에 적용하는 의료 규칙을 똑같이 적용해야 할까? 독감이 대유행하면 인공호흡기를 어떻게 배분할지 논의했던 기관과 위원회 대다수는 이 물음에 부정적으로 답한다. 평상시 진료 과정에서는 대개 '먼저 온 환자 먼저'를 기준으로 인공호흡기를 사용한다. 하지만 전문가들은 앞으로 독감 대유행이 일어났을 때 이 방식을 적용하면 안 된다고 하나같이 입을 모은다(20세기 중반에 소아마비가 대유행했을 때 철제 호흡 보조기를 '먼저 온 환자 먼저' 방식으로 배분했지만, 결과가 좋지 않을 때가 많았다).

오히려 우리는 그런 재앙 같은 상황에 적합한 인공호흡기 적용 및 배제 기준을 마련해야 한다. 이때 윤리적 논쟁이 벌어지는 문제는 환자 중증도 분류를 해야 하느냐 마느냐가 아니라(중증도 분류는 기정사실로 보인다), 구체적으로 누구를 배제해야 하느냐다.

비상사태가 닥쳐서야 임시 대책을 세우기보다 미리 분배 규칙을 수립해야 한다는 데는 의견이 일치한다. 2007년과 2015년에 뉴욕주가 이 분배 규칙 수립과 관련해 가장 대담한 활동을 벌였다. 뉴욕주 생명과 법률 특별대책반과 뉴욕주 보건부가 공동 주도한 위원회는 정신건강의학과 의사 티아 파월Tia Powell의 지휘 아래 구체적인 인공호흡기 사용 자격 지침을 마련했다. 2007년 초안에서 제안한 배제 기준은 심장 정지, 예후가 나쁜 전이성 악성 종양, 중증 화상, 말기 콩팥 기능상실을 포함한 말기 장기기능상실이었다. 모든 투석 환자가 마지막 기준인 말기 장기기능상실에 해당했으므로 큰 반발이 일어났다. 그런데 사실 이 위원회가 내린 가장 의미심장한 결정은 광범위한 논쟁에서 크게 비켜난 것이었다. 만성질환 치료 시설에서 이미 인공호흡기에 의지해 살아가는 수많은 환자는 어떻게 해야 할까?

파월이 이끈 위원회는 2015년에 "급성질환 치료 시설과 만성질환 치료 시설의 삽관 환자를 모두 같은 기준으로 평가"하기보다, 만성질환자를 급성질환자와 별도로 고려해 인공호흡기를 징발하지 않기로 했다. 위원회는 만성질환 치료 시설의 인공호흡기를 징발하면 더 많은 사람이 살겠지만, "그들은 다른 부류의 생존자일 것이다"라고 언급했다. 만성질환자의 인공호흡기를 징발한다면 만성장애를 앓는 사람들이 공익을 위해 희생될 것이다.

파월이 이끈 위원회, 그리고 이와 의견이 비슷한 윤리학자들은 만성질환자한테서 인공호흡기를 떼는 방식을 적용하면 제삼자가 평가한 생명의 질에 따라 판단이 크게 좌우된다고 우려한다. 1960년대에 시애틀 스웨디시병원이 같은 판단 방식을 적용했을 때도 당시 희귀했던 투석 치료를 사회에서 인정받는 사람들에게 우선 시행하는 당혹스러운 결과를 낳았다.

여기에 맞서 비판자들은 만성장애에 시달린다는 이유로 이들을 평가에서 아예 배제하는 것이 실제로는 장애인을 '향한' 비합리적 편견을 보여준다고 반박한다. 이들은 일단 개인 사유를 배제하고 나면 사회 구성원 대다수가 가장 많은 목숨을 살릴 중증도 분류 체계를 더 선호할 것이라고 주장한다.

34

값싼 모조약 판매는 불법일까?

C형 간염은 간기능상실과 간암으로 이어지기 일쑤인 질병이다. 인터페론 기반의 치료제들이 이미 나와 있지만, 간혹 정신쇠약을 일으키는 부작용이 있다. 다행히 이제는 기존 치료제보다 부작용이 훨씬 적은 신약 몇 가지가 시판되고 있다. 그런데 제조사들이 12주짜리 치료제에 5만 달러가 넘는 가격을 매긴다. 이 약품의 특허를 소유한 프로핏메드는 신약 개발비로 거의 1억 달러를 들였다. 이런 가운데 인도 제약사 치프메드가 이 신약 중 하나를 역설계해 한 알에 1달러에 팔기 시작한다. 이 가격이면 12주 동안 전체 치료비가 84달러에 그친다.

치프메드의 행동에 잘못된 점이 있을까?

지적재산

지적재산법은 혁신을 장려하고자 만든 법이다. 미국에서 의약품 특허는 대개 20년 동안 존속해, 신약 연구에 투자한 제약사에게 이익을 독점할 권리를 부여한다. 이 기간이 끝나면 다른 회사들도 복제약을 만들어 팔 수 있다. 하지만 복제약도 돈과 시간을 들여 미국식품의약국FDA에 규제 승인을 받아야 한다.

2015년에 이 절차를 악용한 일이 벌어졌다. 악명 높은 제약 사업가 마틴 슈크렐리Martin Shkreli가 특허가 만료되었지만 아직 복제약이 없는 톡소포자충증 치료제인 피리메타민(다라프림Daraprim)의 판매권을 사들인 뒤, 가격을 한 알에 13.5달러에서 750달러로 무려 55배나 올려버렸다(슈크렐리는 나중에 다른 사안에서 증권 사기로 유죄가 확정되어 연방 교도소 징역 7년형을 선고받았다).

20년 특허 독점권도 일부 신약에서 값을 지나치게 끌어올리는 빌미가 된다. 지금은 한 해 약값이 2만 4,000달러로 떨어졌지만, 지넨테크Genentech가 항암제 아바스틴Avastin을 처음 내놓았을 때는 환자들이 한 해 약값으로 최대 10만 달러까지 써야 했다. 길리어드Gilead의 간염 치료제 하보니Harvoni는 지금도 12주 치료에 9만 4,500달러가 든다. 당연하게도 이런 약제는 개발도상국 환자 대다수는 말할 것도 없고 미국의 많은 의료 소비자에게도 그림의 떡이다. 그보다 덜 비싼 약제도 아시아, 아프리카, 라틴아메리카의 빈곤층이 감당하기에는 너무 비싸다. 몇몇 개발도상국은 이 중요한 문제를 해결하고자, 현지 제약

사가 똑같은 약제를 훨씬 낮은 가격에 생산할 수 있도록 자국의 지적
재산법을 손봤다.

2005년까지 몇몇 국가가 자국 제약사들에 의약품 역설계를 허용
했다. 가장 눈에 띄는 나라는 인도로, 뭄바이에 소재한 시플라Cipla가
대표적인 복제약 생산 업체다. 인도는 법적으로 생산품이 아니라 제
조 공정에만 특허를 부여했다. 그러니 같은 약을 만들 다른 경로만
찾아내면 현지 제약사가 저가 '모조품'을 시장에 대규모로 풀 수 있
었다. 비판자들은 이런 제약사들을 '해적'이라 비웃고, 이들이 정당한
주인에게서 이익을 훔친다고 비난했다. 하지만 의료 비영리단체를
포함한 옹호자들은 이런 '모조품'을 산 환자들이 어쨌든 더 비싼 가
격에 그 약을 사지는 않았을 것이라고 반박했다. 인도는 결국 2005년
에 트립스TRIPS로 알려진 무역 관련 지적재산권 협정Agreement on Trade-
Related Aspects of Intellectual Property Rights을 준수하고자 이런 관행을 금지했
다. 그래도 기업들은 싼 가격에 복제약을 만들어 수출하고자, 서방의
특허권 보호를 우회할 방법을 계속해서 찾아낸다.

인도 정부가 사용하는 방법은 강제 실시권이다. 이는 트립스가 허
용하는 절차로, 이미 특허가 있는 제품이라도 특허권자에게 적절히
보상할 수 있는 특정 상황에서는 국가가 자국 회사에 그 제품을 생
산할 권리를 줄 수 있다. 인도 법에 따르면 "공중보건 문제 해결과 관
련한 의약품 영역에서 제조 능력이 부족하거나 아예 없는 어떤 나라
에 약품을 제조해 수출할 때는 특허가 걸린 의약품에 강제 실시권
을 행사할 수 있다". 인도는 2012년 바이엘의 신장암 치료제 넥사바

Nexvar(소라페닙)에 첫 강제 실시권을 발동했다.

이상적인 특허 제도는 최대한 많은 사람을 살리고자, 의약품 연구와 접근성 사이에서 균형을 잡는 데 필요한 만큼만 특허권 보호를 허용할 것이다. 하지만 완벽한 세상에서도 그런 이론적 균형점을 찾기는 어렵다. 게다가 대형 제약사와 힘센 개발도상국의 보건 당국이 충돌하는 정치 상황으로 보건대 실현하기 거의 불가능할 것 같다.

이런 충돌은 오랫동안 주로 국제무대에서 불거졌다. 하지만 미국에서 갈수록 비싼 약제가 출시되자, 이제는 국내 정치에서도 쟁점이 되고 있다. 2014년에 소발디Sovaldi, 하보니 같은 C형 간염 신약이 출시되었을 때 메디케어는 이 약제들에 자그마치 45억 달러를 썼다. 2013년에 기존 인터페론 기반 약제에 쓴 비용이 2.83억 달러이니, 무려 15배 넘게 늘어난 것이다. 이를 두고 많은 생명윤리학자와 의료정책 입안자들이 하보니와 소발디 같은 약제를 쓸 자격을 어떤 환자에게 줘야 하느냐고 묻지만, 반대편에서는 정부가 직접 개입해 약값을 낮춰야 하지 않느냐고 묻는다.

35

흑인 정자는 받지 않는다고요?

#유전자 차별   #인공수정

블란치는 정자은행을 운영하는 사업가로, 정자 기증자가 제시한 나이, 건강 상태에 따라 다양한 보수를 지급한다. 블란치의 회사는 특정 질환을 앓거나, 가족력에 유전질환이 있거나, 키가 기준에 못 미치는 사람을 기증자에서 제외한다. 블란치는 솔직하게 "키 작은 남성의 정자에는 아무도 돈을 내려 하지 않거든요" 하고 말한다.

어느 날 정자은행의 최근 수요와 공급 상황을 살펴본 블란치는 흑인 정자 기증자를 받지 않기로 한다. "안타깝지만 흑인 정자를 찾는 사람이 없어요. 피부가 검은 정자 기증자를 찾는 백인 여성이 별로 없거든요. 이 동네에서는 고객 99퍼센트가 백인이고요." 블란치는 정자은행 출입구에 이런 팻말을 내건다.

'미안하지만, 흑인 기증자는 사절합니다.'

블란치가 흑인 기증자의 정자를 거부하게 내버려둬도 괜찮을까?

인공수정 사업

———

시장에서 영업하는 모든 사업체가 그렇듯, 정자은행도 수요와 공급이라는 시장 원리에 휘둘리기 쉽다. 이런 현상은 흔히 지역, 국가, 문화에 따라 꽤 다양하게 나타난다. 이를테면 코펜하겐에 있는 세계 최대 정자 공급업체 크라이오스인터내셔널Cryos International은 2011년에 빨간 머리 기증자를 받지 않겠다고 선언해 화제가 되었다. 크라이오스 설립자 올레 스코우Ole Schou는 덴마크 일간지 〈에크스트라 블라데트Ekstra Bladet〉에 이렇게 말했다고 한다. "수요에 비해 빨간 머리 기증자가 너무 많아요." 보아하니 덴마크 사람들은 머리칼과 눈동자가 짙은 남성의 정자를 좋아하는 듯하다. 이와 달리 아일랜드에서는 빨간 머리 기증자를 찾는 수요가 꾸준히 높다.

개인의 선호도는 때로 심각한 문제를 일으키기도 한다. 2014년에 오하이오주의 백인 여성 제니퍼 크램블렛Jennifer Cramblett은 '원치 않은 출산'과 '보증 위반'을 이유로 한 정자은행을 고소했다. 정자은행이 백인의 정자를 원한 크램블렛에게 실수로 흑인의 정자를 보냈기 때문이다. 크램블렛은 건강한 혼혈 여자아이를 낳았다. 오하이오주 법원은 2015년에 이 소송을 최종 기각했다.

블란치의 시나리오에서 법이 이 골치 아픈 문제에 대처할 방법은 둘 중 하나다. 하나는 시장 원리에 대응해 흑인의 정자를 거부하게 허용하는 것이다. 또 하나는 흑인 기증자에게 계속 정자를 기증받고 대가를 주라고 강제하는 것이다. 즉 흑인의 정자가 사용되지 않아 허비되겠지만, 그렇게 허비되는 정자가 차별 없는 사회에 살려면 불편하더라도 치러야 하는 대가이자 사업 운영비라고 선언하는 것이다. 또 다른 대안도 있다. 이런 상황을 일으킨 시장 원리를 바꾼다면, 예컨대 정자의 인종을 선택할 권리를 부인하는 방법을 시도한다면 어떨까? 이론상으로는 아무리 공정해 보일지라도, 최소한 단기적으로는 정치적 반발을 살뿐더러 경제적으로도 현실성이 없을 것이다.

미국의 정자은행들은 기증자 선택과 관련해 대체로 규제를 받지 않는다. 시민권을 옹호하는 법이 정자은행의 자격을 어떻게 정의하는지 지금껏 명확히 밝혀진 적도 없다. 정자은행을 식당이나 가게처럼 법적, 윤리적으로 모든 인종을 고용하고 모든 인종에게 서비스를 제공해야 하는 곳으로 봐야 할까? 아니면 정자 기증을 사교모임 가입과 비슷한 사적 활동으로 봐야 할까? 시민권을 옹호하는 법률을 적용할 때마저, 이 독특한 영역의 소비자 수요가 인종 비차별 고용을 선호하는 원칙에 설득력 있는 예외를 만들어낼까? 생각해보면 셰익스피어의 작품을 올리는 극장이 오셀로 역에 쓸 백인 배우를 심사하는 일은 없다. 아마 정자 기증에도 비슷한 예외를 적용해야 할 것이다.

'백인 전용' 정자은행을 만들려는 시도가 없지는 않았다. 1996년에 억만장자 플로이드 킴블과 도리스 킴블Floyd and Doris Kimble이 워싱

턴주에 흑인의 정자를 기증받지 않는 정자은행을 열었다. 또 정자 보관소이기도 한 캐나다 캘거리의 인공수정 전문 병원 리저널퍼틸러티 프로그램은 2013년까지만 해도 소비자에게 같은 인종의 정자만 선택하게 했다.

블란치가 내건 팻말이 합법이든 윤리적이든, 그녀의 사업에 뜻하지 않은 영향을 미칠 것이다. 백인 정자를 찾으면서도 껄끄럽거나 매우 꺼림칙하게 여겼던 많은 백인 고객이 '흑인 기증자는 사절합니다'라는 팻말을 입구에 내건 정자은행을 애용할 것이 불 보듯 훤하다.

36

남녀가 같은 병실을 써도 괜찮을까?

#남녀 공용 병실   #환자 동의

세인트딤프나병원은 주로 지역민을 치료하는 병상 120개짜리 작은 병원이다. 어느 금요일 저녁, 연로한 제니가 숨을 가쁘게 몰아쉬자 조카인 필이 그녀를 이 병원 응급실로 데려온다. 제니는 폐렴을 진단받고, 병상이 비는 대로 일반 병실로 옮길 것이라는 말을 듣는다. 하지만 꼬박 이틀이 지난 일요일 밤까지도 환자로 붐비는 응급실에서 대기 중이다. 듣자 하니 병실이 꽉 찼다고 한다.

눈치 빠른 필은 제니가 다른 환자들보다 더 오래 기다리고 있다는 것을 알아챈다. 그리고 우연히 수간호사인 래치드가 전화로 '병상 상황'을 논의하는 말을 듣는다. "남성 환자용 병상은 하나가 비었다는데, 여성 환자용 병상은 누가 퇴원해야 나올 거라네요." 필은 수간호사에게 다가가 이렇게 말한다. "제니 이모는 92세나 되었고 몹시 아프세요. 그러니 남자와 같은 병실을 써도 상관없어요. 커튼을 치면 되잖아요. 병상이 나오는 대로 이모를 입원시켜주세요." 빈 병상이 있는 가장 가까운 병원에 가려면 구급차로 6시간 넘게 달려야 한다.

남성 환자 한 명이 입원한 2인실에 여성 환자를 들여보내면 안 된다고 금지하는 법률은 없다. 하지만 현실에서는 지금껏 '남녀 공용' 병실을 허용한 병원이 없다. 지금은 일요일 밤이므로 현장의 최고 관리자는 래치드 간호사다. 래치드가 병동에 전화해보니 병상이 하나 빈 병실에 입원한 남성은 두 다리를 절단하고 혼수상태에 빠진 91세 노인이다. 이 남성을 돌보는 가족은 아무도 없다.

래치드 간호사는 병원의 오랜 관행에서 벗어나, 연로한 제니가 이번만큼은 예외로 남성 환자와 한 병실을 쓰게 허용해야 할까, 아니면 제니에게 '여성 병실'이 나올 때까지 기다리라고 요청해야 할까?

성 중립 병실

남녀 분리 병실은 역사적으로 미국 병원의 규범이었다. 예외는 응급실과 집중치료실로, 늘 환자가 밀리니 웬만해서는 남녀를 구분하지 않는다. 성별에 따라 병실을 분리하는 목적은 의료와 관련이 없다. 사실 병원이 붐빌 때는 병실을 분리하느라 응급실에서 일반 병실로 옮기는 시간이 지연되기도 한다. 하지만 남녀 분리 병실은 여러 사회

영역의 관습에 일치할뿐더러, 환자에 따라 이성과 같은 병실을 쓰는 게 꺼림칙하기도 할 것이다. 그래도 캐나다 일부 지역, 특히 앨버타주는 2005년부터 남녀 공용 병실을 허용했다.

이런 정책을 운용할 때 쓸 만한 방식은 이렇다. (1) 먼저 입실한 환자의 성별과 상관없이 어떤 환자에게든 가장 먼저 빈 병실을 배정한다. (2) 다른 성별인 사람과 같은 병실을 쓰는 걸 거부하지 않는 한, 남녀 공용 병실을 배정한다. (3) 환자를 따로 설득하지 않고 어떤 병실을 선호하는지 물은 다음, 남녀 공용 병실을 꺼리지 않는다고 말한 사람에게만 공용 병실을 배정한다.

남녀 공용 병실을 반대하는 사람들은 전통이나 '혐오감의 지혜wisdom of repugnance'라는 것에 근거한 주장을 펼친다. '혐오 요소yuck factor'라고도 부르는 혐오감의 지혜는 의사 레온 카스Leon Kass가 왜 그런지 뚜렷이 설명하기는 어렵지만 도덕적으로 나쁘다고 여기는 것을 설명하고자 만든 용어다.

어떤 나라에서는 종교를 구실로 결혼식장이나 버스에서 남녀가 섞여 앉지 못하게 한다. 공용 병실을 반대하는 다른 사람들은 성폭행이 일어날 위험 등 여성 환자의 안전을 우려한다. 하지만 공용 병실을 도입한 시설에서 지금까지 그런 사례가 보고된 적은 없다(트랜스젠더들에게 성 정체성과 일치하는 화장실 사용을 허용하는 데 반대하는 사람들도 비슷한 이유를 자주 내세운다). 게다가 제니의 사례처럼 남성 환자가 혼수상태일 때는 안전 문제를 걱정할 일이 없다.

성별이 다른 두 환자가 모두 남녀 공용 병실을 마다하지 않을 때는 그런 병실 배정에 반대할 설득력 있는 주장을 전개하기가 어렵다. 그러나 한 환자는 기꺼이 받아들이지만 다른 환자는 의견을 표시할 수 없을 때라면 상황이 더 복잡해진다. 래치드 간호사의 딜레마가 바로 이것이다. 간단히 말해, 래치드는 환자의 동의도 반대도 없을 때 무엇을 기본으로 선택할지를 결정해야 한다.

이것 말고도 래치드 간호사가 고려해야 할 요인이 하나 더 있다. 오랫동안 이어져온 방침에 얼마나 의존해야 할까? 언제 특별한 상황을 근거로 예외를 적용해야 할까? 엄격한 규칙을 적용하면 때로 부당한 처분이 나오기도 하겠지만, 최소한 논란이 많은 정책을 적용할 때는 공정성을 보장할 수 있다. 그런 철저한 기준을 주장하는 사람들은 규정을 가치 있게 여겨, 병원이 래치드 간호사 혼자 정책을 우회하게 허용하기보다 병원의 방침 자체를 바꾸기를 바란다.

이와 달리 자유 재량권을 허용하면 대체로 단기적으로는 공정성을 확보하지만, 다른 사례까지 독단으로 결정하게 허용할지도 모르고, 앞으로 부당함으로 이어질 골치 아픈 선례를 남길지도 모른다. 그러므로 래치드 간호사는 제니와 남성 환자가 한 병실을 쓰게 하는 것이 옳은 일인지뿐 아니라, 그런 결정이 앞으로 다른 환자들에게 영향을 미칠 가치가 있는지도 판단해야 한다.

37

건강하지 않은 직원을
해고해도 될까?

#사생활권   #건강 규제

어느 민간 병원에서 직원들의 흡연과 비만으로 의료비 지출이 늘어난다. 이를 우려한 병원 이사회가 새로운 고용 방침을 수립한다. 이제 모든 신규 직원은 담배를 끊어야 하고 건강한 몸무게를 유지해야 한다. 병원은 해마다 두 번씩 무작위로 소변 검사를 진행해 체내 니코틴을 확인하고, 몸무게도 해마다 한 번씩 검사하려 한다. 누구든 병원 방침을 어기면 한 차례 경고와 함께 금연과 체중 감량 프로그램에 참여할 기회를 줄 것이다. 그런데도 기준을 충족하지 못한 직원은 해고할 계획이다.

이 방침이 합법적일까?

직원의 권리

—

미국 질병통제센터가 추산하기로, 미국 경제가 흡연으로 치르는 비용은 연간 3,000억 달러가 넘는다. 또 2012년에 〈보건경제학회지 Journal of Health Economics〉에 실린 한 연구에 따르면 미국의 의료비 가운데 21퍼센트가 비만 때문에 발생한다. 이런 부담은 대부분 고용주가 보험료 증가와 근로 생산성 하락의 형태로 떠안는다. 따라서 그런 지출을 피하고자, 고용 방침에 '금연' 및 '건강한 몸무게'를 반영하는 사업체와 비영리단체가 갈수록 늘고 있다.

1980년대에 알래스카항공을 포함해 몇몇 미국 대기업이 흡연자를 고용하지 않았다가 반발이 일어나자, 29개 주가 흡연자의 노동권을 보장하는 법을 통과시켰다. 물론 많은 주가 의료기관과 비영리단체에는 예외를 적용했다. 그 뒤로 병원부터 소방서까지 다양한 단체가 이 같은 규제를 도입했지만 저항은 거의 없었다. 이를테면 텍사스주 빅토리아시 시민의료원은 모든 신규 직원에게 체질량지수를 35 이하로 유지하라고 요구한다(정상 체중의 체질량지수는 18.5~25다). 이런 방침은 고용주의 특권과 피고용인의 사생활권이 어디쯤에서 균형을 맞춰야 하느냐는 근본적 물음을 던진다.

이견이 있을 수 있지만, 현대 직장 생활의 주요 이점 하나는 직장 생활이 직장 바깥의 생활을 침범하지 않는다는 것이다. 이제는 직장인 대다수가 '기업 도시'에 살지 않는다. 꼬박꼬박 교회에 나가는지, 누구와 친하게 지내는지를 상사가 캐묻고 간섭하는 일이 없다. 하지만 페이스북과 트위터 같은 소셜미디어가 널리 퍼지자 경계가 일부 무너졌다. 직원이 온라인에 무례한 발언을 올렸을 때 회사는 자사 이미지를 보호하고자 그 사람을 해고할 수 있고, 실제로 해고하기도 한다. 직원의 건강을 규제하는 방침은 공사의 경계가 또 다른 방식으로 무너지는 현실을 드러낸다. 고용주는 직원의 건강 문제로 발생하는 경제 손실뿐 아니라 건강하지 않은 직원들이 훼손하는 기업 이미지도 진심으로 걱정한다. 의사나 간호사가 인터넷에 흡연 사진을 올린다면 사람들이 어떻게 생각하겠는가?

좋게 해석하는 사람들은 이런 방침이 건강한 생활을 장려하려는 시도라고 본다. 하지만 비판자들은 건강하지 않은 삶을 사는 사람들을 나쁘게 묘사하려는 시도로 본다. 또 그런 방침에 따른 타격이 저임금 노동자에게 치우치지 않을까 크게 걱정한다. 2011년 〈뉴욕타임스〉 보도에 따르면, 실제로 엘파소대학병원이 금연 고용 정책을 도입한 뒤 실시한 처음 채용에서 탈락한 지원자 14명 가운데 "한 명이 간호사 지원자였고, 나머지 열셋은 업무 보조직 지원자였다."

2014년에 덴마크의 보육 노동자 카르스텐 칼토프트Karsten Kaltoft는 몸무게 탓에 해고되자 비만도 장애이므로 차별받아서는 안 된다는 소송을 제기했다. 유럽사법재판소는 칼토프트의 손을 들어주는 판결을 내렸다. 하지만 영국에서 진행한 한 연구에 따르면 영국의 고용주 가운데 거의 500명이 과체중인 지원자는 대개 게으르고 무능하다고 생각해 채용하지 않겠다고 밝혔다. 시나리오에서 병원이 제안한 채용 방침은 그런 고정관념을 한층 굳힐 위험이 있다.

의료계는 이 쟁점에 대한 의견이 가장 극명하게 갈리는 곳이라 주요 권익 단체들이 서로 대립한다. 예를 들어 미국폐협회American Lung Association와 미국암학회American Cancer Society는 흡연자를 고용하지 않는다. 이와 달리 또 다른 주요 금연 단체인 미국유산재단American Legacy Foundation은 그런 정책에 강력하게 반대한다. 2011년에 이 단체의 수석 자문은 〈뉴욕타임스〉에서 이렇게 주장했다. "우리는 흡연자들을 적극적으로 돕고 싶습니다. 우리가 그들을 돕는 가장 좋은 방법은 담배를 끊게 하는 것이지, 금연을 고용 조건으로 내거는 게 아닙니다. 흡연자는 적이 아니에요."

38

제가 알츠하이머병에 걸릴까요?

#개인정보   #유전자 검사

　　로이스는 어느 주요 신문사의 취재 기자다. 어느 날 편집장인 폴이 로이스에게 알츠하이머병 유전자 검사를 취재해 기사를 쓰라고 요청한다. 만년에 치매의 일종인 알츠하이머병에 걸릴 위험이 큰지를 유전자 검사로 알 수 있다는 소식을 읽었기 때문이다. 폴은 로이스가 이 검사를 받고 나서 그 결과를 신문에 싣기를 바란다.

　　로이스가 알아보니, 유전으로 알츠하이머병에 걸릴 위험은 부모에게서 하나씩 물려받는 아포지질단백질(APOE: 아포이) 유전자의 APOE4 변이로 전달된다. APOE4 유전자 변이가 있다고 노년에 반드시 알츠하이머병에 걸리지는 않지만, 위험률이 꽤 높아진다. 달리 말해 어떤 사람이 알츠하이머병에 걸릴 위험이 크다는 사실을 밝히면 그 사람의 부모도 알츠하이머병에 걸릴 위험이 있다고 드러내거나 '폭로'할 수 있다. 로이스는 이제 겨우 28세이고, 50대인 부모는 다른 도시에서 산다. 다행히 로이스가 사는 도시와 멀리 떨어진 곳이고, 두 사람은 로이스가 쓴 기사를 거의 읽지 않는다.

로이스가 알츠하이머병에 걸릴 위험이 크다고 나온다면, 그리고 검사 결과를 기사에 실어 자기 부모가 어떤 식으로든 검사 결과를 알고 자신들도 몸과 마음을 무너뜨리는 이 불치병에 걸릴 위험이 있다는 사실을 알게 한다면 과연 윤리적일까?

유전자 검사와 개인정보

—

미국에서만도 환자가 500만 명이 넘는 알츠하이머병은 주로 노인에게서 발병하는 질환으로, 진단받기가 몹시 두렵기로 손꼽힌다. 치료법이 거의 없어, 치매와 죽음으로 진행하는 피할 수 없는 과정을 약물로 늦추는 수밖에 없기 때문이다.

APOE 유전자의 상태는 알츠하이머병이 발병할 확률을 드러낸다. 발병 위험이 보통인 유전자 변이 APOE3를 부모 양쪽에서 모두 물려받은 사람에 견줘, 발병 위험이 큰 APOE4를 한쪽에서만 물려받은 사람은 3배, 양쪽에서 물려받은 사람은 약 15배나 알츠하이머병에 걸릴 위험이 크다. 그런데 유전자 변이가 질병으로 이어지는 낭성 섬유증이나 근육 퇴행 위축 같은 기존 유전질환과 달리, 알츠하이머병은 APOE4 유전자 변이가 있다고 해서 꼭 발병하지는 않는다. 어떤 사람은 APOE4 대립 유전자가 2개 모두 있는데도 노년의 인지능력에 별다른 문제가 없기도 하고, 어떤 사람은 APOE3 대립 유전자가 2개 있는데도 알츠하이머병에 걸린다. 이유는 과학자들도 아직 모른다.

이제 APOE 유전자 상태를 확인할 수 있는 검사 상품이 나와 있으므로, 더러 이 정보를 확인하는 사람들이 있다. 윤리학자들은 발병 위험이 크다고 나왔을 때 사람들이 우울증 같은 불필요한 정신질환을 앓지 않을까 우려를 표한다. 하지만 헌팅턴병(유전성 뇌질환으로, 신체 조절 능력이 떨어지고 정신장애가 나타나 결국 사망한다 – 옮긴이) 환자의 데이터로 보건대, 유전자 검사에서 양성이 나오더라도 실제로 우울증 발병률이나 자살률이 올라가지는 않는다. 엄밀히 말하면, 검사 덕분에 누군가는 안도하고, 누군가는 향후 건강에 미리 대비할 수 있다(명확히 밝히자면, 여기에는 내 경험이 반영되었다. 나는 알츠하이머병에 걸릴 위험을 알고자 APOE 유전자 검사를 받았고, 평균에 해당한다는 결과를 받았다).

그래도 심리학자 스티븐 핑커Steven Pinker 와 유전학자 제임스 왓슨 같은 저명한 학자들은 자신들의 다른 유전체 정보는 모두 대중에게 공개할지라도 APOE 유전자 상태는 확인하지 않겠다고 주장했다. 하지만 유전학자 데일 나이홀트Dale Nyholt 와 다른 학자들은 〈유럽 인류 유전학 학술지European Journal of Human Genetics〉에 실은 꽤 우려스러운 논문에서 왓슨이 이미 공개한 다른 유전자 표지로도 그의 APOE 상태를 예측할 수 있다고 지적했다.

로이스는 단순히 자신의 유전자 상태를 알아내는 것보다 더 난감한 딜레마를 마주한다. 자신의 부모에게까지 영향을 미칠 방법으로 자신의 유전자 상태를 공개할지 말지 판단해야 한다. 많은 유전질환이 이렇게 가족의 유전 정보를 노출할 위험이 있다. 이런 정보공개가 삶에 꽤 큰 영향을 미치는데도, 가족이 그런 공개를 막을 수단은 거의 없다.

어떤 평론가들은 환자 커뮤니티가 마카도-조셉병Machado-Joseph Disease처럼 치유 방법이 없는 희소 유전질환에서는 해당 질병의 유전자 검사를 개발해도 되는지에 관해 발언할 자격이 있다는 의견을 제시했다. 애초에 검사가 없다면 정보가 노출될 위험도 없기 때문이다. 하지만 알츠하이머병처럼 더 흔한 질병에서는 다수의 거부권, 즉 '몰라도 될 다수의 권리'를 실현하기가 현실적으로 불가능하다.

39

생존율이 낮은 환자의 치료비를
지원하지 않아도 될까?

#의료 분배   #의료비 부담

30세 남성 윌버트는 7개월 뒤 태어날 첫 아이를 기다리는 예비 아빠다. 그런데 최근에 췌장 종양을 진단받아 살날이 얼마 남지 않았다는 말을 듣는다. 어마어마하게 비싼 신약을 쓴다면 아이가 태어나는 모습을 볼 때까지 살 확률이 10퍼센트로 예상된다. 민영보험에 가입할 형편이 안 되는 윌버트는 메디케이드로 의료보험을 적용받는다.

최근 윌버트가 사는 주의 정치 지도자들이 5년 생존율이 5퍼센트 미만인 환자에게는 메디케이드 프로그램에서 화학 요법 치료비를 지원하지 않는 법안을 통과시켰다(메디케이드 관련 재정은 연방정부와 주정부가 함께 맡지만, 운영은 주정부에서 맡는다 – 옮긴이). 이렇게 절약한 재원은 예방 의료에 배당해, 빈민층 아동 10만 명에게 메디케이드 적용을 확대했다. 경제학자들은 이 방식이 해마다 수백 명의 목숨을 구할 것이라고 추산한다. 주지사는 이 법에 동의할 때 주의회에 긴급 심의위원회를 설립하라고 요구했다. 세 명으로 구성된 위원회는 '특수 상황'일 때 이 규정을 무시하고 화학 요법에 재원을 지원할 수 있다. 윌버트는 심의위원회에 예외 상황을 적용해달라고 탄원한다. "제가 오래 살 확률이 극히 낮다는 것은 잘 압니다. 하지만 첫 아이가 태어나는 모습을 볼 만큼 살 가망은 헛된 꿈이 아닙니다. 저와 제 가족에게는 무엇과도 바꿀 수 없는 희망입니다."

이 사례에서 긴급 심의위원회는 특수 상황을 인정해 치료비 지원을 승인해야 할까?

의료 분배

어떤 방식이냐가 문제일 뿐, 의료는 배분할 수밖에 없는 자원이다. 의료를 배분하지 않으려면 대안으로 모든 미국인의 의료비를 전부 부담해야 하는데, 그랬다가는 국민총생산GNP에서 의료비 지출을 어마어마하게 늘려 교육, 국방, 소비재 같은 다른 필수 예산 항목의 지출을 줄일 것이다. 의료비 지출이 그렇게 순식간에 치솟으면 정치권이 감당하기 어렵다. 그러므로 칼럼니스트 데이비드 리언하트David Leonhardt가 〈뉴욕타임스〉에 기고한 대로 "의료에서 우리가 선택할 수 있는 것은 배분하느냐 배분하지 않느냐가 아니다. 잘 배분하느냐 형편없이 배분하느냐의 문제일 뿐이다".

현재 미국은 형편없는 의료 분배 방식을 선택했다. 프린스턴대학교 교수 피터 싱어Peter Singer는 〈뉴욕타임스〉에 실은 기고문에서, 보험사가 콩팥암 환자들에게 들어가는 무지막지하게 비싼 치료를 거절해 미국인의 공분을 불러일으켰던 사례와 애틀랜타주의 한 여성이 비교적 저렴한 고혈압 치료제를 감당할 형편이 되지 않아 뇌동맥류 파열에 시달리는 사례를 비교했다. 사회가 질병 예방 및 치료에 얼마나 많은 돈을 지출하려 하든, 논리적으로 볼 때 콩팥암 환자의 치료비보다 애틀랜타주 여성 환자의 약제에 먼저 의료비를 지출하는 쪽이 상식에 맞아 보인다.

오리건주는 1990년대부터 '합리적' 편파 분배 제도를 도입해 지금까지 시행하고 있다. 응급의학 전문의 출신인 당시 주지사 존 키츠하버의 주도 아래, 주정부는 많은 빈민층 노동자에게 메디케이드 수급을 늘리기로 했다. 그리고 한정된 자금으로 이 정책을 시행하고자, 메디케이드로 지원하던 값비싼 특정 치료에 들어가는 지원을 끊었다. 의료경제학자들은 길게 볼 때 이 접근법으로 예방 치료가 늘어나고 의료 접근성이 커져, 더 많은 목숨을 살릴뿐더러 오리건주 사람들의 전체 복지를 향상할 것이라고 평가했다. 하지만 그런 제도 때문에 '보이는' 피해자가 생겨났다. 이들은 사회가 장기 이득을 얻는 데 필요한 단기 영향에 고통받았다.

2008년에 폐암 환자 바버라 와그너Barbara Wagner가 오리건주 메디케이드 프로그램인 오리건헬스플랜Oregon Health Plan에 한 달 약값이 4,000달러인 치료제 타세바Tarceva를 지원해달라고 요청했다가 거절당했다. '연민 치료를 지지하는 의사들 교육 재단Physicians for Compassionate Care Education Foundation'의 케네스 스티븐스 주니어Kenneth Stevens Jr.에 따르면, 오리건주 법규 아래에서는 메디케이드가 "5년 생존율이 5퍼센트 미만인 환자에게 수술, 방사선 요법, 화학 요법 비용을 지원하지 않는다".

언론과 보수 단체들은 와그너가 암 치료는 지원받을 수 없지만 주정부에서 지원하는 완화 치료와 의사 조력 자살은 지원받을 수 있다는 얄궂은 사실을 알렸다(이 소식을 듣고 제약사인 지넨테크가 와그너에게 타세바를 무료 제공하기로 약속했지만, 와그너는 타세바를 처음 투약한 지 얼마 지나지 않은 2008년 10월에 사망했다).

다른 주도 제한된 분배 방식을 실험했다. 매사추세츠주는 1980년대에, 애리조나주는 2011년에 특정 장기이식에 대한 의료비 지원을 거절했다. 하지만 언론이 간을 이식받지 못해 죽어 가는 갓난아이 제이미 피스크Jamie Fiske처럼 의료 지원에서 제외된 환자들을 보도해 이목이 쏠리자 주정부들이 정책을 바꿨다. 제시한 시나리오에서는 윌버트에게 치료를 받을 설득력 있는 명분이 있을지도 모른다. 하지만 그가 아들의 탄생을 보도록 예외를 인정한다면, 다른 환자들도 그만큼이나 설득력 있는 명분을 들고 나설 것이다. 길게 보면, 이렇게 '알려진 환자들'을 돕는 대가로, 고통스러운 뇌동맥류에 시달렸던 애틀랜타주 여성 환자 같은 이들의 목숨이 희생될 것이다.

1984년에 〈뉴잉글랜드 의학학술지〉에 실은 글에서, 경제학자 레스터 서로우Lester Thurow는 미국 의료 제도의 밑바탕에 깔린 난제를 이렇게 설명했다. "자유주의자로서 미국인은 자비로 부담할 수 있다면 부유층이 특정 의약품이나 치료를 누리는 것을 인정한다. 그러면서도 어떤 환자들에게 의료 시술을 제공하도록 허용할 때는, 평등주의자로서 그 비용이 얼마든 모든 사람이 같은 시술을 누려야 한다고 생각한다. 그 결과, 보이지 않는 피해자보다 보이는 환자에게 유리한 불합리한 분배 방식과 의료비 상승이 나타난다." 윌버트가 사는 주의 의료 분배 체계에 애써 예외를 적용한다면, 서로우가 지적한 바로 그 달갑잖은 절충이 일어날 것이다.

40

일 잘하게 도와주는 약 있나요?

#항정신제　#인지능력 향상

　　리드게이트 박사는 신경과 개업의다. 리드게이트 박사에게 오랫동안 진료를 받아온 비행기 조종사 커밀이 어느 날 각성제 빅에이를 처방해달라고 요구한다. 대체로 빅에이는 흔치 않은 수면장애와 기면증에 시달리는 환자에게만 처방한다. 커밀은 이렇게 주장한다. "다른 조종사들은 다 그 약을 먹어요. 비행할 때 더 잘 집중할 수 있거든요."

　　리드게이트 박사도 동료들한테서 빅에이 같은 각성제를 요구하는 환자가 있다는 이야기를 들어본 적이 있다. 또 각성제가 대체로 단기 집중력을 높이는 효과가 있다는 것도 안다. 하지만 빅에이는 그런 목적으로 승인받은 약품이 아니고, 커밀은 어떤 신경질환이나 집중력

장애에도 시달리지 않는다. 간단히 말해 커밀은 장애를 치료할 목적이 아니라 자신의 능력을 평균 이상으로 끌어올리고자 빅에이를 요청하고 있다. 리드게이트 박사는 커밀이 빅에이에 중독될 확률이 아주 낮다고 생각한다. 또 집중력을 높이고자 빅에이를 찾는다는 커밀의 말을 믿는다.

리드게이트 박사가 커밀에게 빅에이를 처방해도 괜찮을까?

인지능력 향상

—

뇌 보약, 뇌 영양제라고도 부르는 항정신제Nootropic는 인지 수행 능력을 여러모로 개선한다. 여기에는 기억력과 집중력, 각성능력 향상이 포함된다. 카페인을 포함해 몇몇 항정신제는 이미 널리 쓰이고 있다. 하지만 각성제 애더럴Adderall과 잠을 자지 않게 도와주는 모다피닐Modafinil 같은 항정신제는 원래 기면증 같은 수면장애 치료제이므로 처방을 받거나 암시장을 거쳐야만 손에 넣을 수 있다.

특히 주의력결핍과잉행동장애ADHD나 기면증에 시달리는 환자들에게는 항정신제가 질환을 치료하고 다른 사람들과 같은 수준의 인지 기능을 유지하게 돕는 약물이다. 하지만 어떤 사람들에게는 평균 이상으로 인지능력을 향상하는 것으로 보이는 약물이고, 실제로 그럴 때도 있다. 그런데 질환 치료와 인지능력 향상을 가르는 경계가 모호하다.

많은 경우 우리는 인지능력 향상 약물을 사용하는 것을 '부정행위'로 본다. 이를테면 야구 선수들이 스테로이드를 주사하면 안 되듯이, 어떤 윤리학자들은 SAT를 준비할 때 암페타민을 사용하는 학생들이 부당한 이익을 본다고 주장한다. 물론 이 주장을 비판하는 사람들은 SAT 준비와 관련해 일부 학생만 누리는 부당한 이익이 어디 이것뿐이냐고 지적한다. 부유한 학생들은 개인 교사에게 과외를 받고, 일하느라 공부할 시간을 깎아 먹지 않아도 되고, 방해받지 않고 공부할 조용한 장소를 더 쉽게 찾을 수 있다. 그렇다면 항정신제뿐 아니라 SAT 과외 교사도 금지해야 하지 않을까?

물론 SAT 과외 교사가 의학적 위험을 일으킬 일은 거의 없다. 이와 달리 암페타민은 중독을 포함해 다양한 위험과 부작용을 일으킨다. 이런 위험이 인지능력을 향상하고자 항정신제를 사용하는 것을 금지할 근거가 될지는 몰라도, 항정신제가 위험하다는 주장과 부당한 이득을 우려하는 목소리를 하나로 묶는 것은 잘못이다.

항정신제가 일으킬 가장 중대한 위협은 환자들이 항정신제를 사용해야 한다는 압박이나 압력을 느낄 수 있다는 것이다. 커밀이 리드게이트 박사에게 설명한 바에 따르면, 이제는 길게 봤을 때 빅에이가 일으킬 의학적 위험을 떠안고 싶지 않은 조종사까지 적잖은 조종사가 빅에이를 으레 사용하는 듯하다. 흔히 하는 말마따나, 누군가의 천장은 누군가의 바닥이다.

만약 너나없이 빅에이를 사용하는 바람에 빅에이를 사용하지 않는 사람은 도저히 따라가지 못할 만큼 조종 능력의 표준이 올라간다면, 상업 항공기 조종에 관심 있는 사람은 누구나 실제로 인지능력 향상 약물 복용을 선택할 수밖에 없을 것이다. 그러니 항정신제가 '새로운 기준'을 만들 가능성이 있다. 이때는 모든 관련자가 이 기준에 맞춰 평가받을 것이다. 만약 조종사가 항정신제를 먹을 때 정말로 항공 여행이 더 안전해진다고 밝혀진다면, 항공기 조종사 지망자들에게야 골치 아픈 일이겠지만, 탑승객에게는 어느 정도 마음이 놓이는 일일 것이다.

41

정신치료 사전의향서를
무시해도 될까?

#사전의향서   #조현병   #치료 거부

60세 여성인 캐롤라이나는 조현병을 앓는 이력이 있다. 지금껏 편집증, 환청, 기이한 행동 등으로 정신병원에 입원한 것만도 30회가 넘는다. 그래도 약물치료로 안정을 찾으면 대개는 증상이 사라져 그룹홈*으로 돌아간다. 하지만 치료제를 먹으면 멍하고 멍청한 느낌이 든다는 이유로 약을 먹지 않으려고 버틴다. 정신과 의사에게 이렇게 말할 정도다. "멍청하게 사느니 정신병자가 되겠어요."

최근 병원에서 막 퇴원해 아직 약물치료를 받는 중이라 증상이 없을 때 캐롤라이나가 변호사를 구해 '정신치료 사전의향서'라는 문서를 작성한다. 사전의향서에서 캐롤리나는 다시 조현병이 발병하면

---

* 소수의 사람이 함께 생활하며 치료받는 공동 생활시설.

어떤 약물치료도 받고 싶지 않다고 못 박는다. 필요하다면 주위 사람들을 보호하고 자해를 막도록 주정부가 자신을 영원히 입원시켜도 좋지만, 무슨 일이 있어도 약물치료는 받지 않겠다고 단언한다. 또 문서와 함께 영상도 녹화한다. "제가 마음을 바꾸더라도 제발 믿지 마세요. 병원에 있으면 밖에 나오려고 무슨 말이든 할 거예요. 하지만 그렇게 말하는 저는 진짜 제가 아니에요."

캐롤라이나의 변호사는 정신과 의사 두 명을 주선해, 문서에 서명할 때 캐롤라이나의 정신 상태를 감정받고, 두 의사의 평가 내용도 영상으로 녹화해둔다. 두 의사 모두 당시 캐롤라이나에게 조현병 증상이 없고 이성적으로 사고하고 있다고 동의한다.

캐롤라이나는 문서에 서명하자마자 치료제를 끊는다. 다시 조현병이 발병한 캐롤라이나는 어느 정신병원에 입원하고, 의사들은 캐롤라이나에게 강제로 약을 먹이고자 법원에 치료 명령을 요청한다. 해당 사법 관할권에는 이 사안과 관련한 명확한 판례가 없다.

법원은 캐롤라이나의 사전의향서를 존중해야 할까, 아니면 의사들에게 약물치료를 허용해야 할까?

정신치료 사전의향서

사전의료의향서는 국제앰네스티Amnesty International를 공동 설립한 루이스 쿠트너Luis Kutner가 1969년에 처음 제안한 것으로, 이제는 현

대 의료의 주요 구성 요소가 되었다. 미국에서는 1976년에 캘리포니아주가 처음으로 사전의료의향서를 인정한 뒤로, 오늘날에는 모든 주가 그런 법령을 갖췄다. 의회는 1990년 제정한 환자 자기결정법 Patient Self-Determination Act에서 병원이 환자들에게 사전의료의향서를 교육해야 한다고 규정했다. 흔히 연명치료 거부 의향서 형식을 띠는 이 문서들은 환자가 의사 결정 능력을 잃었을 때 어떻게 치료받기를 바라는지를 구체적으로 밝힌다.

더 최근에는 정신건강 전문가들이 사전의료의향서의 근거가 되는 원칙, 즉 환자의 자기결정권과 권한 이양을 정신의학에 맞춰 어떻게 고쳐야 할지 고민하고 있다. 2018년 기준으로 주정부 대다수가 정신치료 사전의향서를 어떤 형태로든 법령으로 인정하고 있지만, 이 문서가 충분히 활용되지는 않는다. 심리학자 헤더 젤Heather Zelle과 동료들에 따르면, "정신치료 고객 66~77퍼센트가 기회가 있고 도움을 받는다면 정신치료 사전의향서를 작성하겠다고 답했지만, 실제로 작성한 사람은 4~13퍼센트에 그쳤다". 게다가 사법 관할권 대다수가 정신치료 사전의향서의 구속력을 인정하지 않는다. 따라서 정신치료 사전의향서는 사전의료의향서와 달리, 참고 사항일 뿐 정신과 의사나 법원이 무시해도 된다.

캐롤라이나 사례에서 판사는 캐롤라이나의 정신치료 사전의향서가 법적으로 구속력이 있는지 판단해야 한다. 문서 작성자가 나중에 마음을 바꾸려 하더라도 구속력을 유지하는 문서를 가리켜 흔히 '오디세우스 계약'이라 부른다. 호메로스가 지은 고대 그리스 서사시

《오디세이아Odysseia》에서 영웅 오디세우스는 전설 속 아름다운 요정 세이렌의 노랫소리를 듣고자 돛대에 몸을 묶고, 선원들에게 자신이 아무리 간절하게 애원하더라도 절대 자신을 풀어주지 말라고 명령한다. 마찬가지로 캐롤라이나도 설사 자신이 나중에 취소하기를 바랄지라도, 예전에 작성했던 문서에 구속되기를 바란다.

　미국에서 이미 한 환자가 법정 다툼을 벌여, 이런 상황에서 자신의 정신치료 사전의향서가 유효하다는 승소 판정을 받았다. 편집성 조현병으로 버몬트주립병원에 입원한 낸시 하그레이브Nancy Hargrave라는 여성은 응급 상황이 아니라면 정신질환 치료제를 먹지 않겠다고 언급한 대리인 위임장을 작성했다. 하그레이브의 정신치료 사전의향서는 2003년에 제2연방항소법원에서 효력을 인정받았고, 버몬트주는 항소하지 않았다.

　정신치료 사전의향서의 구속력을 비판하는 사람들은 흔히 정신질환자가 오디세우스 계약의 진정한 효과를 정확히 인지하지 못할 수 있고, 이들이 진심으로 바람을 바꿀 수도 있다고 주장한다. 하지만 2006년에 듀크대학교 정신의학과 교수 제프리 스완슨Jeffrey Swanson과 동료들은 정신치료 사전의향서를 뒷받침하는 근거가 일반 환자들의 사전의료의향서를 뒷받침하는 근거보다 더 강력할 것이라고 언급했다. "오랫동안 정신과 치료를 받은 환자의 관점에서 보면, 정신치료 사전의향서는 어떤 치료를 선호하는지를 사전의료의향서나 연명치료 거부의향서보다 훨씬 정확하게 전달할 것이다. 문제가 되는 치료 방법을 직접 겪어본 경험에서 나온 결정이기 때문이다."

그런데 정신과 입원 치료는 돈이 많이 든다. 약물치료나 전기 경련 요법을 받아야만 공동체에서 안전하게 살아갈 수 있는데도 정신치료 사전의향서에 따라 그런 치료를 거부한다면, 정확히 말해 그 환자는 한없는 입원 생활에 드는 비용을 납세자에게 부담하라고 요청하는 셈이다. 정신보건 제도가 허구한 날 부족한 재원에 허덕이는 상황에서, 의도가 아무리 좋을지라도 환자의 자기결정권을 인정하려는 과도한 노력이 적잖은 비용을 들일 가치가 있는지 의문이 들 만하다.

42

위험한 활동을 하는 사람들에게
보험을 제공해야 할까?

#의료비 부담   #개인의 선택

　미국 정부는 오토바이, 행글라이더, 번지점프처럼 몹시 위험한 취미활동에 순전히 제 발로 참여하는 사람들 탓에 발생하는 의료비를 우려한다. 그런 활동을 하다 다치는 일이 그리 흔하지는 않지만, 일단 다쳤다 하면 무척 많은 의료비가 들기 일쑤이기 때문이다. 상원의원 치프사이드가 그런 행동이 직접 원인일 때는 메디케어와 메디케이드를 포함해 정부가 운영하는 모든 보험 프로그램이 의료비를 지급하지 않는 법안을 제안한다. 아울러 취미 양봉부터 불법 드래그 레이싱(대개 400미터인 단거리 직선 경주로를 달리는 오토바이 경주나 자동차 경주-옮긴이)까지, 정부 보험으로 보장하지 말아야 할 다른 활동 92가지도 함께 규정한다. 치프사이드는 이렇게 주장한다. "위험하기 짝이 없는 활동에 참여했다가 얻은 부상을 보험으로 보장받고 싶다면, 그런 의료비를 보장해 줄 민영보험에 가입해야 합니다."

의회는 위험하기 짝이 없는 행동을 방지하려는 치프사이드 의원의 접근법을 채택해야 할까?

위험 비용

생명보험사는 몹시 위험한 행동을 하는 가입자에게 추가금을 부과한다. 〈U.S. 뉴스앤월드리포트U.S. News & World Report〉가 2013년에 실은 한 기사에 따르면 사냥에는 연간 500달러, 암벽 등반에는 1,500달러, 스쿠버다이빙과 스카이다이빙에는 2,500달러가 추가로 부과된다. 건강보험사는 계약자의 행동을 생명보험사만큼 깊게 파고들지 않지만, 위험한 활동을 하는 사람들에게 보험을 제공하지 않는 곳도 더러 있다. 2006년에 일리노이주의 한 대기업은 직원들에게 오토바이를 타다가 조금이라도 다치면 곧바로 건강보험을 종료하겠다는 통보서를 보냈다고 한다. 이와 달리 메디케어와 메디케이드는 가입자가 어떤 이유로 다쳤든 상관없이 대체로 모든 부상을 보장한다.

공영 건강보험 기관이 위험을 무릅쓰는 사람들을 배제하지 않는 큰 까닭은 건강보험이 적어도 전통적 의미에서는 이제 보험으로 기능하지 않기 때문이다. 정치사학자 에드워드 N. 바이저는 1994년에 발표한 논문 〈황제의 새 수술복The Emperor's New Scrubs〉에서 '건강보험'

이 부적절한 명칭이라고 지적했다. 본디 보험 아래 깔린 기본 원칙은 위험 분산, 즉 위험에 대처할 '공동 기금'을 마련하는 것이었다. 내 집이 불에 타 폭삭 주저앉을 확률은 아주 낮지만, 누군가의 집에 불이 날 확률은 꽤 높다. 따라서 화재보험은 불이 났을 때 부담할 비용을 골고루 분산한다. 즉 누구나 보험료를 내고, 몇몇 운 없는 피해자가 보상금을 받는다.

이와 달리 65세 이상 미국인 대다수는 부상이나 질환을 어떻게든 경험하기 마련이므로, 거의 누구나 메디케어의 재원을 사용한다. 그러므로 메디케어는 보험 제도라기보다 재원 관리 제도다. 이론상으로는 근로자가 정부에 세금을 내면, 정부는 그 돈을 보관했다가 나중에 의료비로 돌려준다[하지만 실제로는 현재 급여세(근로자 급여의 일정 비율을 근로자와 고용주에게서 각각 세금으로 걷어 사회보장비의 재원으로 사용한다 - 옮긴이) 납세자가 노인층의 의료비를 대고, 미래의 근로자가 오늘날의 근로자가 노년에 받을 의료비를 대는 것이 현실이다].

메디케어와 메디케이드는 역사적으로 민영보험이 보장하지 않았던 빈민층과 노년층의 의료비 공백을 메워 의료 보장을 뒷받침하는 기본 제도다. 따라서 위험한 행동을 무릅쓰는 사람에게 보험금을 지급하지 않으면 응급 치료비를 부담할 길이 없는 부상 환자가 많이 생길 것이다. 1986년에 연방법으로 제정된 '응급치료 및 분만법'에 따라, 종합병원은 법적으로 그런 환자를 거부하지 못한다. 게다가 설사 종합병원이 이런 치료에서 법적으로 빠져나갈 수 있더라도, 응급 상황에서 의료 서비스를 거부하는 것은 도덕적으로 변명할 여지가 없다. 그러므로 치프사이드 의원이 제시한 방안은 위험한 행위를 막거나 재원을 아끼기보다 그런 치료에 드는 비용을 병원에 떠넘기고, 병원은 다시 의료비를 올리는 방식으로 이 비용을 의료 소비자에게 떠넘길 것이다.

치프사이드 의원의 제안에는 또 다른 문제가 있을 수 있다. 예상만큼 메디케어와 메디케이드 재원을 아끼지 못할지도 모른다는 것이다. 메디케어 수급자로 인정받을 만큼 소득이 낮은 사람치고 치프사이드가 우려하는 양봉, 번지점프같이 돈이 많이 드는 활동을 즐길 사람은 거의 없다. 또 메디케어 혜택을 받는 노년층 중에 운동 삼아 행글라이더를 즐길 사람이 몇이나 되겠는가. 의료 제도에서 방지할 수 있는 단연코 가장 큰 지출은 더 흔한 위험, 즉 비만과 흡연에 관련된 지출이다.

이견이 있겠지만, 흡연과 과식에서 비롯하는 질환에 의료비 지급을 거절한다면 이런 행동을 막을 수 있을지도 모른다. 하지만 그런 접근법은 비만인과 흡연자가 스스로 통제할 수 없는 건강 문제를 이유로 이들을 벌주고, 더 나아가 병세를 악화시키거나 죽음으로 몰아넣을 것이다.

43

요양원 환자들의 성생활을
용인해도 될까?

#알츠하이머병   #동의하 성관계   #노년의 성

나이가 지긋한 라일리와 노머는 셰이디에이커스요양원의 치매 요양 시설에서 산다. 두 사람 다 장애가 심한 알츠하이머병 환자로, 친구와 가족을 거의 알아보지 못하고 아주 기본적인 활동만 할 수 있다. 게다가 노머는 불안과 망상에 사로잡혀서인지 하루에도 수없이 울분을 터뜨린다. 두 사람 모두 배우자와 사별했고, 멀리 사는 자녀들은 어쩌다 가끔 확인만 할 뿐 한 번도 찾아오지 않는다.

그런데 어느 날부터 노머가 크게 다른 모습을 보인다. 한결 차분하고 망상도 줄었다. 내리 6일째 울분도 터뜨리지 않는다. 직원들은 곧 원인을 알아낸다. 밤마다 불이 꺼진 뒤 라일리가 노머의 방에 몰래 들어가 성관계를 맺고 있었다. 보아하니 라일리가 노머를 죽은 아내로 오인하는 듯하다. 인지장애가 없는 사람들과 달리, 라일리와 노머 모두 섹스에 동의할 능력은 없지만, 둘 다 섹스로 마음을 달래고 긴장을 푸는 것으로 보인다.

병을 퍼뜨릴 위험이 없고 다칠 위험도 아주 작다면, 요양원 직원들은 라일리와 노머가 계속 성적 만남을 유지하게 내버려둬야 할까?

치매와 동의

노년층의 섹스, 특히 치매를 앓는 노인 환자의 섹스는 오랫동안 미국에서 입에 올리기 꺼리는 주제였다. 이는 유럽 국가들과 사뭇 다른 대응이다. 이를테면 덴마크 코펜하겐의 토루프고르덴요양원은 거주자에게 포르노그래피와 매춘을 허용한다. 이와 달리 미국의 요양 시설들은 거주자의 성생활에 우려를 드러낼뿐더러 코웃음을 치기까지 한다. 인지장애가 있는 환자들일 때는 이런 반응이 특히 심하게 나타난다.

1996년에 오하이오주의 한 법원은 뇌졸중을 앓아 요양원에서 지내는 아내 곁에서 하룻밤을 보내고 싶다는 어떤 남성의 요청을 받아들이지 않았다. 이 남성이 아내와 성관계를 맺을까 봐, 또 해당 요양원이 소송을 당할까 봐 염려해서였다. 아이오와주 하원의원을 지낸 헨리 레이혼스Henry Rayhons는 알츠하이머병을 앓는 아내와 성관계를 했다는 이유로 검찰에 기소되어, 미국 전역에서 잠시 큰 화제가 되었다. 검찰은 도너 레이혼스Donna Rayhons에게 동의 능력이 없다고 주장했지만, 배심원단은 모든 기소 혐의에 무죄를 선고했다. 뉴욕 리버데일헤브루요양원은 환자들의 성생활을 인정하고 관리하는 적극적인 방침을 운용하지만, 미국에서 그런 요양원은 손에 꼽을 만큼 적다.

동의는 치매 환자와 관련한 난제 중 하나다. 그런데 공식 기준으로 볼 때 동의는 장애 환자들을 이야기할 때 문제가 되는 개념이다. 치매를 앓는 노인 환자들은 혈압 측정, 샤워, 옷 갈아입기 같은 많은 일에 법적 의미의 '동의'를 표현하지 못한다. 엄밀히 말하면 이들은 웃거나, 좋아하거나, 그저 저항하지 않는 방식으로 그런 활동에 '찬성'할 뿐 대개 그런 활동이 무엇인지, 왜 해야 하는지 완전히 이해하지는 못한다.

누가 봐도 성생활은 그저 음식을 먹거나 텔레비전을 보는 것보다 더 복잡한 활동이다. 게다가 우리는 약한 환자가 성폭행에 해당하는 원치 않는 성관계에 휘말리지 않도록 보호받기를 바란다. 온라인 잡지 〈슬레이트Slate〉의 기고가 대니얼 엥버Daniel Engber는 "배우자나 오랜 동반자에게 적용하는 동의 규칙에 공식적인 예외"를 고려해야 할지 모른다고 주장했다. 이 경우는 동의가 아니라 찬성만 요구할 것이다. 환자가 기꺼이 성적 관계를 맺으려 하고 즐기는 모습을 보이는 증거 말이다.

노머와 라일리처럼 치매를 앓는 두 노인이 성 활동을 추구하고 거기서 이득을 얻는 듯 보일 때는 문제가 더 복잡해진다. 이 상황에서 두 사람의 안전과 존엄을 모두 유지하기란 만만치 않지만, 그렇다고 금욕을 강제할 명분이 되지는 않는다. 환자의 배우자와 자녀 같은 제삼자의 감정과 소망도 중요할 것이다. 요양원은 노머와 라일리의 가족에게 두 사람의 관계를 알려야 할까? 그런데 두 사람의 자녀들에게 그런 관계를 계속 허용할지 말지 개입할 권리가 있을까?

이와 관련해 사람들의 눈길을 끈 사례가 있다. 〈뉴욕타임스〉는 전 연방대법원 판사 샌드라 데이 오코너Sandra Day O'Connor의 남편이 알츠하이머병 때문에 들어간 생활 지원 시설에서 마찬가지로 인지장애를 겪는 다른 여성과 사랑에 빠졌다고 보도했다. 물론 기사는 두 사람의 성생활을 대놓고 다루지는 않았다. 오코너 판사는 그런 스트레스 속에서도 한결같이 품위를 지키며 남편을 지지하는 모습을 보였다. 하지만 상대 여성의 남편이 그리 달갑지 않은 감정을 느꼈을 모습도 쉽게 떠오른다.

20세기에 등장한 특수 수술, 그중에서도 장기이식은 의료윤리에 새로운 우려를 불러일으켰다. 1950년에 일리노이주 리틀컴퍼니오브메리병원의 리처드 롤러Richard Lawler가 죽은 사람의 신장을 이식하는 사체 신장이식 수술을 처음으로 진행했고, 1954년에는 보스턴 브리검병원의 조지프 머리Joseph Murray가 산 사람의 신장을 이식하는 생체 신장이식 수술에 처음 성공했다. 하지만 걸핏하면 거부 반응을 일으키는 탓에, 장기이식은 그 뒤로도 30년 동안 위험하기 짝이 없는 매우 드문 수술이었다.

그러던 1983년, 상황이 바뀌었다. 마침내 면역억제제인 사이클로스포린이 나왔기 때문이다. 이제 장기이식은 더 안전해지고 빈번해졌다. 하지만 의사들은 이제 희귀한 장기를 어떻게 배분해야 하느냐는 새로운 윤리 문제와 씨름해야 했다. 목숨을 구할지도 모를 수술에서 어떤 환자를 배제해야 한다면, 우리는 의료, 사회, 도덕 같은 여러 요인 중 무엇을 적용해야 할까?

기술 발전에 힘입어, 이제는 장기이식 말고도 성전환, 재건 성형, 신체 변형과 같은 영역에도 새로운 문이 열렸다. 이 가운데 어떤 수술을 허용하고 어떤 수술을 허용하지 말아야 할까? 또 이런 수술에 들어갈 비용을 누가 치러야 할까? 이런 물음은 지금도 상당한 논란을 불러일으킨다.

44

제 왼쪽 발을 잘라줄 수 있나요?

#사지 이물감 증후군 #신체 절단

    탁월한 정형외과 전문의인 맥코이 박사에게 40세 교사인 마거릿이 찾아온다. 첫 진료 때 맥코이 박사가 무슨 일로 왔느냐고 묻자, 마거릿은 "제 왼쪽 발을 잘라주세요"라고 답한다. 더 깊이 이야기를 나누고 진찰해보니, 마거릿의 발은 그야말로 멀쩡해 통증이나 장애를 일으킬 만한 원인이 하나도 없다. 마거릿이 상황을 자세히 설명한다.

    "저는 지금껏 평생, 바로 여기 왼쪽 발목 아래가 제 몸 같지 않다는 이상한 느낌을 안고 살았어요. 정신과 의사도 만나보고 신경과 의사도 만나봤지만, 아무도 이유를 설명하지 못하더군요. 왼쪽 발목이 멀쩡히 제 몫을 하기는 해요. 그래도 저한테는 낯선 물체가 다리에 붙어 있는 느낌이 들 뿐이에요. 그래서 작년에 온라인을 뒤져봤더니,

저처럼 '사지 이물감 증후군Foreign Limb Syndrome'에 시달리는 사람이 한 둘이 아니더군요. 팔다리나 다른 기관이 마치 자기 것이 아닌 듯 느끼는 사람들이요. 우리 증상을 심각하게 여기는 의료진이 거의 없다는 것만 빼면, 우리는 성전환 수술을 바라는 사람들과 다를 바가 없어요. 그러니 제발, 선생님이 제 왼쪽 발을 안전하게 절단해주면 안 될까요? 제가 제정신이라는 것은 먼저 철저한 정신 감정을 받아서 증명할게요. 도와주겠다는 의사가 없으면 제가 톱으로 직접 발목을 자를 거예요. 그러다 출혈 과다로 죽을까 봐 두렵지만요."

만약 정신건강 진단 결과에서 마거릿에게 아무런 문제가 없다고 나온다면, 맥코이 박사는 마거릿의 발목을 절단하는 수술을 집도해야 할까?

선택적 사지 절단

신체 통합 정체성 장애Body Integrity Identity Disorder; BIID는 현대 의학에서 당혹스럽기로 손꼽히는 진단명이자, 많은 사람이 거북하게 여기는 증상이다. 환자들은 사지 이물감, 즉 자신의 신체 일부가 자기 것이 아닌 느낌이 든다고 증상을 설명한다. 더러는 팔다리가 없어야 자신이 성적으로 매력 있다고 믿는 신체 절단 애호증Apotemnophilia과도 관련이 있지만, 이런 사례는 매우 드물다. 환자들은 대체로 어릴 때부터 자신의 팔다리에서 이물감을 느끼기 시작한다. 한 이론에 따르면 이 현상은 전적으로 신경과 관련한 문제로, 신경회로에 오류가 생긴 탓에 뇌가 특정 신체 부위를 '자신'으로 인식하지 못해 나타난다. 이 가설을 비판하는 사람들은 이 질환의 정신의학적 근거가 어린 시절에 겪은 충격이라고 말한다. 또 어떤 정신과 의사들은 신체 이미지 탓에 불안을 느끼는 신체 추형 장애Body Dysmorphic Disorder와 관련 있다고도 말하지만, 신체 통합 정체성 장애 환자 대다수는 이 이론에 강하게 반발한다. 선택적 절단 수술을 원하는 환자들은 내면의 성 정체성과 자기 신체를 일치시키고자 성전환 수술을 받으려는 사람들과 매우 비슷하다. 원인이 무엇이든, 신체 통합 정체성 장애를 앓는 사람들은 꽤 심한 고통에 시달린다.

선택적 사지 절단을 원하는 환자의 사례는 적어도 1785년까지 거슬러 올라간다. 2012년에 〈가디언The Guardian〉의 기고가 모 콘스탄디Mo Costandi는 프랑스 의사 장-조제프 수Jean-Joseph Sue가 1785년에 펴낸 의학 교재에서 "한쪽 다리가 없는 여성에게 흠뻑 빠진 나머지, 그녀의 마음을 얻고자 자신도 다리를 절단하기를 바랐던" 어느 남성의 사례를 찾아냈다. 기록에 따르면 이 남성은 외과의에게 총부리를 들이대고서 자기 다리를 자르라고 협박했다.

현대에 들어서는 1977년에 유명한 심리학자이자 성 연구자 존 머니John Money가 첫 사례를 보고했다. 그 뒤로도 수백 건에 이르는 사례가 기록되었다. 의료계가 이런 환자들을 어떻게 대해야 하느냐는 지금도 상당한 논쟁이 오가는 주제다.

의사들은 대개 악행 금지 원칙, 즉 '해를 끼치지 않는다'는 원칙을 따르도록 훈련받으므로, 멀쩡한 팔다리를 절단한다는 생각만으로도 질색할 것이다. 하지만 의사들이 절단 요청을 거절했을 때, 신체 통합 정체성 장애 환자들은 목적을 이루고자 자신의 목숨을 내걸기 일쑤고, 때로는 타인의 목숨까지 위태롭게 한다. 듣자 하니 이물감을 느끼는 다리를 철로 위에 올려 잘라내려는 환자까지 있다고 한다. 스코틀랜드의 국민건강보험National Health Service이 선택적 사지 절단 수술을 금지하기 전인 1990년대 후반에는 스코틀랜드 외과의 로버트 스미스Robert Smith가 환자 두 명에게 이 수술을 시행했다. 또 두 다리의 감각을 없애고 싶었던 미국인 환자 클로이 제닝스-화이트Chloe Jennings-White는 대퇴(넙다리) 신경과 좌골(궁둥뼈) 신경을 기꺼이 절단하겠다는 어느 외과의를 찾아냈지만, 2만 5,000달러가 넘는 수술비를 감당할 형편이 안 되었다고 한다.

맥코이 박사가 마거릿의 요청을 존중해야 하느냐 말아야 하느냐를 판단할 때, 우리는 한쪽 발목이 없는 마거릿을 누가 부양할지 물어야 한다. 마거릿이 정부가 주는 장애 수당을 받을 자격이 있을까? 지금은 마거릿이 일을 할 수 있더라도, 앞으로는 어떨까? 또 신경과 의사나 정신과 의사가 환자들이 '이물감'을 느꼈던 사지를 다시 자신의 일부로 통합하게 할 '치료법'을 개발할 가능성도 고려해야 한다. 이미 팔이나 다리를 희생한 사람들에게는 그런 치료법이 개발된들 너무 늦은 뒤가 될 것이다. 따라서 맥코이 박사에게 지침을 제공할 때, 우리는 앞으로 일어날지 모를 일과 마거릿 같은 환자가 현재 겪는 고통을 신중히 저울질해야 한다.

45

아이의 성장을
억제해야 할까?

#지적장애   #성장 억제 치료

클리퍼드와 칼라에게는 여섯 살 된 딸 채리티가 있다. 채리티는 심각한 지적장애를 앓고 있다. 말도 하지 못하고 걷지도 못하고 머리를 가누지도 못하는 데다, 인지능력은 겨우 넉 달 된 갓난아이 수준이다. 클리퍼드와 칼라는 사랑이 넘치는 부모다. 채리티 말고도 아이가 넷 더 있는 부부는 장애가 있는 채리티를 시설이 아닌 집에서 돌보며 살아가려 한다. 하지만 채리티가 자랄수록 돌보기가 너무 어려워지지 않을까 걱정스럽기도 하다. 특히 채리티를 데리고 집 주변을 돌아다니거나, 수족관 관람이나 피크닉 같은 가족 행사 때 채리티를 쉽게 실어 나르기가 어려워지지 않을지 우려한다. 게다가 채리티가 사춘기에 들어서면 성적 학대를 당할 손쉬운 목표물이 되지 않을까 두렵다.

딸을 보호하고 싶은 칼라와 클리퍼드는 채리티가 영원히 여섯 살 아이의 몸으로 살도록 성장판을 닫을 호르몬 요법을 받게 하려 한다. 또 채리티에게 사춘기가 오지 않도록 막을 호르몬도 투약하려 한다.

의사들은 칼라와 클리퍼드의 요청대로 채리티를 영원히 여섯 살 아이의 몸으로 붙박아야 할까?

성장 억제 요법

칼라와 클리퍼드가 채리티에게 받게 하려는 요법은 2014년에 시애틀아동병원 겸 지역의료원에서 애슐리 X Ashley X로 알려진 아이에게 시행한 수술과 그리 다르지 않다. 가족들이 '베개 천사'라고 부른 애슐리는 정적 뇌병증Static Encephalopathy 탓에 중증 발달장애를 겪었다. 특히 스스로 몸을 움직이지 못했고, 인지능력은 젖먹이 수준이었다. 여섯 살이 되자 신경장애를 앓는 아이들에게서 흔히 나타나는 성조숙증 현상이 나타났다.

애슐리의 부모는 애슐리가 안락한 삶을 유지하고 자신들이 애슐리를 돌보기 쉽도록 애슐리에게 잇달아 여러 시술을 받게 했다. 생리를 하지 않도록 자궁을 절제했고, 유방을 없앴고, 예방 차원에서 충수를 떼어냈고, 호르몬 요법을 써서 성장판을 일찌감치 닫았다. 수술 과정에서 나타날지 모를 크지 않은 위험은 감수하기로 했다.

수술을 집도한 대니얼 건서Daniel Gunther와 더글러스 디커마Douglas Diekema가 목표한 대로, 수술 뒤 애슐리의 키와 몸무게는 원래대로 성장했을 때 예상치보다 각각 20퍼센트와 40퍼센트 정도 줄어들었다. 하지만 이런 '성장 억제 치료'는 생명윤리는 물론이고 더 넓게는 대중의 인식과 충돌해 상당한 마찰을 불러일으켰다. 게다가 법을 어긴 탓에, 병원이 나서서 사과해야 했다. 주 법령에 따르면 비자발적 불임 시술은 법정 판결을 밟아야 하는데도, 법원 명령을 받지 않은 채 자궁절제술을 진행했기 때문이다.

많은 장애인 권리 옹호자와 페미니스트가 '애슐리 치료'로 알려진 이 수술이 심신이 무력한 아이의 존엄과 잠재력을 훼손했다고 비난한다. 어떤 비판자들은 그런 수술이 필요하다는 주장이 사실은 애슐리 같은 아이들을 충분히 보살피고 지원할 사회복지제도가 작동하지 않는다는 뜻이라고 주장한다. 이런 수술에 반대한 저명한 생명윤리학자 아서 캐플런Arthur Caplan은 CNN에서 이렇게 주장했다. "제가 보기에 유방 제거를 포함한 절제술은 어떤 상황에서도 변명할 수 없는 일입니다. …… 발육 지연은 적절한 재택 건강 보조원과 재택 간호 지원을 대체하지 못합니다."

또 평론가 낸시 깁스Nancy Gibbs는 〈타임〉지에 이렇게 적었다. "건서 박사와 디커마 박사가 이 주장을 어디까지 밀고 나갈까? 이 아이를 더 옮기기 쉽도록 다리를 절단하는 데도 동의할까?" 정적 뇌병증 때문에 휠체어에 기대어 산 앤 맥도널드Anne McDonald의 비평은 사람들의 마음을 크게 뒤흔들었다. 맥도널드는 세 살 때 '중증 지적장애'

로 오진된 적이 있었다. 맥도널드에게 일어난 일이 애슐리에게 일어나지 말라는 법이 있을까?

하지만 건서와 디커마를 옹호하는 사람들도 있다. 애슐리의 부모도 마찬가지다. 애슐리의 아버지는 〈가디언〉과 한 인터뷰에서 고통이 줄어들고 안락함이 커졌다는 측면에서 볼 때 "아무리 많은 대응책을 쓴들 성장 억제 치료로 얻은 이득을 대체하지 못합니다"라고 말했다. 그는 사람들이 애슐리의 장애가 지니는 '독특한' 특성이나 애슐리가 성장 억제 치료로 얻은 '상당한 이득'에 주목하지 않았다고 유감을 드러냈다.

우리가 애슐리와 채리티 같은 아이에게 성장 억제 요법을 쓰는 것을 지지하든 반대하든, 그런 수술은 그야말로 심각한 환자에게만 시행해야 한다는 합의가 존재한다. 2016년 기준으로, 성장 억제 치료를 받은 아이는 적어도 65명에 이른다.

46

우리 아이에게
할례를 해줄 수 있나요?

#여성 할례   #악습과 필요

미국에 사는 어느 에티오피아 출신 부부가 다섯 살배기 딸 이든을 소아과 병원에 데려와 아이의 생식기를 절제해달라고 요청한다. 아이 엄마의 설명을 들어보니, 부부가 다음 달에 에티오피아로 영구 귀국하는데, 관습대로 마을의 연장자에게 할례 시술을 받으면 자칫 합병증을 일으킬 수 있어 매우 위험하다고 한다. 그래서 부부는 차라리 아이가 위생적인 의료 환경에서 의사에게 수술받기를 바란다. 부부는 이든이 절제 수술을 받지 않으면 에티오피아에서 '결혼 부적격자' 취급을 받을 것이라고 말한다.

여성 성기 절제, 즉 '여성 할례'란 아프리카, 아시아, 중동 일부 지역에서 흔히 문화 의식에 따라 여성의 생식기 부분을 제거하는 시술이다. 목적은 성기능과 쾌락을 줄이는 것이다. 그런데 열악한 의료 환경에서 할례를 시술하면 감염은 물론이거니와 사망까지 이를 위험이 있다.

이 병원의 의료진은 이든이 에티오피아에서 더 큰 해를 입지 않도록 미국에서 아이에게 '할례'를 집도해야 할까?

여성 성기 절제

여성 성기 절제는 서부 문화에 한 번도 없었던 전통이다. 늦어도 1930년대 초반에 케냐에서 스코틀랜드 교회 소속 의료 선교사 존 아서John Arthur가 할례 관습에 맞선 때부터, 아프리카와 아시아에서 여성 성기 절제 관습을 몰아내려는 다양한 시도가 있었다. 미국은 1996년에 여성 성기 절제를 공식적으로 금지했다. 또 27개 주에서 법에 따라 여성 성기 절제를 불법으로 규정한다. 그런데도 하버드대학교 브리검여성병원의 흑인여성건강센터가 추산한 바에 따르면, 2000년 기준으로 미국 여성 약 22만 8,000명이 생식기 절제 시술을 받았거나 받을 위험이 있었다.

꽤 드물긴 하지만 미국에서 여성 성기 절제로 형사 고발되는 사례도 있었다. 칼리드 아뎀Khalid Adem이라는 남성이 가위로 두 살배기 딸아이의 성기를 잘라 기소된 사건이 가장 유명하다. 또 2017년 미시간주의 의사 주마나 나가라왈라Jumana Nagarwala가 여성 성기 절제를 시술한 혐의로 미국에서 처음 기소된 의사 중 한 명이 되었는데, 2018년 11월에 연방법원 판사가 위헌 결정을 내려 기소가 기각되었다. 아프리카와 중동 출신 중에는 계속 고국으로 '할례 휴가'를 떠나는 가정이 꽤 있고, 더러는 고국에서 미국으로 연장자나 산파를 데려와 몰래 할례를 시행하기도 한다.

할례 시술의 안전성을 놓고 의견이 꽤 갈리지만, 이 시술을 '여성성기 절단'이라 부르는 비판자들은 할례가 성생활과 건강에 악영향을 미친다고 언급한다. 또 이런 시술에 자기 뜻대로 동의할 수 없는 어린이의 자기결정권을 침해한다고도 주장한다. 하지만 서양인이라고 모두 여성 할례를 비난하지는 않는다. 어떤 인류학자들은 할례를 뿌리 뽑으려는 활동을 문화제국주의의 한 형태로 본다.

비록 그리 널리 퍼져 있지는 않지만, 남성 중에서도 자기결정권 침해와 성생활 만족도 감소 같은 근거를 들어 포경수술을 없애려는 '신체 훼손 반대 운동', 즉 할례 반대 운동이 있다는 사실도 눈여겨볼 만하다. 2012년에는 독일 쾰른의 지방법원이 포경수술을 아동 학대로 분류했지만, 하원에서 평결이 뒤집혔다.

그런데 이든의 사례에서는 부모가 아이와 함께 에티오피아로 돌아가 정착하려 하므로 문제가 복잡하다. 이든이 성기 절제 수술을 받지 못하면 에티오피아에서 결혼 부적격자가 될지 모른다는 말을 곧이곧대로 받아들일 때는(사실일 확률이 높다), 성기 절제가 이든의 행복과 안녕에 실제로 도움이 될지도 모른다. 하지만 시술에 관여한다면 할례 전통을 더 부추겨 앞으로 다른 가정들까지 힘든 상황으로 몰아넣을 것이다.

이 시나리오를 이렇게 재구성할 수도 있다. 의사가, 더 나아가 사람이 절대 해서는 안 되는 일이 따로 있고, 사정을 헤아릴 만한 특별한 상황에서만 할 수 있는 일이 따로 있다고. 이든의 사례는 여성 성기 절제에 이 원칙 중 어느 쪽을 적용할지 결정하라고 우리에게 요구한다.

47

사망 확률 높은 장기 기증자의
간절한 부탁을 들어줘야 할까?

#간이식 사망   #수술 후 사망률

엘렌은 네 살배기 딸 앨리스를 홀로 키우고 있다. 지난 몇 달 동안 앨리스의 건강이 점점 나빠지더니 간을 이식해야 하는 희소한 퇴행성 질환을 진단받는다. 반년에서 1년 사이에 간을 이식받지 못하면 앨리스는 목숨을 잃을 것이다. 안타깝게도 장기 기증된 간, 즉 사망한 기증자의 간을 이식받고자 대기하는 사람이 셀 수 없이 많으므로, 환자 대다수가 간을 확보하기도 전에 죽음을 맞는다.

다행히 1989년부터는 기꺼이 '생체 장기 제공자'가 되려는 부모가 자녀에게 자신의 장기를 일부 나눠줄 길이 열렸다. 하지만 생체 장기 이식 수술은 기증자에게 상당히 위험해 1,000명당 1.7~5명이 사망한다. 의사들은 건강한 사람에게 그런 위험한 수술을 집도하기를 꺼리지만, 기증자가 아이를 한없이 아끼는 가까운 피붙이일 때는 흔히 수술을 집도한다. 생체 간이식 수술을 조사한 엘렌은 앨리스에게 자신의 간을 일부 나눠주기로 마음먹는다.

그런데 사전 정밀 검사에서 엘렌의 복부 혈관 형태가 선천적으로 특이하다는 사실이 드러난다. 의사들이 추산해보니, 장기이식 수술을 진행했을 때 엘렌이 사망할 확률은 약 25퍼센트다. 엘렌은 이런 사실에도 끄떡하지 않지만, 담당 외과의들은 수술을 진행하지 않으려 한다.

의사들은 엘렌이 심각한 위험을 무릅쓰고라도 딸의 목숨을 살리는 시도를 하도록 도와야 할까?

생체 장기이식

—

1989년에 시카고대학교 의료원에서 크리스토프 브뢸슈Christoph Broelsch가 처음 집도한 이래 생체 간이식은 지금까지 숱한 논란을 낳았다. 기증자가 사망한 사례는 몇 되지 않지만, 2002년에 뉴욕시 마운트시나이의료원에서 마이크 허위츠Mike Hurewitz라는 기증자가 사망한 일은 세상의 이목을 크게 끌었고, 생체 간이식 수술을 시행하는 데 크나큰 영향을 미쳤다. 하지만 지금도 이 수술로 누군가의 목숨을 살릴 수 있고, 또 살리고 있다. 게다가 이식용 장기가 부족한 현실이 하루 이틀 일이 아니다 보니, 끔찍이 아끼는 사람을 돕고자 기꺼이 큰 위험을 무릅쓰는 기증자가 숱하다.

그런데 이런 기증자들이 수술에 동의하는 과정에서 위험을 과소평가할지 모른다는 우려가 매우 크다. 2010년에 건강해 보였던 기증자 폴 호크스Paul Hawks가 예상치 못하게 사망한 뒤, 매사추세츠종합병원의 이식외과 과장 제임스 마크먼James Markmann은 〈보스턴글로브〉에 이렇게 설명했다. "기증자 천 명당 한 명이 죽는다고 설명하면, 사람들은 자기가 그 한 명이 되지는 않을 거라고 생각합니다. 확률이 아주 낮으니까요." 물론 어떤 의료 시술에서든 그런 과소평가가 나타날 수 있지만, 생체 간이식 수술에서는 기증자가 건강한 데다, 의료 측면에서는 수술로 어떤 이득도 얻지 않는다는 점이 다르다. 기증자는 오로지 평안한 마음과 돈독한 인간관계를 얻을 뿐이다.

생체 간이식은 대부분 가까운 피붙이 사이에서 일어나므로, 가족의 압박이 작용할 위험도 있다. 오빠가 여동생에게 '진심으로' 자신의 간을 주려 하느냐, 아니면 가족의 압박이나 죄책감 때문에 간을 줘야 한다고 느끼느냐를 의사들이 판단하기란 어렵다.

기증자가 사망할 위험이 1퍼센트에서 25퍼센트로 치솟으면, 의사들은 또 다른 난제를 맞닥뜨린다. 개인이 받아들이는 위험을 어느 수준에서 제한해야 할까? 엘렌이 딸을 살리고자 사망 위험률 25퍼센트를 무릅쓰는 것을 어떤 의사가 기꺼이 허용한다고 치자. 그렇다면 위험률이 50퍼센트이거나 75퍼센트일 때는 어떻게 해야 할까? 더 나아가, 엘렌이 수술을 견디고 '살아남을' 확률이 겨우 0.5퍼센트라면? 부모가 애지중지하는 아이를 살리고자 목숨을 잃을 큰 위험을 기꺼이 무릅쓰거나 아예 목숨을 통째로 내놓는 모습을 떠올리기란 그리 어렵지 않다. 그런 열망은 마음속 깊은 곳에서 우러나온 진심일 것이다. 이런 감정을 어느 정도까지 따르게 허용할지는 현대의 장기이식이 마주하는 어려운 윤리 문제 가운데 하나다.

기이하게도 잠재 기증자가 위험을 얼마나 받아들이느냐는, 이식 프로그램을 평가하는 제도의 특성에 자주 영향을 받는다. 의료진과 병원을 평가할 때는 기증자와 수여자의 사망률을 어느 정도 반영한다. 이때 결과가 형편없으면 의료기관을 완전히 폐쇄할 수도 있다. 그러므로 사망 확률 25퍼센트를 무릅쓰고라도 간을 공여해 아이를 살리겠다는 부모에게 기꺼이 수술을 허용하고 싶어도, 의료진은 틀림없이 그 수술이 전체 성공률에 미칠 영향을 고려할 것이다. 정부의 제재를 받을 위험에 더해, 그런 상황에서 아이 엄마가 죽으면 사람들이 어떤 눈으로 바라볼지는 병원과 외과의가 떠올리기도 싫은 악몽이다. 하지만 이식이 성공한다면 큰 찬사와 더불어 언론의 주목을 받을 것이다.

48

내가 동생에게
골수를 준다고요?

#골수이식　#지적장애인의 장기 기증

혈액암인 급성 백혈병에 걸린 모티는 골수이식이라고도 부르는 조혈 줄기세포 이식을 받아야 살 수 있다. 안타깝게도 모티의 조직이 드문 유형이라, 현재 골수 기증자 명단에서는 조직이 일치하는 사람이 한 명도 없다. 의사는 가족에게서 줄기세포를 공여받는 것이 유일한 희망이라고 말한다.

조직이 일치하는 가족에게 공여받을 때는 군이 골수를 이식하지 않아도 된다. 며칠 동안 약을 먹은 뒤 6시간 동안 기계로 피를 거르기만 하면 될 뿐이다. 이식 과정이 조금 불편하지만, 대체로 큰 통증이나 후유증 같은 부작용도 없다. 입원하지 않아도 되고, 몇 시간만 지나면 공여자가 다시 일상생활로 돌아갈 수 있다.

모티에게 살아 있는 가족이라고는 딱 한 명, 형인 루뿐이다. 상당한 지적장애가 있는 루는 요양 시설에서 산다. 루에게는 모티에게 줄 기세포를 공여할 이유나 공여에 따른 가벼운 위험을 이해할 능력이 없어 보인다. 공여 의사를 물으니 "의사 싫어!"라는 말만 되풀이할 뿐이다. 모티는 해마다 서너 번씩 동물 인형 같은 선물을 들고 루를 찾아간다. 비록 형제가 살가운 정을 쌓은 적은 없지만, 루는 이런 방문을 즐기는 듯하다.

의사들이 모티의 목숨을 살리고자 루에게 가벼운 진정제를 놓은 뒤 루의 혈액을 거른다면, 윤리에 어긋날까?

자의 아닌 공여자
—

미국 법은 스스로 동의하지 않아도 타인을 도와야 할 의무가 있는 상황을 매우 드물게 인정한다. 그래도 배우자와 자녀를 경제적으로 부양해야 할 의무처럼, 어떤 관계에서는 타인을 도울 의무를 지우기도 한다. 또 대다수 주는 응급 상황에서 낯선 사람을 돕기 시작한 사람이 구조 인력이 올 때까지 최선을 다해 계속 도움을 베풀어야 한다고 요구한다. '구조를 하다 말면' 구조에 나설 수도 있는 다른 사람이 겁을 먹고 뒷걸음질 칠 위험이 생기기 때문이다. 하지만 이런 상황을 제외하면, 애먼 구경꾼에게 응급 상황을 지원하라고 강제하는 주는 손에 꼽을 정도로 적다. 게다가 법원은 설사 환자가 가족에게 도움을 받아야 할 특별한 사정이 있더라도, 웬만해서는 가족에게 장기 공여나 조직 공여 같은 도움을 제공하라고 강제하기를 꺼린다.

데이비드 심프David Shimp 라는 남성은 재생불량성 빈혈에 시달리는 사촌 로버트 맥폴Robert McFall에게 골수를 공여하면 목숨을 살릴 확률이 50~60퍼센트인데도 이를 거절했다. 이 사건은 악명 높은 소송으로 이어졌다. 재판을 맡은 존 플래허티 주니어John Flaherty Jr. 판사는 심프의 행태를 "도덕적으로 변명할 여지가 없다"고 깎아내렸지만 그래도 공여를 강제하지는 않았다. 맥폴은 지병으로 사망했다. 이와 비슷하게 세상의 이목을 끌었던 다른 소송에서는 백혈병을 앓는 아들을 둔 타마스 보제Tamas Bosze가 전처의 격렬한 반대에도 아이의 이복동생인 다른 두 아이에게 골수 검사를 받게 해달라고 소송했지만, 판사를 설득하지 못했다.

더 난감한 사례는 잠재적 공여자가 자신에게 무엇을 요청하는지조차 이해하지 못할 만큼 인지능력이 떨어질 때다. 모티와 루의 시나리오로 돌아가보자. 루가 의사들에게 싫다고 소리를 지를지라도, 가끔씩 동생이 찾아오는 즐거움을 계속 누리고자 간단한 의료 시술에 동의할지 말지를 추측하는 것은 말 그대로 추측에 지나지 않는다. 이런 상황을 어떻게 처리하느냐는 아직 합의된 바가 전혀 없다. 때에 따라 환자의 가장 가까운 가족에게 조언을 구할 수도 있겠지만, 루의 사례에서는 바로 그 가장 가까운 가족이 이해 충돌 당사자다.

1969년에 켄터키주의 한 법원은 인지장애가 있는 27세 청년 제리 스트렁크Jerry Strunk에게 명령해 신장병을 앓는 형한테 한쪽 신장을 공여하라고 판결했다. 이런 판단을 내릴 때는 대개 복잡한 비용 대비 편익 분석이 작동해, 잠재적 공여자가 겪을 어려움, 잠재적 수여자가 얻을 이익, 수여자의 생존으로 공여자가 얻을 정서적 이득을 저울질한다.

이 사례에서 모티의 목숨은 앞날을 장담하기 어려우나, 루가 치러야 할 대가는 낮다. 따라서 의사들이 법원에 요청해 이식 수술을 진행하라는 명령을 받을 명분은 있다. 하지만 자신을 돌볼 능력이 없는 루의 취약성도 잊어서는 안 된다. 의료 시술로 발생할지 모를 위험이 커질수록, 한 사람의 신체적 완전성을 침범하는 쪽을 찬성하는 주장은 정당성을 얻기가 더 어려워진다.

49

장기를 스타에게
먼저 줘야 할까?

로이는 메이저리그를 주무른 스타 선수였다. 하지만 은퇴 뒤 술에 절어 살다시피 했고, 급기야 사흘 전에는 술에 취해 레전드병원에 도착했다. 진단 결과는 안타깝게도 급성 간기능상실(간부전)이다. 빨리 간을 이식받지 못하면 머잖아 목숨을 잃을 것이다.

모든 병원이 그렇지는 않지만, 레전드병원을 포함한 미국 병원 대다수는 환자가 6개월 동안 술을 마시지 않았다고 증명해야만 간을 이식한다는 방침을 오랫동안 고수하고 있다. 법이 아니라 그저 폭넓게 준수하는 지침일 뿐이지만, 이 방침은 여전히 술독에 빠져 사는 중독자가 간을 공여받는 상황을 방지한다. 그런 사람들은 이식을 받은들 또 술을 마셔 간을 손상할 터이기 때문이다. 하지만 로이에게는

6개월을 기다릴 여유가 없다.

그런데 숙련된 장기이식 전문의인 다이버 박사가 의료진에게 로이를 간이식 후보자 명단에 올리라고 지시한다. "로이는 알코올의존증 환자이니 간을 잃을 확률이 높습니다. 하지만 스스로 바뀔 가능성도 없지는 않아요. 그렇게만 된다면 로이 같은 유명한 환자가 이식에 성공했을 때 장기이식에 아주 큰 도움이 되지 않겠어요? 얼마나 많은 사람이 장기를 공여하겠다고 동의할지 생각해봐요. 길게 봤을 때 수천 명의 목숨을 살릴 거예요!"

다이버 박사가 제시한 이유를 들어 로이를 간이식 후보자로 올린다면, 윤리적이라고 볼 수 있을까?

편애

정확하든 그렇지 않든, 희귀한 장기를 배분할 때 유명 인사를 편애한다는 인식이 있다. 1993년에 펜실베이니아주 주지사 로버트 케이시Robert Casey는 대기자 명단에 이름을 올린 지 채 24시간도 지나지 않아 심장과 간을 이식받았다. 간이식에 걸리는 대기 시간이 평균 208일인데, 배우 짐 네이버스Jim Nabors와 가수 데이비드 크로스비David Crosby는 미처 한 달도 기다리지 않아 간을 이식받았다. 하지만 큰 논란을 일으킨 장기 수여자로는 메이저리그 강타자 미키 맨틀Mickey Mantle을 따를 사람이 별로 없다. 맨틀은 1995년에 간을 이식받아야 한다고 발표한 지 겨우 하루 만에 간을 받았고, 두 달 뒤 간암으로 사망했다. 맨틀이 편애로 이득을 얻었든 아니든(현재는 그가 편애를 받았다고 수긍할 만한 증거가 없다), 맨틀이 '새치기'를 했을 가능성은 충분했다. 사람들은 크게 분노했고, 이식 관련 의료진과 윤리학자들은 자신을 돌아보게 되었다. 또 맨틀의 간이식을 직접 이끈 의료진은 편애로 비치는 모습이 장기 분배 체계를 훼손하지 않을까 우려했다.

장기 분배가 편애로 인식될지 모른다는 우려는 유명 인사뿐 아니라 다른 분야에서도 계속 논란이 되고 있다. 이를테면 2006년에 설립된 단체 리뉴얼Renewal은 유대계 사회에서 이타적 신장 공여를 장려하는 활동을 벌인다. 공여자는 대개 미츠바mitzvah, 즉 유대교 계율에서 규정하는 바람직한 행동을 실천하고자 애쓰는 초정통파(전통 복장과 생활양식을 고수하며 폐쇄적인 공동체를 유지하는 원리주의 종파―옮긴이) 유대교 신자들이다. 수여자 가운데 신을 믿은 사람은 겨우 절반뿐이었다지만, 한 사람을 빼면 모두 유대인이었다. 그러니 리뉴얼이 수여자를 모집하는 체계 아래 깔린 무언의 원칙을 엿볼 수 있다. 작가 폴 버거Paul Berger가 유대계 미국인을 겨냥하는 매체 〈포워드The Forward〉에 쓴 글에 따르면, 하시딤과 하레디파 같은 초정통파 유대인이 미국 인구에서 겨우 0.2퍼센트를 차지할 뿐인데도, 이타적 신장 기증자 중에서는 2014년 기준으로 무려 17퍼센트를 차지했다.

종교적 목표가 있는 기증을 옹호하는 사람들은 그런 공여자들 덕분에 특정 집단에 속한 사람들이 목숨을 구할 뿐만 아니라, 대기자로 이름을 올린 다른 사람들에게 장기가 돌아가도록 숨통을 틔워준다고 주장한다. 리뉴얼이 유대인 환자 한 명에게 신장을 주선한다면, 이식 받을 신장을 기다리는 어느 비유대인 앞에 있는 대기자가 한 명 줄어든다는 뜻이기 때문이다. 만약 리뉴얼이 없었다면 이런 기증자들은 어떤 장기도 기증하지 않았을 것이다.

이와 달리 비판자들은 장기 기증 제도가 특정 민족을 편애한다는 인식이 퍼지면 다른 배경을 가진 사람들이 앞으로 장기 기증을 꺼릴 테고, 따라서 실제로는 전체 신장 기증 수가 줄어들 것이라며 이의를 제기한다.

야구 스타 로이의 사례에서 다이버 박사는 수여 자격의 기준을 바꾸려 한다. 미국 장기이식관리센터United Network for Organ Sharing는 사체 기증 간을 누구에게 공여할지 결정할 때 말기 간질환 모델MELD: Model for End-Stage Liver Disease 점수로 알려진 기준을 사용한다. 이때는 주로 병세가 가장 심각한 환자에게 간을 배분한다. 하지만 이식 전문 의료진은 사회적, 심리적 기준도 고려해 환자가 장기를 이식받을 자격이 있는지를 평가한다. 이런 선별 과정을 거치는 목적은 사회적 지지가 부족해서든 장기이식이 성공하는 데 필요한 복잡한 추후 관리 요법을 준수하지 못해서든, 이식받은 장기를 조심히 다루지 못할 사람을 수여자에서 제외하는 것이다.

술을 진탕 마시는 환자는 길게 볼 때 이식이 실패할 확률이 높아 지금껏 이식에서 제외 대상이었지만, 최근 몇몇 의료원은 급성 알코올 간염을 앓는 환자를 대상으로 간이식 수술을 했다. 알코올의존증 환자라는 사실만 빼면 이식 자격이 있고 술을 끊겠다고 맹세한 사람에게 간을 이식해야 하느냐는 큰 논란거리다. 아직은 이런 이식 사례의 결과를 확인할 장기 데이터가 없기 때문이다.

옹호자들은 알코올의존증을 다른 질병과 마찬가지로 다뤄야 하고, 따라서 그런 환자들에게 이로운 판단을 해야 한다고 주장한다. 비판자들은 장기가 크게 부족한 상황에서 알코올의존증 환자에게 장기를 준다는 건, 달리 말하면 장기를 기다리는 다른 사람이 죽는다는 뜻이라고 맞선다. 장기 수여자가 추후 관리를 따르지 않아 결국은 죽을 확률이 높기 때문이다.

다이버의 주장과 달리, 최대 다수의 최대 행복을 추구하는 공리주의가 꼭 다이버 박사의 접근법을 뒷받침하지만도 않는다. 로이처럼 유명한 운동선수가 이식 수술에 성공하면 더 많은 사람이 장기를 기증할 수도 있다. 하지만 더 골치 아픈 또 다른 문제를 일으킬 가능성도 있다. 사람들이 장기 분배 과정에서 편애가 작동해 부자와 유명인에게 유리하다고 인식하면 장기를 더 적게 기증할 것이다.

돈을 주고
장기를 살 수 있다면?

———

텍스는 간을 이식받아야 하는 부유한 석유업계 거물이다. 그런데 간 기증을 기다리는 대기자가 많자, 손수 문제를 해결하기로 한다. 먼저 자기가 사는 주 곳곳에 '텍스에게 간이 필요합니다. 제발 도와주세요!'라는 광고판을 설치한다. 라디오와 텔레비전에도 광고를 내보내, 가족 중에 사고로 목숨을 잃을 지경인 사람이 있다면 그 사람의 간이 특별히 자기에게 오도록 지정해달라고 요청한다. 광고에서 텍스는 자신을 참전 용사인 모범 시민이자, 교회에 다니고, 예술을 후원하는 사람이라고 치켜세운다.

광고판을 세운 지 얼마 지나지 않아, 의식불명이 되어 생명 유지 장치를 단 어느 환자의 아내가 남편의 간이 텍스에게 가는 조건으로만 장기를 기증하겠다고 알린다. 텍스가 사는 주에서는 병원들이 대체로 환자가 기증 서약서를 미리 작성했거나 환자의 가까운 가족이 동의했을 때만 장기이식을 허가한다.

텍스가 이렇게 '새치기'로 간을 확보하는 것을 허용해야 할까?

자유 의료 시장

광고는 아주 흔하면서도 매우 효과 높은 수단이다. 그래서 장기 기증에도 활용된다. 리본투비얼라이브Re-Born to be Alive 라는 비영리단체는 2014년에 벨기에 광고 회사 뒤발-기욤Duval-Guillaume에 장기 기증 홍보를 맡겼다. 그 결과 나온 여러 광고는 예컨대 산소 탱크 옆에서 용접 토치를 사용하는 등 목숨을 위협하는 어리석은 행동을 저지르는 사람들의 모습과 함께 이런 문구를 내보냈다. "이 사람의 장기 가운데 8개를 기증할 수 있습니다. 다행히 뇌는 그중 하나가 아닙니다." 이 홍보 활동은 논란을 일으키기는커녕 크게 성공을 거뒀다. 오히려 논란을 일으킨 활동은 텍스 같은 개인이 자기가 이식받을 장기를 얻고자 내건 광고였다.

미국에서는 비영리단체인 장기이식관리센터가 보건복지부가 제정한 법규에 따라 이식용 장기 대부분을 배분한다. 2000년 3월에 제정되어 사체 장기의 분배를 관장하는 이른바 '최종 규칙Final Rule'은 기증자가 생전에 자신의 장기를 누구에게 기증할지 미리 지정하는 것을 허용한다. 더러는 이런 접근법이 타당한 상황이 있다. 예를 들어 대기자 명단에 이름을 올린 환자의 가까운 가족이 갑자기 사망한다면, 고인의 장기를 피붙이에게 이식하게 허용할 강력한 도덕적 명분이 될 수 있다. 그렇게 하는 것이 고인의 바람을 실현하는 길일 터이므로, 기증에 찬반을 결정하지 않았던 사람들이 기증 쪽으로 기울 것이다. 게다가 이 방식은 기존 분배 체계의 공정성을 조금도 훼손하지 않는다. 이런 가족 내 장기 분배에서는 아마 부자와 권력자가 가난하고 힘없는 사람들과 마찬가지 처지일 것이다.

'최종 규칙'이 제정되자 텍스 같은 부자들이 장기를 찾는다는 광고를 내걸었다. 2004년에는 휴스턴에 사는 간암 환자 토드 크램피츠Todd Krampitz가 간을 찾는다는 광고판을 내걸었고, 이름을 밝히지 않은 어느 가족이 결국 그를 수여자로 지정한 덕분에 새 간을 받았다(당시 32세이던 크램피츠는 간을 이식받은 지 8개월 뒤 간암으로 사망했다). 이듬해인 2005년에는 적십자 홍보 담당자로 일하던 31세 여성 샤리 쿠르츠록Shari Kurzrok이 급성 간기능상실을 진단받자 〈뉴욕타임스〉에 기증자를 찾는다는 광고를 실었다(쿠르츠록은 결국 간이식을 받은 뒤 결혼하여 엄마가 되었고, 광고계에서 승승장구하고 있다). 장기를 새치기하려는 이런 교묘한 수법을 놓고, 윤리학자 및 이식 전문의 사이에서는 의견이 크게 갈린다.

뉴욕대학교 윤리학자 아서 캐플런 같은 비판자들은 크램피츠와 쿠르츠록 같은 환자가 장기를 새치기하게 허용하면 이식 체계의 공정성이 무너진다고 주장한다. 연방법에 따르면 장기는 부와 영향력에 상관없이 가장 절박한 환자에게 먼저 배분되어야 한다. 그러므로 부유하고 힘 있는 사람이 광고를 내게 허용하면 그런 원칙을 회피할 길을 열어주는 셈이다. 게다가 사람들이 장기 분배 체계가 불공정하다고 인식해 기증을 거부할 위험도 생긴다. 그래서 장기이식관리센터와 미국이식학회 모두 인터넷과 소셜미디어에 공개 호소하는 것을 포함해 장기를 구하는 광고 활동에 반대한다는 성명을 발표했다.

하지만 설사 광고가 없더라도 기증자들이 먼저 나서서 유명 인사들에게 장기를 주는 일이 숱하다. 광고 옹호자들도 그런 기증이 불러일으킬 문제를 알지만, 크게 볼 때 광고가 장기 확보를 늘릴 것이라고 믿는다. 예컨대 토드 크램피츠에게 간을 기증한 가족이 광고가 없었어도 장기를 기증했으리라고 볼 이유는 없다. 그러니 분배 체계 밖에서 광고를 내보내 장기를 확보하는 환자의 행동이, 대기자로 이름을 올린 다른 환자가 장기를 얻도록 숨통을 틔워준다고 볼 수도 있다.

장기를 구하는 광고를 놓고 의료계의 의견이 얼마나 크게 갈리는지 보여주는 사례가 있다. 신장질환을 앓는 탓에 2005년에 웹사이트를 만들어 신장을 구한다고 알렸던 알렉스 크라이오내스Alex Crionas가 마침내 패트릭 개리티Patrick Garrity라는 공여자를 구했다. 그런데 지역 병원의 장기이식을 조율하는 비영리단체가 그가 공여자를 찾는 온라인 광고를 냈다는 이유로 이식을 거절했다(얄궂게도 크라이오내스가 개리티를 만난 곳은 온라인이 아니라 파티였다). 다행히 다른 병원으로 옮긴 크라이오내스는 윤리적 반대 없이 무사히 이식 수술을 마쳤다.

51

사형수에게
심장을 이식받을 자격이 있을까?

#사형수 장기이식   #범죄자 인권

재닛은 사형을 선고받은 수감자다. 본인은 단호히 부인하지만, 도끼로 계모를 살해했다는 혐의로 기소되어 3개월 전 사형을 선고받았고, 지금은 항소를 진행 중이다. 재닛이 재판을 받은 주에서는 사형 선고부터 집행까지 대개 10~15년이 걸리고, 1심에서 사형을 선고받은 피고 가운데 50퍼센트가 판결이 뒤집히거나 형량이 줄어든다.

그런데 재닛이 교도소에 있는 동안 바이러스에 감염된 탓에, 부분 심장기능상실(심부전)을 앓는다. 목숨을 구하려면 심장을 이식받아야 한다. 좋게 보면, 재닛이 교도소에 있으므로 우수한 의료를 계속 지원받을 수 있으니 이식받은 심장이 틀림없이 살아남을 것이다. 하지만 달리 보면, 재닛이 희귀한 심장을 이식받는 사이, 대기 명단에 있는 다른 누군가는 이식을 기다리다 사망할 것이다.

사형수인 재닛에게 심장을 이식받을 자격이 있을까?

죄수의 권리

—

미국 대법원은 1976년 에스텔 대 갬블Estelle v. Gamble 재판에서 죄수가 의료 지원을 차별받아서는 안 된다고 판결했다. 판결에 따르면, 주정부의 처분에 휘둘리는 수감자에게 의료를 제공하지 않는 것은 '상례에서 벗어난 잔인한 처벌'에 해당한다. 이 판결 결과, 장기 징역형이라는 엄벌을 받는 죄수들이 정부 지원 아래 값비싼 장기이식 수술을 받았다. 캘리포니아주의 한 강도는 14년형을 받고 4년째 복역하던 중에 100만 달러가 드는 심장이식 수술을 받았고, 미네소타주의 한 살인범은 90만 달러가 드는 골수이식 수술을 받았다. 그러나 장기는 희귀한 자원이므로, 사형을 선고받은 수감자에게 장기를 이식한다면 그야말로 또 다른 선량한 목숨을 살릴 장기를 허비하는 셈이라고 보는 사람도 있을 것이다.

언론은 주로 사형 집행 때 또는 그전에 장기를 '기증'하려는 사형수들에게 초점을 맞춘다. 2011년에 미시시피주 주지사 헤일리 바버Haley Barbour는 강도를 저질러 종신형을 선고받은 자매 제이미 스콧과 글래디스 스콧Jamie and Gladys Scott을 가석방했다. 글래디스가 콩팥기능상실증에 걸린 제이미에게 신장을 공여한다는 조건이었다. 이 결정을 놓고 어떤 윤리학자들은 장기 기증을 조건으로 죄수를 풀어줬다고 비난했다.

아내와 세 아이를 살해한 죄로 약물 사형을 선고받은 오리건주의 수감자 크리스천 롱고Christian Longo는 사형수에게도 장기 기증을 허용하라고 촉구하는 '누구나 해부학적 가치가 있는 기증을Gifts of Anatomical Value From Everyone'이라는 단체를 설립했다. 2005년에는 인디애나주의 살인범 그레고리 스콧 존슨Gregory Scott Johnson이 아픈 여동생에게 간을 기증하고자 사형 집행 정지를 요청했지만 받아들여지지 않았다. 사형수에게 장기 기증을 허용하는 것을 비판하는 사람들은 몇몇 외국에서 그렇듯이 죄수들이 관대한 처분을 얻고자 장기를 기증하거나 주에서 그런 기증을 강요하지나 않을까 크게 걱정한다.

사형수가 장기를 기증하는 일도 드물지만, 장기를 받고자 대기자 명단에 이름을 올리는 일은 훨씬 더 드물다. 가장 크게 눈길을 끌었던 사례는 아마 2003년에 오리건주에서 신장이식을 요청했던 사형수 호라시오 알베르토 레예스-카마레나Horacio Alberto Reyes-Camarena일 듯하다.

장기 분배 체계와 관련된 모든 이해관계자는 웬만하면 장기를 배분할 때 사회가 인정하는 가치를 고려하지 말아야 한다고 생각한다. 즉 목숨을 구할 심장이나 간을 누구에게 주느냐를 결정할 때 어떤 사람의 경제적 지위, 직업, 사회 기여 같은 요소가 아무런 영향을 미치지 않아야 한다는 것이다.

하지만 중대한 의료 시술에서 그런 가치가 작용한 때가 명백히 있었다. 1962년에 시애틀 킹카운티의 의사협회가 나중에 '신의 위원회 God committee*'라고 불리는 기구를 설치하는데, 이 위원회는 당시 희귀했던 투석 치료를 받을 사람을 결정할 때 사회적 가치를 인자로 사용했다. 〈라이프Life〉지에 실린 위원회의 태도는 공분을 불러일으켰고, 마침내 모든 투석 치료에 연방 자금을 지원하는 결과를 낳았다.

이제는 장기 수여자를 선별하는 과정에서 수여자의 사회적 가치를 고려 인자로 인정하지 않는다. 하지만 질병을 일으킨 도덕적 책임을 수여 자격에 조금이라도 반영해야 하지 않느냐는 주장을 놓고는 어느 정도 논란이 이어지고 있다.

이런 논쟁의 주요 초점은 간을 이식받고 싶어 하는 알코올의존증 환자와 약물중독자다. 현재 장기 분배 방식에서는 도덕적 책임을 결정 인자에서 배제한다. 따라서 알코올의존증 환자가 현재 음주 습관이나 알코올의존증이 재발할 우려로 간이식을 거부당할지는 몰라도, 술을 마셔 간기능상실을 일으켰다는 이유로 거부당하는 일은 없다.** 다시 자살을 시도할 위험이 큰 자살 기도 환자들도 비슷한 우려를 불러일으킨다.

재닛과 같은 사형수에게 장기이식을 거부하는 까닭이 그들이 저지른 범죄와는 상관없고, 곧 닥칠 처벌이 장기의 기대 수명을 줄이기 때문이라고 주장할 사람이 있을지 모르겠다. 하지만 많은 사법 관

---

* 시애틀의 스웨디시병원 인공신장센터 입원정책위원회의 별명으로, 킹카운티 의사협회가 구성원을 선정했다.
** 하지만 음주 습관 재발과 음주로 인한 간기능상실은 구분하기 어려우며, 많은 병원이 음주로 인한 간기능상실의 경우 이식 순위를 뒤로 미룬다.

할권에서 사형수가 형이 집행되기까지 기다리는 평균 기간은 이식된 장기의 평균 생존 기간보다 길다. 심지어 우수한 의료 지원을 받는 일반인에 견줘도 결과가 다르지 않다.

레예스-카마레나의 경우가 바로 이런 얄궂은 사례다. 사체 기증 신장의 기대 수명은 얼추 13년이다. 1997년에 사형을 선고받고 2003년에 장기이식을 거부당한 레예스-카마레나는 15년이 훌쩍 지난 지금까지도 오리건주에서 사형수로 복역하고 있다.

52

침팬지의 심장을
이식하는 게 어떨까요?

#이종 장기이식   #동물권

태어난 지 5개월이 지난 셜리는 심각한 선천성 심장병을 앓고 있다. 몇 주 안에 심장을 이식받지 못하면 목숨을 잃을 것이다. 그사이 이식할 심장을 확보할 확률은 기껏해야 20퍼센트에 지나지 않는다.

셜리를 담당하는 심장 전문의 웰비 박사가 셜리의 부모인 조지와 거트루드에게 기발한 아이디어를 제시한다. "새끼 침팬지의 심장을 이식하는 게 어떨까요? 한 번도 시도된 적은 없지만, 제 생각에는 시도해볼 만합니다. 확보할 확률이 20퍼센트인 심장을 기다리며 셜리가 죽어가는 모습을 지켜보는 것보다는 나으니까요. 또 성공한다면 과학 분야의 대단한 진전이 될 테고요." 이 이식을 진행하려면 살아 있는 침팬지를 안락사시켜야 한다.

이런 상황에서 침팬지의 심장을 셜리에게 이식하는 것이 윤리적일까?

이종 장기이식

이종 장기이식은 주로 희망으로 시작해 낙담으로 끝난 역사가 주를 이룬다. 투석이나 장기이식을 폭넓게 이용할 수 있기 전인 1963~1964년에 외과의 키스 림츠마Keith Reemtsma가 환자 13명에게 침팬지의 신장을 이식했다. 그 가운데 가장 오래 생존한 환자는 9개월을 살았다.

1964년에는 미국에서 외과의 제임스 하디James Hardy가 죽어가는 환자 보이드 러시Boyd Rush에게 침팬지의 심장을 이식했다. 러시는 수술 2시간 뒤 사망했다(3년 뒤인 1967년, 남아프리카공화국 의사 크리스티안 바너드Christiaan Barnard가 세계 최초로 인간의 심장을 이식한다). 또 토머스 스타즐Thomas Starzl이 1966년과 1969년, 그리고 1974년에 아동 환자에게 침팬지의 간을 이식하려 했지만, 모두 실패했다. 그래도 1992년에 네 번째로 시도한 이종 장기이식에서는 개코원숭이의 간을 이식받은 환자가 70일 동안 생존했다.

가장 유명하면서도 큰 논란을 일으켰던 이종 장기이식 사례는 1984년에 캘리포니아주 로마린다대학교의료원에서 레너드 L. 베일리Leonard L. Bailey가 형성저하성 좌심증후군을 앓는 갓난아이 패Fae에게 개코원숭이의 심장을 이식한 일이다. 패는 21일 뒤 거부 반응으로 사망했다. 이 사건은 동물의 장기를 사람에게 이식하는 데 크게 부정적인 여론을 불러일으켰다.

베일리가 패에게 이식할 인간의 심장을 찾아보지도 않은 채 이종 이식 수술을 집도했으므로, 많은 윤리학자가 이 결정을 강하게 비난했다. 어떤 옹호자들은 이 사례를 1982년에 '영구' 인공 심장을 이식받은 치과 의사 바니 클라크Barney Clark의 사례에 빗댔지만, 많은 생명 윤리학자가 적절치 않다며 비교를 거부했다. 클라크를 담당한 의사들은 위독한 환자에게 적합한 대안을 찾지 못했기 때문에 인공 심장을 사용했다. 클라크는 성인이라 임상 시험에 동의할 능력도 충분했다. 이와 달리, 패를 맡은 의료진은 부모의 허락을 구했을 뿐이다.

저명한 의료학자 조지 애너스George Annas는 그해 〈크리스천 사이언스 모니터The Christian Science Monitor〉에서 "우리는 의사가 사람을 상대로 실험하던 그 옛날로 돌아가고 있는가?"라고 물었다. 기고가 찰스 크라우트해머Charles Krauthammer는 〈타임〉에서 이 수술을 가리켜 "의료윤리를 시험한 희한한 일이다"라고 조롱했다. 베일리가 진화를 믿지 않는다고 대놓고 밝힌 것도 비난을 부채질했고, 그의 신뢰성을 상당히 떨어뜨렸다.

어떤 반대자들은 이종 장기이식이 종의 경계를 훼손하고 인간의 특별함을 위협하므로, 설사 효과가 매우 좋다고 밝혀지더라도 '절대' 윤리적일 수 없다고 주장한다. 동물 권리 옹호자들은 사람을 살리고자 침팬지 같은 고등 유인원을 죽이는 행위를 허용해도 되느냐고 묻는다. 하지만 이종 장기이식에 반대하는 생명윤리학자 대다수가 의문을 제기하는 지점은 이식 과정의 본질이 실험이지 않는가 하는 문제다.

셜리의 사례에서 우리는 반드시 이런 물음을 던져야 한다. 아이가 제때 사람의 심장을 받을 추정 확률 20퍼센트를 침팬지의 심장으로 생존할 미지의 확률과 어떻게 비교할까? 이종 장기이식이 셜리의 부모를 위한 결정인가, 장기이식 전문가를 위한 결정인가, 아니면 사회 전체를 위한 결정인가?

웰비 박사의 설명만 듣고서는 셜리의 부모가 이 이식 수술의 본래 목적이 치료인지 실험인지 파악하기가 어려울 것이다. 의료진은 그렇게 위험하기 짝이 없는 수술에 동의해달라고 요청하기에 앞서, 적어도 이종 장기이식의 암울한 역사를 알려야 마땅하다. 지난 이력을 조금이라도 참조한다면, 웰비 박사가 제안한 수술이 효과가 없어 보일 것이다.

53

머리만 옮길 수 없을까?

#뇌이식   #전신이식

신경외과 의사인 40세 남성 돈은 췌장암 말기를 진단받아 이제 살 날이 몇 달밖에 남지 않았다. 그런데 동료인 팡글로스 박사가 이것이 두 사람이 간절히 바랐던 실험을 실행에 옮길 기회일지 모른다는 말을 꺼낸다. 그 실험은 머리이식이다. 이들의 목표는 돈의 뇌를 포함한 머리를 목 아래가 건강한 인체에 붙이는 것이다.

팡글로스 박사는 두개골을 심하게 다친 환자의 가족을 설득하면 인체를 기증받을 수 있다고 생각한다. 또 여러 분야의 외과의들에게 도움을 받으면 돈의 척수와 혈관을 기증자의 신체에 연결할 수 있다고 믿는다. 수술을 해도 돈이 목 아래가 마비되는 처지가 되고 말 확률이 높지만, 팡글로스 박사는 신경 섬유 일부가 연결되어 재생되리라는 희망을 놓지 않는다. "승산은 아주 낮아. 하지만 대담하고 배짱 두둑하게 조처하지 않으면 자네는 어쨌든 죽잖아." 췌장암만 빼면 더 할 나위 없이 건강한 돈은 수술에 매우 적합한 후보다. 돈과 가족은 이 급진적인 수술을 시도하고 싶어 한다. 비용은 민간 자선단체가 대기로 했다.

이 병원의 윤리위원회는 사상 첫 머리이식 수술을 승인해야 할까?

실험적 이식

뇌이식, 달리 말해 전신이식Whole Body Transplantation은 오랫동안 공상과학소설의 단골 소재였다. 소설이 묘사한 유명한 뇌이식으로는 1927년에 에드거 라이스 버로스Edgar Rice Burroughs가 펴낸《화성의 조종자The Master Mind of Mars》에서 화성인 외과의 라스 사바스가 진행한 연구와, 1970년에 로버트 하인라인Robert Heinlein이 펴낸《어떤 악도 두려워하지 않으리I Will Fear No Evil》에서 조핸 서배스천 바크 스미스라는 환자가 경험한 일이 있다.

하지만 현실에는 그런 수술이 성공하지 못하게 가로막는 단단한 장벽이 있다. 1950년대에 소련에서 블라디미르 데미호프Vladimir Demikhov가 개를 대상으로 여러 차례 진행한 머리이식 실험은 대부분 실패했다. 1970년에는 미국 신경외과의 로버트 J. 화이트Robert J. White(1926~2010)가 머리를 잘라낸 어느 붉은털원숭이의 몸에 다른 붉은털원숭이의 머리를 간신히 이식했지만, 9일 뒤에 머리를 이식받은 원숭이의 면역 체계가 새로 얻은 머리에 거부 반응을 일으키고 말았다. 그래도 그사이에는 이식된 머리가 보고 듣고 냄새를 맡고 맛보고, 심지어 한 연구원을 물려고까지 했다(화이트는 이미 1960년대에 개의 머리를 분리해 다른 개의 혈관에 접합시킨 '머리 둘 달린 개'를 만들어 명성을 얻었다).

비록 주류 의학계가 회의적인 반응을 보이기는 했지만, 2018년에는 이탈리아 의사 세르조 카나베로Sergio Canavero와 중국인 동료 런샤오핑任晓平이 사람의 머리를 이식할 날이 "눈앞에 와 있다"라고 예견했다. 이들은 돈 같은 말기 환자의 목숨을 연장하는 것이 자신들의 목표라고 주장한다.

윤리학자들은 이런 활동에 대부분 냉담한 반응을 보인다. 미국 생명윤리학계의 원로인 아서 캐플런은 〈포브스Forbes〉에 현재의 기술로 뇌이식을 시도한다면 "정신 나간 사람이 틀림없다"라고 적었다. 캐플런은 수술에 쓰는 면역억제제가 심각한 부작용과 위험을 불러올 터라, 그런 약제를 복용하며 사는 삶이 수여자에게 비참함을 안길 것이라고 지적했다. 게다가 이식한 장기가 일으킬 거부 반응이 특히 큰 난관이 되어, 수여자는 아마 느리고도 고통스러운 죽음을 맞을 것이다. 아울러 심각한 심리적 고통을 겪을 가능성도 고려해야 한다.

세계 최초로 손을 이식받은 클린트 할럼Clint Hallam은 '정신적으로 분리된' 느낌 때문에 결국 그 손을 절단했다. 만약 전신이식을 받은 사람이 새로 얻은 몸이 자신과 분리되었다고 느낀다면 어떻게 해야 할까? 따라서 관련 기술이 더 발전하지 않는 한, 척수 신경을 다시 이어 붙일 가망은 매우 낮아 보인다. 돈은 기껏해야 사지가 마비된 상태로 깨어날 것이다.

그러나 이런 우려만큼이나, 머리를 이식하지 않으면 머잖아 돈이 죽을 것이라는 암울한 현실도 외면하기 어렵다. 자기결정권이라는 원칙에 따르면 이것은 어디까지나 돈이 결정할 문제다. 게다가 돈은 신경외과 의사이지 않은가. 어떤 위험이 있는지는 그가 잘 알 것이다.

물론 수술이 끔찍한 결과를 낳을 수도 있다. 돈이 의식을 차려보니 아무런 감각도 느끼지 못하고 의사소통도 불가능한 채 뇌 안에 '갇혀' 있을지도 모른다. 환자가 그런 운명이 수반하는 형벌 같은 고통을 실제로 경험한 적은 없다. 하지만 암울한 결과를 정확히 예측해 대비할 수 있더라도(정말 그럴 수 있을지는 의문이다), 너무나 끔찍해서 누구에게도 위험을 무릅쓴 시도를 허용해서는 안 될 고통은 없는지 물음을 던져야 할 것이다.

54

고환을 없애달라고요?

#화학적 거세   #물리적 거세

52세 작가인 워런은 청년기에 들어선 뒤로 지금껏 미성년인 소년, 소녀와 성관계를 꿈꾸는 성적 환상에 시달렸다. 심리치료를 여러 번 받았지만 충동은 전혀 줄어들지 않았다. 어느 정신과 의사가 호르몬 주사를 이용한 화학적 거세(성충동 약물치료)를 추천했지만, 워런은 이 요법이 뇌졸중을 일으킬 위험을 높인다는 사실을 들었다. 그래서 화학적 거세 대신 지역의 외과의인 허니컷 박사에게 '옛날 방식'대로 거세해달라고 부탁한다. 수술비는 1만 8,000달러인데, 저소득층이라 메디케이드 지원을 받는 워런은 돈이 없다.

허니컷 박사는 외과 수술로 워런의 고환을 제거하는 데 동의해야 할까?

자발적 거세

—

화학적 거세든 외과적 거세든, 최근 들어 의사와 정책 입안자들이 성범죄에서 나타나는 문제인 재범을 막을 수단으로 거세를 새롭게 주목한다. 화학적 거세는 1960년대에 존스홉킨스대학교의 성 연구자 존 머니가 피임 호르몬인 메드록시프로게스테론을 사용해 아동성욕증 환자의 성충동을 줄이는 방법으로 개척했다. 1996년에는 캘리포니아주가 거듭 성범죄를 저지르는 몇몇 범죄자에게 이 요법을 강제하는 법을 도입했다. 1997년에는 당시 텍사스 주지사이던 조지 W. 부시가 미국에서 처음으로 수감자 스스로 외과적 거세를 선택하게 허용하는 주 법령에 서명했다. 그 뒤로 20년이 더 지난 지금, 여러 주가 특정 범죄자에게 거세를 허용하거나 요구하는 법을 제정했다.

이런 법령은 유죄판결을 받은 성범죄자가 계속해서 범죄를 저지를 위험이 있을 때는 형량을 다 채웠더라도 주정부가 병원에 수용할 수 있도록 하는 '치료감호법'과 함께 작용한다. 어떤 범죄자들은 건강하지 않은 욕망을 줄이거나 앞으로 범죄를 저지르지 않겠다는 맹세를 증명할 수단으로 거세를 선택한다. 하지만 이런 법령을 비판하는 사람들은 이 정책이 실제로는 거세를 강요한다고 비난한다. 또한 화학적 거세는 의학적으로 상당한 위험과 부작용이 따르는 문제가 있고, 외과적 거세는 원래대로 되돌릴 길이 없다는 문제가 있다고 꼬집는다.

강제든 자발이든, 화학적이든 외과적이든, 거세와 관련한 윤리를 의미 깊게 평가하려면 효능을 고려해야 할 것이다. 그러나 안타깝게도 여러 연구 자료가 엇갈리는 결과를 보인다. 널리 인용되는 연구 가운데 독일에서 라인하르트 빌레Reinhard Wille와 클라우스 바이어Klaus Beier가 진행한 조사에 따르면, 거세한 성범죄자들은 재범률이 3퍼센트지만, 거세하지 않은 성범죄자들은 무려 46퍼센트였다.

하지만 관련 연구를 분석한 영국의 메리 바커Mary Barker와 로드 모건Rod Morgan은 거세 요법의 효능에 의문을 제기한다. 연구의 방법론에 문제가 있었기 때문이다. 이를테면 어떤 연구자들은 합의에 따른 동성애 관계로 유죄판결을 받은 사람들을 '성범죄자'로 분류해, 명백하게 왜곡된 부적절한 표본을 만들었다. 기존 연구를 광범위하게 검토한 서던캘리포니아대학교의 린다 와인버거Linda Weinberger와 동료들은 "심리 변화를 수반하지 않는다면, 거세만으로는 충동에 쉽게 무너지는 성범죄자의 재범을 낮추기가 쉽지 않다"라고 결론지었다.

이처럼 서로 어긋나는 연구 결과는 이른바 성범죄자의 범행 동기가 다양하다는 현실을 반영하는지도 모른다. 어떤 사람은 아동성욕증에 따른 충동 때문에 성범죄를 저지르지만, 어떤 사람은 분노에 휘둘리거나 불법 약물에 절어 성범죄를 저지른다. 분노나 약물에 따른 범죄는 거세로 수그러들 가능성이 낮다. 워런의 사례에서는 성충동을 줄이는 것이 목적이므로 거세가 도움이 되겠지만, 신체를 되돌릴 길 없이 심각하게 절단해야 한다.

또 워런이 메디케이드 혜택을 받으므로, 우리는 과연 납세자가 워런의 수술비를 내야 하느냐도 결정해야 한다. 워런은 의학적 근거를 들어 수술이 정당하다고 주장할 것이다. 즉 자신의 성충동이 심각한 심리적 고통을 일으키고, 더 안전하고 값싼 대체 요법이 없어 보인다고 강조할 것이다. 아니면 공공의 안녕이라는 명분을 들어 수술을 주장할 수도 있을 것이다.

워런이 50세를 넘긴 지금껏 자신의 환상을 실행에 옮기지 않았으니 앞으로 실행에 옮길 확률이 낮다지만, 혹시라도 실행에 옮긴다면 끔찍한 결과를 낳을 것이다. 그러니 거세 수술로 아동 학대 한 건을 예방할 수 있다면 1만 8,000달러를 들일 가치가 있을 듯하다. 이 비용은 범죄자 한 명을 재판해 교도소에 가두거나 피해자에게 사회적 지원을 제공하는 경제적 비용보다 훨씬 적어 보인다. 하지만 메디케이드 같은 공공보험 적용을 반대하는 사람들은 이런 수술이 대개 공공보험이 부담하지 않는 다른 고비용 시술과 다르지 않다고 반박할 것이다.

55

제 머리에
뿔을 달아줄 수 있나요?

#미용 시술   #신체 개조

매디는 자신이 사는 도시의 신체 개조 사회에서 유명 인사다. 귀, 코, 눈썹을 비롯해 몸 여러 곳에 피어싱을 했고, 문신도 100개는 족히 넘게 새겼다. 그런데 매디가 정말로 하고 싶은 신체 개조는 '공룡처럼 보이도록' 머리에 커다란 유리섬유 뿔을 다는 것이다.

그래서 유명한 성형외과 의사인 더니커 박사와 약속을 잡는다. 매디는 더니커 박사가 외과 수술로 그녀의 두개골에 뿔을 박아주기를 바란다. 비용은 현금으로 치를 예정이다. 이 수술에 위험이 없지는 않다. 어느 정도 위험이 따르는 전신 마취를 해야 하고, 실혈(다량의 혈액이 출혈에 의하여 상실된 상태 - 옮긴이)이나 감염이 일어날 수도 있다. 게다가 이 특별한 수술을 시행한 적이 지금껏 한 번도 없으므로,

예상치 못한 결과가 나올지도 모른다. 망설인 끝에 수술에 동의한 더니커 박사는 소속 병원의 윤리위원회가 수술을 승인하기를 기다리고 있다.

병원 윤리위원회는 이 희한한 수술을 승인해야 할까?

신체 개조

의사들은 언제나 신체 개조와 관련해 복잡한 관계에 놓여 있다. 공중보건의 대변자로서 의사들은 위험한 수술을 규제하는 쪽을 옹호한다. 이를테면 1960년대에 의료계는 문신이 간염을 옮길 위험이 있다는 이유로 문신 금지를 청원했고, 실제로 매사추세츠주가 1962년부터 2000년까지, 뉴욕시가 1961년부터 1997년까지 문신을 금지했다. 하지만 한편으로 의사들은 신체 개조와 관련한 모든 영역을 자신들이 계속 독점하고자 강력한 로비 활동을 벌였다.

1976년에 아칸소주 의료위원회는 자기 가게에서 고객의 귀를 뚫어준 미용사 에드나 힉스Edna Hicks와 법정 다툼을 벌였다. 이들은 귀를 뚫는 행위가 외과 수술의 한 종류이자 의료 시술에 해당하므로, 의사 면허가 있는 사람만 시술해야 한다고 주장했다. 하지만 법원은 여기에 동의하지 않았다. 기념비가 될 이 사건 이후로, '미용 시술'을 수행하는 사람과 '신체 개조'를 수행하는 사람 사이에 독특한 구분이 지어졌다. 이제 미용 시술은 의사 면허가 있는 의료인이 주로 맡고,

신체 개조는 문신시술소에서 주로 맡는다. 하지만 서로 다른 길을 가는 두 세계의 경계에는 아직도 구멍이 많고, 양쪽이 생각하는 경계도 다르다.

또 미용 시술과 의료 시술의 경계를 긋기가 매우 어렵다는 현실도 주목해야 한다. 예컨대 유방절제술에 뒤이은 유방재건술은 반드시 해야 할 의료 시술로 봐야 할까, 아니면 선택에 따른 사치로 봐야 할까? 1998년에 이 논쟁에 뛰어든 의회는 여성 건강 및 암 관련 권리법Women's Health and Cancer Rights Act을 통과시켜, 유방절제술을 보장하는 민영보험사가 유방재건술도 보장하도록 했다. 또 다른 유명한 사건에서 법원은 10대 소년 케빈 샘슨Kevin Sampson에게 얼굴의 신경섬유종 제거 수술을 허용해야 하느냐는 물음을 맞닥뜨렸다. 의사들에 따르면 샘슨의 신경섬유종은 보기에는 흉하지만 목숨을 위협하는 정도는 아니었다. 케빈의 어머니 밀드러드Mildred Sampson는 독실한 여호와의 증인 신자였으므로, 수술에 필요한 수혈에 반대했고 수술이 순전히 미용용이라고 주장했다.

윤리학자와 정책 입안자들이 신체 개조 시술을 규제할 때 가장 다루기 까다로운 문제가 있다. 바로 은밀한 환경에서 진행하면 꽤 위험한데 면허가 있는 의료인들은 아직 크게 관심이 없는 시술이다. 그런 특이한 시술 중 하나가 혀 절개, 즉 혓바닥 가르기다. 혀를 자르거나 지져 두 갈래로 나누는 이 수술을 받으면 갈라진 혀가 때로 제각각 움직이기도 한다. 수술 목적은 미용이나 성적 자극이다. 혓바닥 가르기는 1990년대에 도마뱀맨이라는 별명을 쓴 신체 개조 옹호자가 도

마뱀처럼 혀를 가르면서 유행을 탔다. 이 남성은 구강외과 의사에게 수술을 받았지만, 많은 사람이 병원이 아닌 혀 가르기 전문 시술소에서 수술받는다.

1996년에는 신체 개조의 개척자 더스틴 앨러Dustin Allor가 스스로 혀를 갈라 상당한 주목을 받았다. 하지만 혀 가르기 수술에는 감각 저하부터 상당한 실혈까지 적잖은 위험이 따른다. 엄밀히 따지면 자칫 동맥을 잘랐다가 목숨을 잃을 수도 있다. 그러므로 2004년 일리노이주를 시작으로 여러 주가 구강외과 의사 및 관련 분야 전문의만 혀 가르기 수술을 하도록 규제했다. 하지만 구강외과 의사들이 이런 사업 영역을 대체하겠다고 달려들지 않자 시술 접근성이 떨어졌다. 그 바람에 어떤 곳에서는 시술 규제가 사실은 시술 금지나 마찬가지다.

규제 비판자들은 혀를 가르고 싶은 사람들이 마음을 접기는커녕 은밀하게 수술받으므로, 규제가 도리어 신체 개조 사회의 위험을 '높인다'고 주장한다. 척추 양옆을 따라 고리를 달고 코르셋 리본을 묶는 '코르셋 피어싱', 눈의 공막(안구를 감싸는 흰색 막 - 옮긴이)에 하는 공막 문신도 비슷한 논란을 불러일으킨다.

이 문제에 도덕적 절대주의자의 태도를 보여, 병원이 유방 재건이나 확장뿐 아니라 코 성형, 복부 성형, 주름 제거처럼 상당한 위험을 수반하는 미용 수술을 허용하지 말아야 한다고 주장할 사람도 있을 것이다. 누가 뭐래도 의사들에게는 환자에게 해로운 일을 하지 말아야 할 의무가 있다.

하지만 미용 시술로 얻는 심리적 이득이 이런 시술의 정당성을 뒷받침한다고 인정한다면, 더니커 박사가 매디에게 뿔을 달아주는 계획에 반대하기가 무척 어렵다. 따지고 보면 어느 여성이 유방을 확대하는 것이나 다른 여성이 커다란 유리섬유 뿔을 다는 것이 다를 바 없기 때문이다. 매디가 선택한 외모를 인정하지 않는 것은 횡포일뿐더러, 그 근거가 되는 문화 규범이 쉽게 바뀔 수도 있다. 그런 뿔이 한 세대 안에 귓불 피어싱만큼 흔해지지 않으리라고 어느 누가 장담할 수 있겠는가? 게다가 건강과 안전 관점에서 생각하면, 색다른 미용 시술을 추구하는 사람들이 암시장의 비전문가에게 위험하기 짝이 없는 수술을 받지 않아도 된다는 중요한 이점이 있다.

56

쟤랑 평생
달라붙어 살기는 싫은데요?

#결합쌍둥이   #분리 수술

　　루시와 릴리는 18세가 된 결합쌍둥이다. 언론에 비친 많은 결합쌍둥이와 달리, 둘은 서로 끔찍하게 싫어하는 데다 의미 있는 삶을 바라보는 관점도 도무지 맞는 구석이 없을 만큼 다르다. 루시는 릴리와 딱 달라붙어 살아야 하는 삶이 견디기 어렵다. 무엇보다도, 의사가 되고 싶은 꿈과 다정한 연인을 만나 가정을 꾸리고 싶은 바람에 걸림돌이 될 터이기 때문이다. 루시와 달리 릴리는 종교에 깊이 의존하고, 결합쌍둥이로 사는 운명을 체념하고 받아들인다.

　　그런데 이 쌍둥이에게는 분리 수술을 할 수 있다는 희망이 있다. 의사들은 루시와 릴리가 수술 중 사망할 확률을 각각 15퍼센트로 본다. 적어도 둘 중 하나가 죽을 확률이 거의 30퍼센트라는 뜻이다. 하지만 루시에게는 분리 수술이 그런 위험을 무릅쓸 만한 가치가 있는 일이고, 그래서 법원에 수술 승인 명령을 요청한다. 릴리는 수술에 반대한다.

이 사건에서 판사는 누구 손을 들어줘야 할까?

삶의 질과 생명의 존엄함

—

결합쌍둥이는 꽤 보기 드문 현상이다. 추정에 따르면 결합쌍둥이는 출산 횟수 2만 5,000에서 20만 번당 한 번꼴로 발생한다. 대중은 몸이 달라붙은 채 살아가는 형제자매의 삶에 오랫동안 눈을 떼지 못했다. 19세기에 '샴쌍둥이'로 불렸던 태국인 형제 창 벙커와 엥 벙커Chang and Eng Bunker는 미국인 P. T. 바넘P. T. Barnum의 서커스단과 함께 유랑 공연을 펼쳐 눈길을 끌었다. 같은 시기에 흑인 미국인 자매 밀리 맥코이와 크리스틴 맥코이Millie and Christine McCoy는 '머리 둘 달린 나이팅게일' '세계 8대 불가사의'로 세상에 널리 이름을 알렸다. 사실 미네소타주의 유명한 결합쌍둥이 애비 헨셀과 브리트니 헨셀Abby and Brittany Hensel처럼, 많은 결합쌍둥이가 매우 질 높은 삶을 산다.

역사상 처음으로 결합쌍둥이를 분리한 수술은 10세기에 비잔티움(현재 이스탄불) 의사들이 집도했다. 그 뒤로 의술이 발전한 덕분에 더 복잡한 수술이 가능해졌다. 1957년에는 버트럼 카츠Bertram Katz가 간을 공유한 채 태어난 조니 프리먼과 지미 프리먼Johnny and Jimmy Freeman

을 분리했고, 1987년에는 벤 카슨Ben Carson이 정수리가 붙은 채 태어난 패트릭 바인더와 벤저민 바인더Patrick and Benjamin Binder를 분리했다. 하지만 모든 결합쌍둥이를 분리할 수 있는 건 아니다. 게다가 분리 수술 자체가 상당한 위험을 수반하기 일쑤다. 심지어 한쪽이 사망할 확률이 100퍼센트일 때도 적지 않다. 2000년에 부모가 반대하는데도 영국 법원이 분리 수술을 명령한 몰타 출신의 쌍둥이 조디와 메리Jodie and Mary가 이와 같은 사례였다. 독특하게도 메리는 조디의 심장과 폐에 의존해 살았고, 따라서 조디의 생명을 서서히 잠식하고 있었다. 수술하지 않으면 두 아이 모두 죽고 말 상황이었다.

분리 수술에 중요한 윤리적 물음이 제기된 사례는 2003년 싱가포르에서 수술을 받은 이란인 자매 라단 비자니와 랄레 비자니Ladan and Laleh Bijani다. 이들은 사망하거나 뇌가 손상될 확률이 무려 50퍼센트인데도 수술에 도전했고, 두 사람 모두 수술 중 사망했다. 그나마 이 사례에서는 둘 다 수술을 원했다.

더 까다로운 물음은 한쪽이 수술에 반대할 때다. 이런 딜레마는 현대 생명윤리학의 핵심 갈등, 즉 삶의 질과 생명의 존엄함 사이에서 어떻게 균형을 맞춰야 하느냐를 여러모로 드러낸다. 루시가 생각하기에는 결합쌍둥이로 사는 탓에 삶의 질이 죽을 위험을 무릅쓰고 개선해야 할 만큼 뚝 떨어졌다. 이와 달리 릴리는 삶을 신성하게 여기므로, 굳이 위험을 무릅쓰면서까지 자신의 운명을 개척할 생각이 없다.

이 시나리오에서 나올 만한 판결은 세 가지다. 어떤 판사는 누구도 자신의 의사와 다르게 목숨을 내걸거나 중대한 선택적 수술을 받아서는 안 된다고 주장하며 릴리의 편에 설 것이다. 어떤 판사는 누구도 평생 다른 사람에게 '얽매여' 살라고 강요받아서는 안 된다는 이유로 루시에게 유리한 판결을 내릴 것이다. 그리고 어떤 판사는 사건마다 생존 확률에 따라 사안을 판결할 것이다. 만약 두 사람 모두 살 확률이 99퍼센트라면 많은 판사가 분리 수술을 명령하겠지만, 달랑 1퍼센트일 때는 그렇지 않을 것이다. 물론 생존 확률 몇 퍼센트를 경계로 삼아야 하느냐는 물음에 답하기란 어렵다. 특히 두 사람의 생존 확률이 다르다면 더더욱.

5부

임신·출산에 얽힌 문제들

재 생산과 관련한 의사 결정이 윤리적인지를 따지는 판결은 오늘날 미국에서 가장 격렬한 논란을 불러일으킨다. 1973년 로 대 웨이드Roe v. Wade 사건과 1992년 가족계획협회 대 케이시Planned Parenthood v. Casey 사건으로 대표되는, 낙태* 합법화를 둘러싼 연방대법원의 잇따른 판결은 정치 과정에서 의견이 극과 극으로 갈리는 사건들이었고, 연방 판사 임명과 관련한 '뜨거운 감자'였다. 하지만 이제 임신과 출산을 둘러싼 여러 쟁점은 임신중절 문제와 관련해 아이의

---

* 낙태는 강압으로 인한 행위를, 임신중절은 의학적 행위를 의미한다. 최근에는 여성의 자발적 결정에 따르는 경우 임신중지라는 표현을 사용하기도 하나, 이 책의 맥락에서는 낙태와 임신중절을 적절한 경우에 교차 사용했다.

생명이 언제 시작한다고 봐야 하느냐는, 답이 없을 것 같은 물음을 홀쩍 넘어선다. 이런 쟁점은 용어 자체가 문제인 '비전통적 가족'을 사회가 갈수록 더 많이 받아들이는 과정에서 등장한다.

성 정체성과 성 지향성이 가지각색인 개인과 부부, 연인이 아이를 낳아 기르려 하므로, 윤리 규범과 법 규범도 그에 맞춰 진화해야 한다. 하지만 어떻게 진화해야 할까? 체외수정부터 착상전 유전자 진단까지, 생식과 관련한 대안 기술은 예비 부모에게 힘을 보태고 생식의 자율성을 높이지만, 기술의 한계를 둘러싼 걱정스러운 물음도 제기한다.

나이와 품성에 상관없이 누구나 아이를 낳아 기르도록 허용해야 할까? 유전공학의 혁신 기술을 이용해 아이에게 나타날 형질을 결정하려는 시도를 허용해야 할까? 이런 물음에 답하기란 분명 쉽지 않다. 게다가 눈이 핑핑 돌아가는 속도로 새로운 기술이 출현하니, 윤리학은 언제나 쟁점을 따라잡기에도 충분히 바쁠 것이다.

57

형을 살리려고 저를 낳았나요?

해리엇과 아서에게는 백혈병을 앓는 10대 아들 개리가 있다. 기존 기증자 데이터베이스에서 골수가 일치하는 기증자를 찾지 못하자, 부부는 체외수정으로 아이를 한 명 더 임신하기로 한다. 신기술을 이용하면 골수가 개리와 확실히 일치하는 아이를 낳을 수 있다. 그런데 해리엇과 아서는 이미 40대 후반에 들어선 데다 아이를 한 명 더 키울 준비가 되어 있지 않으므로, 옆집에 사는 젊은 부부에게 아이를 입양 보내기로 한다. 입양 합의서에서 이들은 아이가 골수를 기증할 만큼 자랐을 때 아이를 대신해 양부모가 골수 기증 절차에 동의하기로 한다.

해리엇과 아서가 이런 합의를 맺어도 윤리에 어긋나지 않을까?

구세주 아기

착상전 유전자 진단Preimplantation Genetic Diagnosis; PGD과 사람 백혈구
항원Human Leukocyte Antigen; HLA 검사라는 뚜렷이 다른 두 기술의 발전에
기대, 이제 우리는 '구세주 아기savior sibling'를 만들 수 있다. 착상전 유
전자 진단을 이용하면 착상에 앞서 배아를 미리 선별할 수 있으므로,
아픈 아이의 목숨을 살릴 만한 배아를 골라 착상시킬 수 있다. 또 백
혈구 항원 검사를 이용하면 배아의 조직 적합성을 알 수 있다. 따라
서 이렇게 태어난 구세주 아기는 목숨을 잃을 질병에 시달리는 형제
자매에게 동아줄이 될 조직을 공여할 수 있다.

2001년 시카고에서 유리 베를린스키Yury Verlinsky가 이끈 연구진이
유전질환인 판코니 빈혈을 앓는 환자의 목숨을 살렸다. 착상전 유전
자 진단을 이용해 낳은 아이로 다른 사람의 목숨을 살렸다고 알려진
첫 사례다. 퓰리처상을 받은 언론인 베스 화이트하우스Beth Whitehouse
는 2011년에 〈뉴스데이Newsday〉지 연재 기사를 바탕으로 펴낸《일치
The Match》에서 한 가족이 선천성 적혈구 무형성증인 다이아몬드 블랙
판 빈혈에 시달리는 딸을 살리고자 둘째를 낳으려고 애쓰는 모습을
묘사한다. 조디 피코Jodi Picoult가 2004년에 펴낸 베스트셀러 소설《마
이 시스터즈 키퍼My Sister's Keeper》도 구세주 아기라는 개념을 밑바탕
으로 삼는다. 영국의 인간생식배아관리국Human Fertilisation and Embryology
Authority은 구세주 아기 시술을 허용한다. 미국에서도 구세주 아기 시
술을 널리 이용하는데, 얼마나 자주 시술되는지 확인할 만한 통계는

없다.

구세주 아기에 대한 비판이 없지는 않다. 이 시술에 반대하는 이들은 사람을 특정 목적을 달성할 '원자재'로 이용하는 데 항의한다. 또 이런 '맞춤 아기'가 착상전 유전자 진단을 다른 용도로 사용해 장애를 없앤 배아나 특정 외모를 지닌 배아를 만들 통로가 된다고 주장한다. 하지만 가장 강력한 비판은 구세주 아기의 안녕을 걱정하는 윤리학자들에게서 나온다. 부모들이 이런 아이를 차별하지는 않을까? 아이가 자신을 달갑지 않은 존재로 여기지는 않을까? '실제로' 아이가 달갑지 않은 존재, 즉 애지중지하는 아이를 살리고자 마지못해 만들었을 뿐인 불편한 존재가 되지는 않을까?

영국 신문 〈데일리메일Daily Mail〉은 그런 구세주 아기 중 한 명으로, 형의 목숨을 살리는 것이 자신의 역할이라고 말한 일곱 살 소년 제이미 휘터커Jamie Whitaker의 말을 인용한다. "형을 살리고자 나를 낳았다는 걸 알아요. 오로지 나를 원해서가 아니라요." 이 밖에도 조직이 일치하지 않는 다른 형제자매가 질투나 죄책감을 느낄지도 모른다.

개리의 시나리오에서 해리엇과 아서는 둘째를 낳는 목적을 에둘러 말하지 않는다. 부부는 개리를 살릴 구세주 아기를 원할 뿐, 둘째를 바라지 않는다. 그런데 이웃 부부는 아이를 원한다. 이렇게 보면 여러 공개 입양이나 대리모 임신과 그리 다르지 않아 보인다. 이 사례에서 만약 이웃 부부가 약속을 어겼을 때, 구세주 아기에게 골수를 공여하라고 강제할 수 있을까? 이 문제는 답을 찾기가 어렵다.

구세주 아기가 출산 목적 탓에 심각한 위험을 겪거나 건강에 중대한 영향을 받는다면 논란이 한층 더 복잡해질 것이다. 신장이나 각막을 공여할 기증자로 삼고자 임신했을 때가 그런 예다. 이를테면 한 부부에게 앞을 보지 못하는 아이와 시력이 정상인 아이가 있다고 해 보자. 장애가 없는 아이의 각막을 시각장애인인 아이에게 이식하라고 허용하는 모습은 상상하기가 어렵다. 다행히 해리엇과 아서의 목적인 골수이식에서는 그런 상황까지는 일어나지 않을 듯하다.

사람들은 갖가지 이유로 아이를 낳는다. 어떤 이유는 고귀하고, 어떤 이유는 야비하다. 하지만 예비 부모가 무슨 이유로 아이를 낳는지는 대체로 국가가 들여다보는 사항이 아니다. 구세주 아기를 만들고자 착상전 유전자 진단을 받지는 않는지 동기를 파악하려 한다면 다소 횡포라고 볼 수 있다.

58

농아를 낳고 싶은데요?

#배아 선택   #선택적 유산

짐과 재니스는 미국 중서부의 어느 대도시에 사는 농인 부부다. 재니스는 태어날 때부터 귀가 들리지 않았고, 짐은 두 살 때 수막염을 앓다가 청력을 잃었다. 두 사람은 지역의 농인 사회에서 활발하게 활동한다. 두 사람 사이에는 마찬가지로 귀가 먹은 아홉 살짜리 딸 애비게일이 있다.

둘째를 임신하려던 차에, 재니스가 유전자 검사를 받다가 자신에게 농인 아이를 낳을 확률이 50퍼센트인 유전자 변이가 있다는 사실을 알게 된다. 그 뒤 부부는 체외수정으로 아이를 얻고자 인공수정 전문의를 찾아간다. 그리고 착상전 유전자 진단으로 청력 상실 유전자 변이가 있는 배아를 골라내 하나를 착상시켜달라고 요청한다. 반드시 농인 아이를 낳기 위해서다. 재니스는 이렇게 설명한다. "우리는 농문화를 유지하고 싶어요. 우리 가족에게는 귀가 들리지 않는 것이 활력을 얻는 원천이에요."

의사는 부부가 농아를 낳도록, 들을 줄 아는 배아가 아니라 청력 문제가 있는 배아를 골라 착상시켜야 할까?

생식 기술과 장애

농문화Deaf culture란 저마다 다른 청력 저하나 상실을 겪는 사람들이 공통으로 포용하는 일련의 전통, 사회 규범, 가치관을 가리킨다. 농인 사회에 속하는 많은 사람이 귀가 들리지 않는 것을 전혀 장애로 여기지 않는다. 따라서 자신들의 독특한 문화를 공유할 수 있는 아이를 낳는 것은 짐이 아니라 자산이다. 비슷한 이유로 어떤 부모들은 아이에게 인공 달팽이관 이식 수술을 하지 않겠다고 거부한다.

짐과 재니스의 시나리오에 답을 내놓기 어려운 까닭은 두 사람이 현대의 재생산 기술을 이용해 만들려는 아이의 상태를 농인을 제외한 많은 사람이 '실제로' 장애로 여기기 때문이다. 이들의 선택을 인정한다면, 청력이 멀쩡한 갓난아이를 낳은 농인 부부가 농아를 바라는 마음에 의사에게 아이의 청각 신경을 잘라 귀를 먹게 해달라고 부탁하는 사례와 무엇이 다른지 설명해야 한다. 농인 아이가 될 배아를 만드는 행위와 힘들이지 않고 갓난아이의 귀를 먹게 하는 행위를 도덕적으로 구분하는 것은 조금 자의적이다. 자연 현상에 가까우면 무조건 옳다는 오류에 빠지기 쉬울뿐더러 철학적 근거를 대기가 좀처럼 어렵다. 그런데도 많은 사람이 두 사례에 본능적으로 다르게 반응한다.

법은 아이의 청각 신경을 자르는 시술을 분명히 아동 학대로 본다. 어떤 아이에게 특정 형질이 있어야 좋을지 없어야 좋을지는 누구도 미리 알지 못한다. 그렇다고 아이가 18세가 될 때까지 기다렸다가 청력을 없앨 수도 없고, 반대로 18세가 될 때까지 청력을 차단했다가 그때야 복구할 수도 없는 노릇이다.

2008년에 농아인 딸을 하나 둔 영국의 농인 커플 토마토 리치Tomato Lichy와 폴라 가필드Paula Garfield가 농인 아이를 한 명 더 낳고자 체외수정을 이용해 여러 배아 중 농아가 될 배아를 고르려고 했다. 영국 의회는 여기에 대응해 '2008년 인간수정 및 배아법'을 통과시켜, 재생산 기술을 이용해 '심각한 신체장애나 정신장애'가 있는 배아를 선택하는 행위를 금지했다. 여기서 귀가 들리지 않는 것이 심각한 장애에 해당하느냐는 사람마다 생각이 갈린다(흥미로운 사실이 있다. 리치와 가필드는 결국 옛날 방식으로 둘째 딸을 낳았는데, 운 좋게도 농아였다).

미국에서는 그런 선택을 대체로 규제하지 않는다. 하지만 중증 장애나 중증 질환을 앓을 유전자를 보유한다고 볼 배아를 선택하는 데 동의할 의사가 있으리라고는 상상하기 어렵다. 예컨대 암에 걸릴 위험이 큰 배아를 일부러 착상시키는 의사가 얼마나 있겠는가. 그래도 만약 청력에 문제가 있는 형질을 합법적으로 선택할 수 있다고 사회가 인정한다면, 눈을 멀게 하거나 왜소증을 일으키거나, 어떤 식으로든 아이를 제약할 여러 다른 형질에서도 비슷하게 그런 선택이 정당하다고 주장할 수 있다.

59

배아의 소유주는
누구일까?

#인공수정   #배아 소유권   #출산권

30대 부부인 글렌과 질리언은 체외수정을 이용해 아들 프랭크를 낳는다. 체외수정 과정에서 만들어진 다른 배아 2개는 폐기하는 것이 윤리적이지 않다고 생각해, 얼려서 특수 시설에 보관한다. 아이를 더 낳을지는 아직 결정하지 않았다. 그리고 만약 아이를 더 낳지 않는다면, 배아가 필요한 다른 부부에게 남은 배아를 기증하기로 한다.

결혼 생활 20년째에 접어들었을 때 글렌과 질리언은 쓰라린 이혼을 겪는다. 이제 40대 후반에 들어서 폐경을 겪은 질리언은 남은 배아를 이용해 혼자 아이를 낳고 싶어 한다. 글렌에게는 변호사를 통해 "아이 양육과 관련한 어떤 의무와 지원도 요구하지 않겠다"라고 전한다. 하지만 이미 재혼해 아이를 한 명 더 낳은 글렌은 질리언이 배아를 이용하는 데 동의할 생각이 없다. "나한테 아이는 두 명으로 충분해. 더는 싫다고." 글렌과 질리언은 혹시 이혼한다면 배아를 어떻게 할지를 말로도 글로도 논의한 적이 없었다. 게다가 두 사람이 사는 주에는 이럴 때 적용할 확실한 법률이 없다. 그래서 가정법원 판사가 이 문제를 결정할 임무를 맡는다. 판사는 이 사건에서 "옳은 일을 하겠다"라고 마음먹는다.

판사는 질리언에게 배아를 주라고 판결해야 할까?

배아 관리권

현재 미국에서 냉동 보관된 배아는 100만 개로 추산된다. 배아 보관 기간에 제한을 둔 여러 나라와 달리 미국 법률은 무기한 보존을 허용한다. 누군가는 잠재적 생명으로, 누군가는 소유물로 보는 배아를 어떻게 다뤄야 할지는 난감하기 짝이 없는 문제를 야기한다. 특히 이혼한 부부의 의견이 갈릴 때는 답을 찾기가 더 어렵다. 이런 논란이 미국 전역에서 크게 화제가 된 적이 있다. 2015년, 닉 로엡Nick Loeb은 〈모던 패밀리Modern Family〉에 출연한 소피아 베르가라Sofia Vergara와 파혼했는데, 두 사람이 갈라서기 전에 만들었던 배아 2개의 관리권이 자기에게 있다고 주장하는 글을 〈뉴욕타임스〉에 기고했기 때문이다.

이 분쟁을 평가하는 핵심 요소 가운데 하나는 헤어졌을 때 배아를 어떻게 다룰지를 못 박은 서면 합의서가 있는지다(로엡과 베르가라는 명백히 그런 합의서를 작성했고, 베르가라에게 유리한 내용이었다). 특히 뉴욕을 포함한 몇몇 주에서는 사전 합의서를 존중하지만, 모든 주가 그렇게 할지는 확실하지 않다. 이와 달리 아이 양육권 문제에서는 아이를 마음대로 양도할 수 있는 소유물로 다루지 않으므로, 구속력이 있는 혼전 계약서를 강요하지 못한다. 이런 법적 모호함이 있지만, 현재 인공수정 병원 대다수는 고객에게 그런 합의문에 서명하라고 요구한다.

지금껏 미국 법원이 이 쟁점과 관련해 다룬 사건은 적어도 10건이 넘는다. 이와 관련한 첫 재판인 1992년 데이비스 대 데이비스Davis v. Davis 사건에서 테네시주 대법원은 분쟁 대상인 배아가 사람도 소유물도 아닌 "사람이 될 가능성이 있으니 특별히 존중받을 권리가 있는 잠정적 범주"에 속한다고 판결했다. 이런 재판 대다수는 문제가 된 배아를 착상해 출산하는 데 반대하는 쪽의 손을 들어줬다. 그래도 몇몇 재판에서는 화학 요법 탓에 불임이 된 여성의 손을 들어줬다. 이런 여성들에게는 보관한 배아를 착상하는 것만이 생물학적 부모가 될 유일한 길이기 때문이다.

배아 관리권 분야의 전문가인 변호사 하이디 포스터 거트너Heidi Forster Gertner가 이런 재판에서 어떤 흐름을 찾아냈다. 법원은 연인이나 부부가 미리 작성한 합의서를 대체로 존중하지만, 그런 합의서가 없을 때는 아이를 낳을 권리보다 낳지 않을 권리를 더 지지한다는 것이다. 하지만 한쪽이 생물학적으로 아이를 낳을 방법이 전혀 없을 때는 이런 큰 흐름에서 벗어나 출산권에 우선순위를 두는 판결을 내린다. 그런데 이런 사례에서 구분해야 할 대목이 있다. 누군가가 종교에 자극받아 배아를 다른 사람에게 기증하는 '배아 입양'을 목적으로 배아를 얻으려 한다면, 이는 아이를 직접 기르고자 배아를 얻으려는 것과는 다른 문제다. 사람들은 보관한 배아를 '입양 보내려는' 쪽에 법원이 훨씬 덜 공감할 것으로 생각한다.

글렌과 질리언의 사례에서는 질리언이 다른 방법으로는 아이를 낳을 수 없다는 사실이 분쟁을 판가름할 중요한 고려 사항이 될 것이다. 그리고 비록 질리언이 글렌에게 양육과 관련한 어떤 의무와 지원도 요구하지 않겠다고 밝혔지만, 주 법률에 따라 글렌은 태어날 아이를 부양할 책임을 져야 할 테고, 아이가 생활보장에 의지해야 한다면 책임을 벗어나기가 특히 어려울 것이다.

60

사생활 침해인가,
아동 보호인가?

#임신부 약물검사   #코카인 중독

미국 중서부의 한 주는 코카인에 중독된 산모에게서 태어나는 아이가 늘까 봐 시름이 깊다. 1980년대에 코카인에 노출된 태아를 둘러싼 공포가 크게 일었지만 과장된 측면이 있었다. 그래도 임신부가 코카인을 복용하면 아이가 심각한 선천성 장애를 안고 태어날 위험이 있다. 게다가 코카인을 복용하는 집에서 자란 아이는 폭력에 노출될 위험도 더 크다.

임신부가 코카인을 복용하지 못하도록 막고자, 주정부는 모든 갓난아이의 혈액을 검사해 코카인에 노출되었는지 확인하려 한다. 또 만약 아이의 혈액에서 코카인이 검출되면 아이를 위탁 보호하고 산모는 아동 방치 경범죄로 기소하고자 병원에 검사 결과를 제출하라고 요구한다. 그런데 주에서 요구하는 이런 사항은 법적 구속력이 없으므로 검사 결과를 제출할지 말지는 의사 재량에 달렸다.

의사들은 이런 약물검사 결과를 당국에 제출해야 할까?

임신부의 처신 벌하기

임신부의 활동 중에는 태아의 생명이나 건강에 영향을 미치는 것이 많다. 임신부가 술을 마시면 태아가 지적장애를 일으킬 수 있다. 담배를 피우면 아이가 유산되거나 저체중으로 태어날 수 있다. 흔히 먹는 약이 심각한 선천성 장애를 유발할 수도 있다. 오토바이 운전이나 등산처럼 위험하기 짝이 없는 행동도 태아가 다칠 위험을 높인다. 물론 이 모든 활동은 합법이다. 연방정부는 대체로 임신부에게 다양한 잠재적 위험을 알려 스스로 판단하도록 한다. 이와 달리 일부 주 정부는 임신부가 태아를 다치게 하거나 죽게 한다고 알려진 불법 약물(주로 코카인이다)을 사용했을 때 중형을 선고한다.

2014년에 잡지 〈뉴리퍼블릭〉이 보도한 바에 따르면, 태아를 불법 약물에 노출하는 행위를 아동 학대로 취급하는 주가 16곳이고, 의사가 임신부의 불법 약물 사용을 인지했을 때 신고해야 하는 주가 14곳이다. 몇몇 주는 태아를 코카인에 노출하는 여성을 기소했다. 그런 사례로 가장 유명한 사우스캐롤라이나주는 2001년에 리자이나 맥나이트Regina McKnight라는 여성이 불법 약물을 사용한 뒤 아이를 사산하자

살인 혐의로 기소해 12년 형을 선고했다.

이런 법률을 지지하는 사람들은 해로울 수 있는 약물에 태아를 노출하는 것이 여느 아동 학대와 다를 바 없다고 주장한다. 아닌 게 아니라, 한 살배기 아이에게 코카인을 흡입하게 하거나 헤로인을 주사하는 부모가 있다면, 그런 부모를 기소하는 데 아무도 반대하지 않을 것이다. 사우스캐롤라이나 같은 주에서 시행하는 법의 목적은 아이들이 각종 불법 약물에 노출되어 끔찍한 악영향에 시달리지 않도록 막는 것이다.

하지만 그런 법을 비판하는 사람들은 리자이나 맥나이트 같은 아이 엄마들이 그러잖아도 질병의 한 종류인 중독에 시달리는데, 무력하게 마약을 끊지 못하는 탓에 처벌까지 받는다고 주장한다. 또 이런 법률이 가난한 여성과 소수 인종에게 가장 엄격하게 적용될뿐더러, 중산층과 상류층 산모들에게 비슷한 혐의가 있을 때는 검사들이 걸핏하면 기소 재량권을 방패 삼아 보호한다고도 꼬집는다. 게다가 그런 법이 널리 적용되어 소문이 난다면 검사를 피하고자 산전 관리를 완전히 외면하는 임신부가 생겨날 테니, 법이 태아의 안녕을 도모하기는커녕 도리어 해칠지 모른다고 진심으로 우려하는 목소리도 있다.

주정부가 법을 제정할 권리를 쥐고 있다지만, 재량권이 있는 상황에서 의사들이 법을 준수해야 하느냐는 완전히 다른 문제다. 의사들은 마약 사용자를 신고해 얻을 이익과 그런 폭로가 의사와 환자의 신뢰 관계에 미칠 피해를 저울질해야 한다. 어떤 의사들은 폭로에 그만한 대가를 치를 가치가 결코 없으니, 중독된 산모를 신고하라는 요구에 결코 동의해서는 안 된다고 판단할 것이다. 하지만 어떤 의사들은 눈앞에 보이는 갓난아이의 안녕이 몹시 걱정되어, 길게 봤을 때 의료인의 신뢰에 아무리 큰 영향을 미칠지라도 어떻게든 아이를 보호하기로 마음먹을 것이다.

61

신이 아이에게
젖을 먹이지 말라고 했다고요?

―――

#양육권   #유아 방치   #사이비 종교

정화주의자는 자그마한 종교 분파다. 신도는 얼추 60명이고, 전직 보험 판매원이었다가 자칭 예언자가 된 영적 지도자를 하나부터 열까지 곧이곧대로 믿고 따른다. 이들이 '거룩한 추기경 예하'라 부르는 지도자가 강조하는 교리 가운데 하나는, 신의 계시가 있을 때까지 갓난아이에게 아무것도 먹이지 말라는 것이다. 갓난아이 대다수는 신의 계시를 받는 축복을 누린다. 하지만 더러는 그렇지 못한 아이들도 있다. 그런 아이에게는 젖을 물리면 안 된다.

최근에 정화주의자 산모 세 명이 갓난아이를 굶겨 죽여 재판을 기다리고 있다. 세 산모 모두 주정부에 양육권을 뺏기지 않으려고 아이를 낳자마자 몸을 숨겼다. 주정부는 현재 임신 중인 정화주의자 산모두 명이 낳을 아이의 안전을 걱정한다. 한 명은 임신 6개월이고, 한 명은 7개월째다.

당국은 태어날 아이들을 보호하도록, 이 여성들이 반대해도 아이를 낳을 때까지 교도소 병원에 억류해야 할까?

예방 목적의 구류

미국인들은 아직 범죄를 저지르지도 않은 사람을 예방 차원에서 억류한다는 발상을 대체로 탐탁지 않게 여긴다. 민사상 그런 예방적 구류는 아주 드문 상황에서, 수긍할 만한 이유가 있을 때만 허용된다. 이를테면 형사 피고인이 다시 범죄를 저지를 것 같을 때, 법원은 설사 도주 우려가 없고 아직 유죄판결을 받지 않았더라도 보석을 허가하지 않는다. 또 주에 따라 유죄판결을 받은 성범죄자가 형기를 모두 마쳤을 때도 이들이 여전히 위험하다는 근거로 치료감호법을 계속 적용하기도 한다.

그래도 넓게 보면 범죄를 저지르기도 전에 용의자를 체포하는 것은 미국의 사법 체계가 끔찍하게 싫어하는 조처다. 마찬가지로 윤리학자와 법률 전문가들도 산전 관리를 강요하고자 임신부를 억지로 억류한다는 발상에 반대한다.

하지만 미국에서 적어도 한 주는 태어날 아이에게 위험하다는 판단 아래 임신부를 억류하려 했다. 잘 알려진 2000년 매사추세츠주 사건에서, 검사는 '몸The Body'(언론에서는 이 분파의 본거지 지명을 따 '애틀버러 이단'이라고 비웃었다)으로 알려진 종교 분파의 신도인 레베카 코뉴Rebecca Corneau를 구류 처분하려 했다. 코뉴는 이전에도 갓난아이를 굶겨 죽인 사건에 연루되었는데, 듣자 하니 분파 지도자인 로널드 로비두Roland Robidoux의 명령을 따랐다고 한다. 이런 이유로 지방 검찰청은 태어날 아이의 안전이 몹시 걱정스럽다고 밝혔다. 지방법원 판사 케네스 P. 나시프Kenneth P. Nasif는 임신 기간에 코뉴를 의료 시설에 구류하라고 명령했다.

여성 권리 옹호자들은 이 판결에 곧장 격렬하게 항의했다. 미국임신부지지모임National Advocates for Pregnant Women을 설립한 린 펠트로Lynn Paltrow는 온라인 뉴스 사이트 〈살롱Salon〉에서 이렇게 주장했다. "앞으로 어떤 범죄를 저지를지 모른다고 해서 사람을 구속하지는 않아요. 형사 고발할 증거가 없는데 검사가 의심한다는 이유만으로 재판 없이 사람을 체포하거나 투옥하지도 않고요. 우리 사회에서 그런 일이 벌어져서는 안 돼요." 하지만 항소는 세부 법조항을 근거로 기각되었고, 코뉴는 결국 구류 상태에서 아이를 낳았다. 갓난아이의 양육권은 곧장 주정부로 넘어갔다.

정화주의자의 아이들이 방치되거나 다치지 않도록 보호할 때, 정부는 당연히 제약 수단을 되도록 적게 강제하려고 애써야 한다. 이 여성들이 출산하기 전까지 어디에 있는지 확인하고자 전자 발찌 같은 추적 장치를 사용한다면 정당성을 얻을 수 있다. 또 정황 증거로 볼 때, 주정부가 이 여성들이 출산 뒤에도 아이를 적절히 양육하게끔 관찰 프로그램을 운영해 단속하는 방법을 고려하는 것도 좋을 듯하다. 전면 구류가 다른 수단에 견줘 더 쉽고 비용도 덜 들지만, 윤리학자치고 처음부터 이를 주장할 사람은 찾아보기 어려울 것이다.

사람들은 대체로 자유를 희생하는 조처를 보면 가혹하다는 생각을 떠올린다. 하지만 예방적 구류와 관련해 지금껏 세간의 관심을 가장 많이 받은 재판에서, 적어도 어느 저명한 판사 한 명이 심각한 상황에서는 강제 구금을 실행해야 한다고 판결했다. 어쨌든 예방 목적의 구류는 지금도 의견이 크게 갈리는 이슈다.

62

훔친 정자로 임신을?

#강제 낙태   #정자 탈취

　정신질환을 앓은 이력이 있는 조앤은 인공수정 병원에서 간호조
무사로 일한다. 어느 날 오후, 슈뢰더라는 남성이 병원을 방문해 체외
수정을 할 때 쓸 정자를 채취한다. 그런데 그날 밤 조앤이 정자 보관
소에 몰래 들어가 슈뢰더의 정자를 자기 몸에 집어넣는다. 몇 달 뒤,
임신을 확신한 조앤은 슈뢰더에게 편지를 보내 자신이 어떻게 임신
했는지 설명하고서 아내와 헤어지고 자기한테 오라고 요구한다.

　화가 치솟은 슈뢰더는 변호사를 고용한다. 슈뢰더에게는 손해배
상이 그다지 중요하지 않으므로, 조앤에게 손해배상이 아닌 낙태 소
송을 제기한다. 변호사는 판사에게 이렇게 주장한다. "이 사건은 다
른 사건과 완전히 다릅니다. 한 남성이 섹스한 뒤 후회하는 그런 상

황이 아닙니다. 제 고객과 이 여성은 생판 남입니다. 이런 상황에서 제 고객이 어쩔 수 없이 생물학적 아버지가 되는 것은 온당하지 않습니다." 그러나 구속된 조앤은 낙태가 비도덕적이라고 주장한다.

이 사건의 특이한 상황이 조앤에게 임신중절 수술을 받으라고 명령할 근거가 될까?

강제 낙태

미국에서는 예비 아빠에게 임신중절과 관련한 의사 결정권이 없다. 1992년 가족계획협회 대 케이시 사건에서, 연방대법원은 '배우자 통지'와 '배우자 동의'라는 요구 사항이 헌법을 위배하고 여성의 재생산권을 침해하는 '부당한 부담'이라고 판결했다. 이 판결로 미국의 법률은 대다수 선진 국가의 법률과 같은 궤도에 올랐다(일본과 터키 같은 일부 국가는 지금도 대다수 상황에서 배우자의 허가를 요구한다).

2005년 브루클린 법학전문대학원 교수 마샤 개리슨Marsha Garrison 이 〈뉴욕타임스〉에서 말한 대로, "태아는 임신부의 몸속에 있고 임신부와 분리될 수 없으므로, 임신부의 의사 결정은 아이를 낳을지 말지뿐 아니라 자신의 몸과도 중요한 관련이 있다". 하지만 부권 신장 운동은 남성이 아이 양육과 관련한 비용과 책임을 떠맡기 일쑤라고 지적하며, 임신중절을 결정할 때 아버지도 참여해야 한다고 줄기차게 주장한다.

1998년에 논란을 일으킨 논문 〈남성 임신중절The Male Abortion〉에서 변호사 멜라니 G. 맥컬리Melanie G. McCulley는 남성도 여성과 동등한 임신중절권, 달리 말해 아버지가 되지 않을 권리를 누려 마땅하다고 주장했다. 경제적 책임을 포함해, 아직 태어나지 않은 태아와 관련한 모든 법적 구속력을 단절할 특권을 남성에게도 줘야 한다는 뜻이다.

'남성 임신중절'이라는 대안적 변형어가 인정된다면 어떨까? 혹시라도 임신할 경우 임신중절을 바란다고 남성이 미리 분명하게 밝혔을 때는 성관계 전 계약서에 아이를 낳더라도 남성에게 경제적 책임을 지우지 않겠다는 조항을 넣을 수 있을 것이다. 비판자들은 그런 접근법이 남성의 자율 결정권은 높일지 몰라도 많은 아이가 적절하게 부양받지 못한 채 방치되는 결과를 낳을 것이라고 우려한다.

남성과 여성이 성관계나 성접촉을 한 상황일 때, 법원은 낙태를 강제하거나 남성에게 양육 의무를 면제하라는 요청을 거의 한결같이 거절했다. 언론인 캐시 영Cathy Young이 〈살롱〉에 이런 사건을 몇 가지 열거했다. 이를테면 베이비시터에게 성추행당한 12세 소년을 포함해 의제강간(합의와 상관없이, 성관계에 동의할 수 있는 법적 나이 미만인 상대와 성관계를 하거나 성추행을 하는 행위 – 옮긴이)을 당한 남성 피해자들, 만취 상태에서 강간당한 남성, 성교 뒤 상대 여성이 주사기로 콘돔에서 정자를 빼낸 뒤 몸에 집어넣어 아이가 생긴 남성이 그런 예였다.

마샤 개리슨 교수의 말마따나, 법원은 "성행위를 한다는 것은 아이가 생길 위험을 떠안는다는 뜻이다"라는 태도를 보인다. 조앤이 홈친 정자로 임신한 이 시나리오는 성관계나 사회적 접촉이 전혀 없는 사례에도 똑같은 규칙을 적용해야 하느냐는 물음을 던진다.

드물지만 법원이 낙태를 명령하는 때도 있다. 이를테면 인지장애가 있는 여성들이 의미 있는 동의를 표현하지 못할지라도, 판사가 이들에게 낙태가 가장 이롭다고 판단할 때는 낙태 수술을 명령한다. 2014년에 영국의 한 가정법원은 지능지수가 54인 13세 소녀에게 낙태를 명령했다. 매사추세츠주에서는 크리스티나 L. 함스Christina L. Harms 판사가 조현병을 앓는 32세 여성 메리 모Mary Moe에게 모의 부모가 요청한 대로 낙태를 명령했다(이 판결은 나중에 항소에서 뒤집혔다). 대리모 계약서도 선천성 장애가 있거나 생물학적 부모가 요청할 때는 임신을 중절하라고 요구하는 '낙태 조항'을 삽입할 때가 많다.

2012년 미국 대선에서 밋 롬니Mitt Romney 후보의 아들 태그 롬니Tagg Romney는 낙태에 반대한다고 목소리를 높였으면서도 자신의 대리모 계약에 그런 조항을 집어넣어 악명을 얻었다(태그의 변호사는 나중에 이 결정이 착오였다고 주장했다). 하지만 이런 합의서에는 강제력이 없어 보인다. 대리모 계약을 맺은 커플이 그런 조항을 근거로 돈을 주지 않을 수는 있어도, 대리모가 거부하면 태아를 낙태하지 못할 것이다.

물론 낙태는 죄다 비도덕적이라고 여긴다면, 슈뢰더에게는 낙태를 요구할 설득력 있는 명분이 아예 없다. 하지만 '강제' 낙태만이 나쁘다고 여긴다면, 조앤의 사례는 이런 원칙을 흔드는 보기 드문 예외가 될 것이다. 예를 들어 조앤이 슈뢰더가 애지중지하는 소장품, 이를테면 값비싼 보석을 훔친 뒤 수술로 살갗 아래에 집어넣었다고 해보자. 당신이라면 도둑맞은 물품을 회수하도록 강제 수술을 허용하겠는가? 그렇게 생각한다면, 또한 낙태 자체에 윤리적으로 반대하지 않는다면, 조앤이 낙태가 비윤리적이라고 반대하더라도 슈뢰더한테서 훔친 태아를 되돌려주라고 강제할 강력한 논거가 성립할 수 있다.

63

죽어도 제왕절개수술을
받지 않겠다고요?

#비혼모 #수술 거부권

비키니 전문 모델인 22세 독신 여성 앰버가 혼자 아이를 낳아 키우고 싶다는 생각을 한다. 앰버는 임신을 하고 싶어서 예전 남자친구 여럿과 잇달아 성관계를 맺는다. 마침내 임신에 성공하지만 아이 아빠가 누구인지 모르고 알고 싶지도 않다. 사실, 전 남자친구 누구에게도 임신했다는 사실을 알리지 않는다.

앰버는 의사에게 제왕절개는 절대 하지 않겠다고 못 박는다. 의사가 의료 과정에서 제왕절개가 필요할 때도 있다고 설명하자 앰버가 코웃음을 친다. "제왕절개만 해봐요. 소송을 걸어서 속주머니까지 탈탈 털어버릴 테니까." 그 바람에 여러 산부인과 의사에게 '쫓겨나자' 앰버는 첫 진료를 받을 때는 제왕절개를 거부한다는 말을 꺼내지 않기로 한다. 새 담당의인 챈들러 박사에게는 분만할 때까지 기다렸다가 그때야 제왕절개를 하지 않겠다고 알릴 참이다.

아홉 달째에 들어 분만 예정일을 겨우 며칠 앞둔 어느 날, 안타깝게도 아이가 심각한 합병증을 일으킨다. 당장 제왕절개를 하지 않으면 태아가 죽을 수 있다. 그래도 앰버는 제왕절개에 동의하지 않는다. "흉터가 생기느니 아이가 없는 게 나아요." 지금은 법정 소송으로 끌고 가 판결을 받을 시간이 없다.

챈들러 박사는 앰버의 동의 없이 제왕절개를 해야 할까?

원치 않는 제왕절개

—

의료적으로 필요한데도 제왕절개를 거부하는 여성은 매우 드물다. 인지능력이 멀쩡한 임신부 대다수는 아이가 살기를 바라고, 아이를 살리고자 수술을 받는 등 기꺼이 희생을 감수한다. 그런데 제왕절개는 마냥 안전하기만 한 수술이 아니다. 건강한 여성일 때도 제왕절개로 아이를 낳는 산모의 사망률은 10만 명당 13.3명으로, 자연분만하는 산모보다 세 배나 높다. 그러니 앰버처럼 흉터가 보기 흉할까 걱정하지 않더라도, 예비 엄마라면 목숨을 위협할지도 모를 큰 수술이나 마찬가지인 제왕절개에 당연히 걱정스러운 마음이 들 것이다.

강제 제왕절개에서도 선택적 낙태를 다룰 때와 비슷한 논란이 제기되지만, 많은 평론가가 몇 가지 차이를 언급한다. 분만일까지 태아를 무사히 품는 부담이 만만치 않겠지만, 자신의 의사에 어긋나는 큰 수술을 받는 무게보다는 단언컨대 훨씬 가볍다. 로 대 웨이드 같은 사건에서 임신부의 의도는 대개 태아의 생명을 끝내는 것이었다. 이와 달리 강제 제왕절개 분쟁에서는 많은 임신부가 그저 의료진의 의견에 동의하지 않거나 위험의 기준이 남보다 더 높을 뿐, 아이가 무사히 태어나기를 간절히 바란다. 사실, 의사들이 제왕절개수술을 승인하라고 법정 싸움을 벌였다가 패소해 크게 주목받은 몇몇 사건에서 임신부들은 결국 건강한 아이를 낳았다.

누군가는 앰버의 사례에서 "태아가 죽을 수 있다"라는 말이 사망 확률 60퍼센트를 뜻하는지 99퍼센트를 뜻하는지 물을 것이다. 태아의 발달 단계가 어느 시기를 지났을 때는 사회도 태아의 생명과 관련한 이해 당사자가 된다고 생각한다면, 분만을 앞둔 태아에게 닥친 위험이 얼마나 커야 결정권이 임신부에서 정부로 넘어가는지 기준을 설정해야 한다.

누군가는 앰버가 수술을 거부하는 동기가 문제이지 않냐고 물을지 모르겠다. 그렇다면 앰버가 미용이 아닌 의학이나 종교를 근거로 수술을 거부할 때는 이야기가 달라질까?

이유가 아무리 타당할지라도, 많은 생명윤리학자가 스스로 판단할 줄 아는 환자를 강제로 수술한다는 발상을 못마땅하게 여긴다. 뉴욕 브루클린의 마이모니데스의료원 산부인과 원장 하워드 민코프Howard Minkoff는 스태튼아일랜드대학교병원의 의사들이 자신에게 강제로 제왕절개수술을 했다고 주장한 리낫 드레이Rinat Dray 사건과 관련해 이런 우려를 토로한다. 민코프는 〈뉴욕타임스〉와 한 인터뷰에서 "저는 수술 거부권에 어떤 제약도 없다고 생각해요. 제게는 남의 배에 칼을 댈 권리가 조금도 없어요"라고 말했다. 미국소아과학회와 미국산부인과학회를 포함한 주요 의료단체는 특별한 사정이 없다면 대체로 강제 수술을 만류한다.

이런 난감한 사례에 어떻게 대처해야 할지는 아직 법적으로 합의된 바가 없고, 주마다 법원들이 그야말로 각양각색인 의견을 내놓는다. 예컨대 조지아주와 플로리다주의 판사들은 강제 제왕절개를 옹호하지만, 일리노이주 법원은 내켜 하지 않는다.

64

태아는 누구 소유일까?

#대리출산 #양육권 #인공수정

페리와 퍼트리샤는 행복한 결혼 생활을 이어가는 부부다. 두 사람이 겪는 불운이 하나 있다면, 퍼트리샤가 보기 드문 혈액응고장해를 앓는 탓에 아이를 낳으면 위험하다는 것이다. 아이를 간절히 바란 부부는 약간의 현금과 의료비를 부담하는 조건으로 대리모 델마를 고용한다. 세 사람은 부부가 체외수정으로 만든 배아를 델마가 임신하기로 합의한다. 페리와 퍼트리샤가 사는 주에서는 이런 합의가 법에 조금도 어긋나지 않는다.

그런데 분만일이 얼마 남지 않은 어느 날, 페리와 퍼트리샤가 연쇄 교살범에게 살해당한다. 부부는 자신들이 죽었을 때 누가 아이를 돌볼지 정해놓지 않았다. 퍼트리샤의 가족은 해외에 사는 데다 아이를 기르는 데 관심이 없다. 하지만 페리의 어머니 비어트리스는 아이를 입양하는 데 큰 관심을 보인다. 건강한 사내아이가 태어나자, 비어트리스는 델마에게 아이를 넘겨달라고 요구한다. 델마는 거절한다. "내가 합의한 사람은 '당신'이 아니잖아요. 이 아이를 낳은 사람은 나예요. 페리와 퍼트리샤가 죽고 없으니, 이제 이 아이는 내 아이라고요." 두 사람 모두 공동 양육에는 합의할 생각이 없다.

비어트리스와 델마가 모두 뛰어난 양육자라면, 양육권을 주장할 근거가 더 타당한 쪽은 누구일까?

친부모가 살해되었을 때 대리모의 자격

—

전통적 대리모의 역할은 예비 아빠의 정자와 자신의 난자를 이용해 인공으로 임신하는 것까지를 포함한다. 하지만 오늘날 미국에서 훨씬 더 흔한 인공수정 대리출산에서는 이미 수정된 배아를 대리모의 자궁에 착상시킨다. 이때 배아는 예비 부모의 생물학적 산물일 때도 있고, 정자나 난자 또는 정자와 난자를 모두 기증받아 만든 것일 때도 있다. 그러므로 전통적 대리출산에서는 대리모가 아이에게 유전자를 물려준 생물학적 엄마지만, 페리와 퍼트리샤가 선택한 것처럼 인공수정으로 대리출산할 때는 델마가 아이에게 어떤 유전자도 물려주지 않는다. 따라서 둘 중 어느 방식을 사용하느냐가 법적 권리와 윤리에 상당한 영향을 미친다.

미국에서 첫 전통적 대리출산 계약서는 1976년에 변호사 노엘 킨 Noel Keane이 주선해 작성했다. 1985년에는 처음으로 인공수정 대리출산을 이용한 아이가 태어났다. 그리고 1986년, 킨이 계약을 주선했던 '베이비 M'이라는 갓난아이를 둘러싼 법적 논란을 계기로 대리모 문제가 미국 전역에 알려졌다. 이 사건은 뉴저지에 사는 빌 스턴과 벳시 스턴Bill and Betsy Stern 부부가 메리 베스 화이트헤드Mary Beth Whitehead라는 여성과 전통적 대리출산 계약을 맺으면서 비롯했다. 여자아이 (화이트헤드는 사라, 스턴 부부는 멀리사라는 이름을 붙였다)를 낳은 지 얼마 지나지 않아, 화이트헤드가 아이를 계속 키우겠다는 의사를 확고하게 밝혔다. 2년에 걸친 법정 다툼 끝에, 뉴저지 대법원은 공공 정책에 어긋난다는 이유로 대리출산 계약을 무효로 판결하고, 화이트헤드를 아이 엄마로 인정했다(그래도 '아이에게 최선'이라는 이유로, 양육권은 스턴 부부에게 주었다).

그 뒤로 지금껏 30년 넘는 시간이 흐르는 사이, 주마다 대리출산에 접근하는 방식이 달라졌다. 대리출산에 우호적이라고 알려진 캘리포니아주와 뉴햄프셔주는 돈이 오가는 계약을 허용하지만, 뉴욕주는 돈이 오가지 않는 이타적 대리출산만 허용한다. 대리출산을 가장 못마땅하게 여기는 미시간주는 그런 계약의 실효성을 인정하지 않을 뿐더러, 계약을 체결한 사람에게 무거운 형사 처분을 내린다. 대리출산을 금지하는 나라도 많아, 이런 곳에서는 대리출산에 우호적인 법률이 있는 나라로 이른바 '대리모 관광'을 떠나는 현상이 늘어난다. 2015년에 외국인에게 상업적 대리출산을 금지하기 전까지만 해도,

인도와 태국은 서구 커플이 가장 많이 찾는 목적지였다.

대리모와 예비 부모의 관계가 간단치 않을 때도 있다. 괴롭고 비극적인 상황에서는 문제가 특히 복잡해, 심각한 결손이나 장애가 있는 태아를 어떻게 할지를 놓고 충돌이 벌어지기도 한다. 심각한 기형이 있을 때는 낙태해야 한다는 조항을 대리출산 합의서에 포함할 때도 있지만, 이런 조항에 강제력이 있는지는 분명하지 않다. 2012년에 크게 이목을 끈 사건에서 대리모 크리스털 켈리Crystal Kelley는 1만 달러를 받는 대가로 심각한 기형이 있는 태아를 지우라고 요구받았지만 거절했다. 그리고 끝내 낙태 조항의 강제 집행을 피하고자 코네티컷주에서 미시간주로 달아났다.

2014년에는 영국의 어느 부부가 대리출산한 여자아이에게 몸이 쇠약해지는 유전질환인 선천성 근긴장성 이영양증이 있다는 이유로 대리모에게서 양육권을 건네받지 않겠다고 고집해 언론을 뜨겁게 달궜다. 영국에서는 이런 결정이 완전히 합법이다(부부는 이 아이와 쌍둥이로 태어난 건강한 사내아이는 자기 자식이라고 주장했다).

대리출산을 인정하는 사법 관할권 대다수는 대리출산을 시작하는 순간부터 부모의 모든 권리를 예비 부모에게 부여한다. 대리모는 보통 그런 권리를 유지하지 못한다. 비어트리스와 델마가 얽힌 시나리오에서도, 페리와 퍼트리샤의 죽음이 그런 권리를 바꾸지는 못할 것이다. 부부가 살해되기 전, 비어트리스는 할머니가 되기를 기다리고 있었고, 델마는 보상을 받는 대가로 자신이 낳은 아이를 넘겨줄 계획이었다. 더구나 델마에게 주기로 합의한 보수와 병원비를 페리와 퍼트리샤의 재산으로 치른다면, 아이가 태어나기 전에 부부가 사망했다고 해서 계약이 바뀌어야 한다고 주장하기가 몹시 어렵다.

대다수 주는 사망한 부모가 다른 양육자를 지정하지 않은 한, 가장 가까운 친척에게 양육을 허용하려 한다. 만약 페리와 퍼트리샤에게 살아 있는 가족이 아무도 없다면, 그리고 국가가 아이의 후견인이 되지 않도록 델마가 아이의 양육권을 요청한다면, 문제가 훨씬 더 복잡해진다. 일이 희한하게 꼬이면, 델마가 자신이 낳은 아이를 입양하는 사태가 벌어질 것이다.

65

강제 불임시술을 허용해도 될까?

#자기결정권　　#장애인 불임수술

14세 소녀인 마리아는 중증 지적장애를 앓고 있다. 지능지수는 약 35~40으로 추정된다. 이런 마리아에게는 첫 월경이 워낙 큰 충격이었던지라, 월경 때마다 자신이 피를 흘리다 죽을 것이라고 믿어 생리가 끝날 때까지 몇 시간이고 흐느껴 울고, 침대에서 데굴데굴 구른다. 이런 일이 1년 가까이 다달이 벌어지고 있다.

경구 피임약을 먹는 방법도 있지만, 부모인 헨리와 엘리자는 이 방법을 꺼린다. 이른 나이에 뇌졸중을 일으키는 가족력이 있는데, 경구 피임약이 뇌졸중 위험을 높이기 때문이다. 그래서 마리아가 마음의 평안을 유지하는 데 도움이 되리라는 생각으로, 마리아의 자궁과 난소를 수술로 제거하려 한다. 하지만 유럽과 미국에는 인지장애인에게 오랫동안 가혹하게 불임시술을 강제한 역사가 있다. 마리아를 담당한 모로 박사는 병원의 선배 윤리학자에게 이 사례를 언급하며 조언을 구한다.

모로 박사에게 이 강제 불임시술을 허용해도 될까?

우생학의 역사

정신질환자 강제 불임시술은 미국 역사에 종종 추악하기까지 한 논란을 남겼다. 1907년에 인디애나주가 처음으로 정신질환자 불임시술을 합법화한 뒤로, 1970년대까지 6만 명 넘는 미국인이 자신의 의지와 다르게 불임시술을 받았다. 이 활동은 진심으로 인간을 개선하고자 했던 우생학 프로그램의 일환이기도 했지만, 사실은 허점투성이 과학과 편견에 사로잡힌 인종 의식이 크게 작용했다.

정신질환자 불임시술에서 가장 유명한 사건은 1927년에 벌어진 벅 대 벨Buck v. Bell 재판이다. 버지니아주에 살았던 캐리 벅Carrie Buck이라는 젊은 여성에게 청구된 이 소송에서 미국 연방대법원은 버지니아주의 불임 프로그램이 유효하다고 인정했다. 유명한 대법관 올리버 웬들 홈스 주니어Oliver Wendell Holmes Jr.는 그의 명성에 오점을 남긴 판결문에서 "삼대에 걸쳐 정신박약자가 나왔으면 충분하다"라고 밝혔다. 홈즈는 군 복무에 빗대, "공공의 안녕은 최고의 시민에게 목숨을 요구한다. 그런데도 희생은 거의 하지 않으면서 국력을 해치는 사람들에게 희생을 요구하지 못한다면 이상한 일일 것이다"라고 적었다. 그런데 수십 년 뒤 고생물학자 스티븐 제이 굴드Stephen Jay Gould가 캐리 벅의 불임시술을 둘러싼 정황을 조사해보니, 버지니아주정부의 주장과 달리 벅은 물론이고 벅이 불임시술을 받기 전에 낳은 딸도 지적장애인이 아니었다. 2013년에 노스캐롤라이나주는 강제 불임시술 프로그램의 피해자들에게 수백만 달러를 보상하기로 합의했다.

마리아의 불임시술을 논의할 때는 이런 암울한 역사를 반드시 고려해야 한다. 현대 윤리학자들도 더러는 동의 능력이 없는 환자를 불임시술할 때 환자가 얻는 이득이 비용보다 크다면 이런 아픈 역사가 있더라도 불임시술을 허용해야 한다고 주장한다. 물론 의미 있는 동의를 하거나 아이를 키울 인지능력이 있다면, 결정은 오롯이 당사자의 몫이어야 한다. 하지만 환자에게 그런 인지능력이 없을 때는 환자의 안녕, 또는 환자와 사회의 안녕에 어느 쪽이 이로운지 저울질해 결정해야 한다는 뜻이다. 미국산부인과학회는 정신장애인 불임시술을 무조건 금지하지는 않지만, 환자의 가족 및 보호자와 상의해 결정하라고 제안한다.

그런 접근법을 비판하는 사람들은 설사 특정 상황에 이점이 있더라도 절대 시행해서는 안 되는 의료 시술이 있다고 주장한다. 그리고 대체로 강제 불임시술을 결코 넘어서는 안 될 선으로 분류한다. 다른 사건에서 홈즈 대법관은 "난감한 사건은 악법을 만든다"라는 격언을 인용했다. 얄궂게도 이 격언은 마리아 사건처럼 감정에 휘둘린 극단적 사례에서 불임시술을 허용한다면 더 논란이 큰 사례에서도 비슷한 조처를 할 선례를 남긴다고 꾸짖는다.

그렇더라도 강제 불임시술을 허용해야 할 때가 있다고 생각한다면, 마리아만큼 적합한 사례를 떠올리기도 어렵다. 마리아는 월경 때문에 다달이 극심한 고통을 겪는다. 피임약 같은 다른 가벼운 요법은 마리아의 가족력 탓에 사용할 수 없다. 또 마리아의 부모는 오로지 마리아를 걱정하는 마음에 불임시술을 지지하는 것으로 보인다. 하지만 어쩌나. 다른 여러 사례에서는 훨씬 더 복잡한 사정이 얽히고설켜 있을 것이다.

66

여자아이를 낳으면
돈을 준다고?

어느 부유한 소국에 인구 변화가 불어닥친다. 여아 불법 낙태와 유아 살해가 횡행한 탓에, 성년기까지 생존할 남성 수가 앞으로 20년 안에 여성보다 최대 15퍼센트까지 많아질 것으로 보인다. 이런 현상은 남아 선호 전통과 예비 부모에게 태아의 성별을 알려주는 기술이 결합한 결과다. 나라의 지도자들은 이런 성비 불균형이 사회 불안과 광범위한 불행으로 이어질까 봐 고민이 깊다.

이 문제를 해결하고자 정부는 국가가 지원하는 '정자 선별' 프로그램을 마련하기로 한다. 정자를 선별하면 X 염색체를 지닌 암컷 정자와 Y 염색체를 지닌 수컷 정자를 임신에 앞서 미리 분리할 수 있다. 그런 다음 암컷 정자를 인공수정에 사용해 여자아이를 낳는다. 완벽한 과정은 아니지만, 성공률이 무려 70~80퍼센트다. 이 나라는 여자아이를 낳고 싶은 부부 누구에게나 정자 선별을 무료로 제공하기로 한다. 또 정자 선별을 이용하는 부부에게 지원금으로 1만 달러를 주려 한다.

이 프로그램은 윤리에 어긋날까?

성별 선택 임신

—

역사를 통틀어 많은 예비 부모가 자신들이 선호하는 성별의 아이를 낳고 싶어 했다. 그러나 20세기 전반까지만 해도 이런 부모들이 의지할 만한 도구가 별로 없었다. 영국 학생이라면 누구나 배우듯, 헨리 8세는 아들을 애타게 바랐지만 재생산과 관련한 생물학에 밝지 못했던 탓에 여러 왕비의 목숨을 희생했다. 그러다 마침내 1970년대부터 아이의 성별 구분에 영향을 미칠 다양한 방법이 등장했다. 이런 기술 가운데 맨 처음 나온 것은 개발자인 로널드 에릭슨Ronald Ericsson의 이름을 딴 에릭슨 기법으로, 암컷 정자와 수컷 정자의 헤엄 속도가 다르다는 사실을 이용한다. 성별에 따라 정자를 선별해 인공수정하면, 성공률이 69~75퍼센트에 이른다고 한다.

1990년대에 널리 이용된 착상전 유전자 선별Preimplantation Genetic Screening은 성공률이 훨씬 높지만, 원치 않는 성별의 배아를 파괴해야 하는 문제가 있다. 글렌 스폴딩Glenn Spaulding이 개척한 또 다른 방법은 흐름 세포 측정법Flow Cytometry을 이용해 수정 전에 수컷 정자와 암컷 정자를 분리하므로, 배아를 파괴해야 하는 문제가 생기지 않는다. 이런 선별 임신 기술에 더해 저렴한 초음파 검사 기술이 널리 보급되자, 부모가 태아의 성별을 미리 알고서 원치 않는 성별일 때 낙태하는 일까지 벌어졌다.

어떤 성별을 선호하느냐는 나라와 문화에 따라 사뭇 다르다. 자료에 따르면 미국에서 착상전 유전자 선별검사를 이용하는 부부, 특히 성별 때문에 배아를 검사하는 부부는 여자아이를 더 선호한다. 이와 달리 아시아 여러 지역에서는 사내아이를 선호하는 현상이 나타난다. 경제학자 아마르티아 센Amartya Sen은 이들 아시아 국가에서 성비 불균형이 나타나는 원인이 '사라진 여성', 즉 성별 검사에 따른 낙태나 유아 살해라고 처음으로 알렸다(경제학자 에밀리 오스터Emily Oster가 전개한 다른 가설은 B형 간염이 유행한 탓에 성비 불균형이 나타났다고 보지만, 그리 수긍할 만하지 않다).

부모가 아이에게 선호하는 성별은 그저 개인의 선택이라기보다 사회가 광범위하게 영향을 미친 결과일 수도 있다. 심리학자와 사회학자는 이런 인위적 성비 불균형, 즉 여아 대비 남아의 비율이 부자연스럽게 올라간 인구 구성이 정치 불안정과 폭력으로 이어진다고 본다. 짝을 찾지 못해 가정을 꾸리지 못하는 젊은 남성들의 불만이 커지기 때문이다. 정치학자 밸러리 허드슨Valerie Hudson과 안드레아 덴 보어Andrea den Boer도《헐벗은 가지: 아시아의 남성 인구 과잉이 안보에 미치는 영향Bare Branches: The Security Implications of Asia's Surplus Male Population》

에서 중국의 성비 불균형, 특히 사회적 지위가 낮은 독신 남성이 늘어나는 현상이 국제 안보를 위협할지 모른다고 지적했다.

정자 선별 비판자 중에는 이른바 '자연스러운' 인간 재생산에 끼어드는 활동을 '모조리' 반대하는 사람도 있다. 하지만 많은 윤리학자가 재생산과 관련한 선택이 윤리에 부합하느냐는 맥락에 따라 결정된다고 본다. 예컨대 중국이나 인도에서 정자 선별을 이용해 사내아이를 낳는다면, 기존 성비 불균형을 악화할뿐더러 암암리에 사회 문제를 일으킬 테니 비윤리적이다.

하지만 똑같은 정자 선별 기술을 이용하더라도, 여성이 더 많은 러시아나 홍콩에서 이미 딸을 여럿 둔 어느 가정이 성비 균형을 맞출 목적으로 사내아이를 낳는다면 윤리적 우려를 사지 않을 것이다. 물론 앞에서 제시한 시나리오대로라면, 세상이 이미 인구 과잉과 자원 부족으로 신음하는 마당에 사내아이든 여자아이든 아이를 낳는 사람에게 돈을 주는 게 과연 현명한 정책이냐는 물음이 나올 것이다.

난관을 묶었는데
임신이라니요?

———

#의료 소송   #난관 결찰술

넷째 아이를 낳은 바버라는 난관 결찰술을 받기로 마음먹는다. 남편 올리버도 바버라의 결정을 완전히 지지한다. 수술은 실력 있는 부인과 의사 크레인 박사에게 맡겼다. 수술 뒤 집으로 돌아온 바버라는 안내받은 대로 꼬박 48시간을 기다렸다가, 남편과 다시 왕성한 성생활을 이어간다.

약 5주 뒤, 바버라는 자신이 임신했다는 사실을 깨닫는다. 바버라와 올리버는 낙태가 윤리적이지 않다고 생각하는 사람들이라 꼼짝없이 아이를 낳는 수밖에 없다. 난관 수술을 받은 지 9개월 뒤, 바버라는 사랑스러운 여자아이를 낳는다.

출산 뒤 바버라와 올리버는 크레인 박사를 의료과실로 고소한다.

뜻밖에도 크레인 박사가 실수를 인정한다. "의무기록을 살펴봤더니, 한쪽 난관만 묶었던 것 같습니다." 하지만 부부가 주장하는 손해에는 동의하지 않는다. "임신 기간에 든 비용과 다시 난관 수술을 받는 데 드는 의료비는 제가 부담하겠습니다. 그리고 두 분을 놀라게 한 데도 상당한 보상을 하겠고요. 하지만 솔직히 말해, 두 분의 상황은 제게 수술받기 전보다 조금도 나빠지지 않았습니다. 예쁜 아기도 생겼잖아요. 안 그렇습니까?" 바버라와 올리버는 그 정도 보상으로는 어림도 없다고 주장한다. 이들은 기저귀부터 대학 교육까지 아이를 기르는 데 드는 비용에 맞먹는 꽤 많은 돈을 요구한다.

손해액과 관련해 어느 쪽 주장이 더 일리 있을까?

원치 않은 출산

그동안 사법 제도는 개인들이 상호작용으로 이익을 얻었지만 '약속보다 적은' 이익을 얻었다는 이유로 제기하는 소송과 오랫동안 씨름했다. 그런 사건들은 특히 의료과실에서 흔히 발생한다. 법학 교육에서 손꼽히게 유명한 사건으로, 1973년에 영화 〈하버드대학의 공부벌레들The Paper Chase〉이 다룬 1929년 호킨스 대 맥기Hawkins v. McGee 사건에서도 외과의가 손을 다친 환자에게 '완벽한 손'을 약속했지만 기능만 제대로인 볼품없는 손을 복원한 것이 쟁점이었다. 이 사건을 포함한 많은 사건이 이런 물음을 던진다. 의료 분쟁에서 청구인은 의료진에게 약속받은 내용을 근거로 '기대 이익 배상'을 받아야 할까, 아니면 사정이 얼마나 나빠졌는지를 평가한 실제 손해를 근거로 배상받아야 할까?

이런 쟁점을 특히 해결하기 어려운 사건이 원치 않은 아이를 낳은 부모가 아이를 위해 소송하는 '원치 않은 출산'이나 그렇게 태어난 사람이 직접 소송하는 '원치 않은 삶' 같은 시나리오다. 이런 소송은 의사가 착상전 유전자 선별검사를 제대로 수행하지 않았거나 부주의하게도 태아의 장애를 진단하지 못해 중증 장애아가 태어났을 때 주로 발생한다. 소송에서 양쪽은 아예 이 세상에 존재하지 않는 것에 견줘 심한 장애를 안고 살아가는 삶의 가치를 어떻게 평가하느냐와 같은 복잡한 철학적 물음을 활용한다.

원치 않은 삶을 주장하는 소송은 늦어도 1980년대 초반까지 거슬러 올라간다. 이런 소송으로는 처음인 사건에서, 캘리포니아주의 렌 터핀과 제임스 터핀Wrenn and James Turpin 부부는 작은딸이 농아로 태어나자, 큰딸의 청각장애가 유전이라는 사실을 진단하지 못한 의사들을 고소했다. 법정에서 부부는 만약 자신들이 청력 상실로 이어질 열성 유전자를 보유한다는 사실을 알았더라면, 둘째가 농아로 태어날 위험을 무릅쓰면서까지 아이를 낳지는 않았을 거라고 주장했다(부부가 원고인 둘째 아이를 대신해 소송했으므로, 법리적으로 이 사건은 '원치 않은 삶' 소송이다). 1984년에 뉴저지주에서는 피터 프로캐닉Peter Procanik이라는 아이의 부모가 의사들이 피터의 어머니가 풍진에 걸렸다는 사실을 알아채지 못한 탓에 피터가 선천 풍진 증후군을 안고 태어났다는 근거로 비슷한 소송을 걸어 승소했다.

낙태 비판자들은 더러 이런 소송이 낙태를 합법화한다고 본다. 아예 그런 소송을 금지한다고 못 박는 법령을 제정한 주도 여럿이다. 유타 법원은 선택적 임신중절을 막고자 태아 진단 결과를 '일부러' 알려주지 않는 의사를 주 법령이 보호한다고까지 해석한다. 법학 교수 웬디 헨셀Wendy Hensel은 그런 소송이 장애인 사회에 분열을 일으킬 뿐더러, "모든 장애인을 위협한다"라고 비난했다.

이런 사건에서 손해배상을 어떻게 생각하느냐는 의료과실 제도의 목적이 무엇이라고 보느냐에 따라 다를 수 있다. 만약 손해배상이 피해자를 다시 '온전한' 상태로 되돌리는 길이라고 생각한다면, 바버라와 올리버가 요구하는 거액의 보상금은 그다지 설득력이 없다. 이때는 아이가 아무리 어처구니없는 사정으로 태어났더라도, 배심원들은 건강한 아이의 부모에게 많은 돈을 주라고 판결하지 않는다.

이와 달리 의료과실 제도의 주요 목적이 환자를 대충대충 진료하지 못하도록 부주의한 의사를 처벌하는 것으로 생각한다면, 크레인 박사와 그의 보험사에 보상을 판결할 훨씬 강력한 명분이 될 수 있다. 만약 이 일로 크레인의 보험료가 크게 치솟는다면 크레인은 앞으로 난관 결찰술을 더 신중하게 집도해야겠다고 생각할 것이다.

68

인간을 복제할 수 있을까?

#배아 복제   #DNA 복제

어느 아이비리그 대학교의 저명한 철학 교수였던 노 박사는 그가 주장하는 회의론과 자아 중심 신념을 독실하게 따르는 무신론자 무리를 이끌었다. 노 박사와 추종자들은 그를 복제해 그와 DNA가 완전히 똑같은 후계자를 세우는 데 흥미를 느꼈지만, 인간 복제 기술이 아직 실현되지 않은 때였다. 그래도 노 박사는 언젠가 그런 기술이 개발될 때를 대비해 꼼꼼하게 자신의 DNA 표본을 보존해놓았다. 또 자신을 복제한 배아를 품었으면 좋겠다 싶은 젊은 여성도 몇 명 정해두었다.

마침내 노 박사가 죽었다. 추종자들은 지금도 그의 믿음을 신실하게 따른다. 만약 과학자들이 사람을 복제하는 기술을 개발한다면, 그리고 미리 선정된 여성들 가운데 한 명이 복제 배아를 기꺼이 착상해 낳으려 한다면, 노 박사와 이 추종자들의 바람을 실현하는 것이 윤리적일까?

인간 복제

1932년 올더스 헉슬리Aldous Huxley는 소설 《멋진 신세계Brave New World》에서 인간 복제를 소개했다. 책에서는 '보카노브스키 공정'을 통해, 똑같은 인간을 한 묶음씩 찍어내듯 생산한다. 하지만 1960년대 전까지만 해도 사람을 복제하는 재생산 복제Reproductive cloning가 과학적으로 정말로 가능하다는 전망은 나오지 않았다. 1958년에 영국 생물학자 존 거던John Gurdon이 개구리를 대상으로 세포핵을 제거한 난자에 소장 세포에서 채취한 핵을 이식하는 실험에 성공했다. DNA 구조를 밝혀 노벨상을 받았던 제임스 왓슨James Watson은 1971년에 〈애틀랜틱 먼슬리Atlantic Monthly〉에 '복제 인간으로 가는 움직임'이라는 평론을 실어 이 문제를 정면으로 제기했다. 그리고 마침내 1996년에 복제 양 돌리가 등장해, 포유류를 실제로 복제할 수 있다고 증명했다.

사람을 재생산 복제하는 것이 가능한지는 지금도 논란거리지만, 지금까지는 성공했다고 알려진 시도가 없다. 키프로스 출신인 미국인 생물학자 파나요티스 자보스Panayiotis Zavos가 2004년과 2009년 두 번에 걸쳐 인간 배아를 복제해 착상시켰다고 주장했지만, 증거는 제시하지 않았다. 2005년에는 대한민국 수의학자 황우석이 배아의 줄기세포를 복제했다고 주장했지만, 사기로 드러나 논문이 철회되었다. 영국, 프랑스, 독일을 포함한 약 46개 나라와 미국의 약 15개 주가 재생산 복제를 금지했다. 2009년에 대통령 버락 오바마Barack Obama는 재생산 복제가 "위험하고 몹시 그릇된 일이라, 우리 사회는 물론이고 어느 사회에도 설 자리가 없다"라고 선언했다. 하지만 복제 아이 출산이 아니라 연구나 의료 목적으로 배아를 복제하는 것과 관련한 '치료용 복제Therapeutic cloning' 문제에는 합의하지 못한 탓에, 연방정부가 미국에서 복제를 금지할 길이 막혔다.

사람을 재생산 복제하는 데 반대하는 사람들은 크게 두 범주로 나뉜다. 한 범주는 원칙적으로 복제 행위에 반대하는 학자들로, 재생산 복제가 복제 인간에서든 인류 전체에서든 인간의 존엄을 훼손한다고 주장한다. 이들은 복제를 이용하면 유전자를 제공할 배우자나 연인이 없어도 생식할 수 있으니, 틀림없이 가정생활을 무너뜨릴 것이라고 본다. 또 1998년에 유럽 의회가 복제에 반대해 결의한 내용을 인용해, 모든 인간이 자신만의 유전자 정체성을 지킬 권리가 있다고 주장한다. 게다가 DNA의 원주인에게 조직이나 장기를 제공할 '도구'로 쓰고자 복제 인간을 만들 것이라는 두려움도 드러낸다.

이 진영에서 가장 크게 목소리를 높이는 비판자로는 조지 W. 부시 행정부에서 대통령생명윤리위원회President's Council on Bioethics 위원장을 맡던 리언 카스Leon Kass가 있다. 1997년에 발표한 논문에서 카스는 이렇게 적었다. "우리가 사람을 복제한다는 전망에 역겨움을 느끼는 까닭은 그런 시도가 낯설거나 생소해서가 아니라, 우리가 소중히 여겨 마땅한 무엇을 위반한다는 것을 굳이 따지지 않아도 직감으로 느끼기 때문이다."

다른 범주에 속하는 비판자들은 더 현실적인 이유로 재생산 복제에 반대한다. 이들은 '복제 차별주의clonism'가 나타날 것이라고 주장한다. 그뿐 아니라 다른 복제 포유류가 걸핏하면 질병에 시달리다 단명하듯이, 중증 장애와 질환을 포함해 복제 인간을 위협할 위험이 복제 과정 곳곳에 도사리고 있다고 언급한다. 따라서 이런 난제를 해결하기 전까지는 인간 복제가 위험하고 부당한 실험이라고 강조한다.

인간 복제를 열렬히 지지하는 지식인이 없지는 않다. 이런 옹호자 가운데서도 손꼽히는 옥스퍼드대학교 철학 교수 줄리언 사불레스쿠Julian Savulescu는 복제 과정이 현실적인 건강 문제를 해결해 완벽해진다면, 재생산 복제가 '위대하기 그지없는 과학 발전'이자 '새로운 인간관계가 나타난다는 신호'일 것이라고 주장한다. 또 복제 인간이 결국 여느 인간과 다를 바 없을 테니, 복제 차별주의를 두려워할 필요도 없다고 말한다.

노 박사의 추종자들에게는 이런 현실이 가장 골치 아픈 난제가 될지도 모른다. 복제 인간이 노 박사와 똑같은 DNA를 공유할지라도, 완전히 다른 환경에 영향을 받을 테니 말이다. 달리 말해 복제 인간은 사실상 노 박사가 아닐 것이다.

마지막으로, 인간 재생산 복제가 사회에 크나큰 영향을 미칠 것이라는 두려움이 크게 과장되었을 수 있다는 데 주목해야 한다. 라엘리

안Raëlian(자신을 라엘이라 부르는 클로드 보리롱Claude Vorilhon이 외계인에게 계시를 받았다고 주장하며 만든 종교-옮긴이) 같은 몇몇 소규모 종교 분파를 따르는 사람들이 재생산 복제를 이용하려 하지만, 어느 여론조사에 따르면 우리 대다수는 자신을 복제하는 데 티끌만큼도 관심이 없다.

69

네안데르탈인이
다시 살아난다면?

알프스의 어느 연구진이 빙하에 보존된 채 꽁꽁 얼어붙은 한 네안
데르탈인 남성의 시신을 발견한다. 연구진은 인공수정 전문가의 힘
을 빌려 이 선행인류의 정자에서 DNA를 추출한다. 이들의 바람은 이
남성의 DNA를 호모사피엔스의 정자에 집어넣은 다음, 그 정자 세포
를 인간의 난자와 수정하는 것이다. 그런 배아를 기꺼이 자신의 자궁
에서 키우겠다는 어느 여성 과학자도 이미 뽑아놓았다.

연구진이 이 계획을 계속 밀고 나가도 윤리에 어긋나지 않을까?

선행인류 복제

1996년 7월 탄생한 복제 양 돌리는 동물 복제를 공상과학소설에서 과학적 사실로 바꾸어 놓았다. 그 뒤로 지금껏 연구자들은 돼지, 개, 고양이, 말, 쥐를 포함해 갖가지 동물을 복제하는 데 성공했다. 하지만 사람을 복제할 가능성은 과학적으로 여전히 만만찮은 과제일뿐더러, 많은 사람에게 윤리적 걱정거리다.

얼마 전까지만 해도 앞에서 언급한 네안데르탈인처럼 온전한 세포핵이 아니라 DNA 단편만 존재하는 절멸종을 복제할 기술이 없었다. 하지만 '일정 간격으로 분포하는 짧은 회문 구조 반복 서열Clustered Regularly Interspaced Short Palindromic Repeats', 즉 크리스퍼CRISPR 가위 같은 유전자 도구가 발달한 덕분에, 앞으로는 멸종한 종의 유전자를 현재 살아 있는 근연종에 집어넣어 거의 비슷하게 복제할 수 있을지도 모른다.

유전체 전문가인 하버드대학교 조지 처치George Church 교수는 그런 DNA를 사람의 세포 속에서 재구성한 다음, 침팬지나 '모험심이 매우 강한 인간 여성'에게 착상시켜 낳겠다는 구상을 내놓았다. 처치는 이렇게 네안데르탈인을 복제한다면 인류의 유전자 다양성을 늘리는 이득이 있을 것이라고 주장한다. 그가 이런 주장을 다룬 책《재생: 합성생물학이 자연과 인간을 어떻게 개혁할까Regenesis: How Synthetic Biology Will Reinvent Nature and Ourselves》는 위험에 신중하게 접근하는 과학자들 사이에서 커다란 반발을 불러일으켰다.

설사 네안데르탈인을 복제할 수 있다고 해도, 복제를 실행하겠다는 결정은 윤리 측면에서 뚜렷이 다른 두 가지 우려를 불러일으킨다. 첫째, 선행인류의 배아를 여성 과학자에게 착상하는 쪽을 선택한다면, 연구진은 이런 임신이 이 과학자의 건강과 안전에 어떤 영향을 미칠지 반드시 고려해야 한다. 이런 실험을 지금껏 한 번도 시도한 적이 없으므로, 예측하지 못한 위험과 영향이 나타날지 모른다(주목할 만하게도, 미국 연방정부는 연구를 수행할 때 특별히 보호해야 할 취약 인구로 임신부를 포함한다. 그런데 임신 자체가 실험인 상황에는 기관생명윤리위원회가 어떻게 대처할지 궁금하다). 그러므로 우리는 반드시 이런 물음을 던져야 한다. 이 세상에는 누구도 스스로 의미 있는 동의를 할 수 없을 만큼 크나큰 위험이 있지 않을까?

　두 번째 우려는 사회 전체의 안녕과 관련한다. 새롭게 만들어낸 네안데르탈인이 질병의 원천이 되지 않는다거나 폭력을 휘두르지 않는다고 어느 누가 장담할 수 있을까? 설사 첫 복제 네안데르탈인이 그다지 해롭지 않다고 드러날지라도, 이 실험을 계속 이어가 수백 수천에 이르는 네안데르탈인을 만들어낼 때 이런 생명체가, 또 인간과 네안데르탈인의 짝짓기로 태어난 후손이 어떤 피해를 일으킬지는 아무도 모르는 일이다.

　게다가 앞으로 이런 생명체를 관리할 일련의 법규도 제정해야 한다. 그들을 완전한 인간으로 대해야 할까? 아니면 다른 영장류와 비슷한 동물로 대해야 할까? 그들의 행동에 형사책임을 물어야 할까? 그들에게도 공익을 누릴 자격을 줘야 할까? 네안데르탈인 복제를 어떻게 여기든, 실제로 복제가 일어나기에 '앞서' 이런 물음을 해결해야 한다는 데는 대다수가 동의할 것이다.

마지막으로, 네안데르탈인 복제를 윤리적으로 평가할 때는 복제된 네안데르탈인의 행복을 반드시 고려해야 한다. 여러모로 따져보면 그런 생명체가 외로움, 차별, 다른 온갖 정신질환과 사회 병폐를 겪을지 모른다는 결론에 다다를 것이다. 그러니 그저 우리의 지적 호기심을 채우겠다고 호모사피엔스와 비슷한 고등 영장류를 이 세상으로 끌어들이는 건 문제가 많아 보인다. 하지만 더 수긍할 만한 필요성이 떠오른다면, 예컨대 인간의 유전자 다양성이 줄어드는 바람에 질병 취약성이 증가한다면, 그때는 복제로 얻을 이득을 복제가 일으킬 도덕적 해악과 실제 발생할지 모를 위험에 견줘 면밀하게 저울질해야 한다.

70

동성애자에게는 인공수정을 시술하지 않겠다고요?

#출산권   #동성애자   #의료 거부

30대 초반인 레즈비언 부부 벳시와 트릭시는 체외수정으로 아이를 낳으려 한다. 벳시의 남성 동료 한 명이 정자를 기증하기로 동의했고, 임신은 트릭시가 할 계획이다. 체외수정을 진행할 병원은 '멋진 아이 인공수정병원'이라는 곳으로 정했다. 벳시의 사촌이 추천하기도 했고 업체 평가 사이트인 옐프Yelp에서 무척 높은 평가를 받은 곳이기 때문이다.

면접 약속을 잡은 뒤 병원에 간 두 사람은 자세한 인적 사항 조사서, 건강과 관련한 설문지 같은 기초 서류를 작성한다. 이어서 노련한 산부인과 의사인 히긴스 박사의 진료실로 안내받는다. 그런데 히긴스 박사가 두 사람에게 체외수정을 시술할 수 없다고 말한다. 이성애자가 아닌 부부에게 인공수정을 지원하는 것이 자신의 신앙에 어긋나기 때문이다. "제가 두 분의 시술을 맡는다면 우리 모두에게 부당한 일인 데다, 건강하고 솔직한 의사-환자 관계로 발전하지 못할 거예요." 하긴스 박사는 동료 의사 스터닌 박사가 15분 떨어진 곳에서 우수한 체외수정 병원을 운영하고 있으니 기꺼이 소개해주겠다고 제안한다.

벳시와 트릭시가 동성애자라는 이유만으로, 히긴스 박사의 의료 거부를 허용해도 될까?

성 소수자의 권리

—

지난 40년 동안 사회는 의사들의 종교 자유와 예비 환자의 요구 사이에서 균형을 맞춰야 하는 난제와 씨름했다. 낙태를 합법화한 뒤인 1970년대에 의회는 처치 개정안Church Amendment(민주당 소속 아이다 호주 연방 상원의원이던 프랭크 처치Frank Church의 이름을 딴 법안이다)으로 알려진 법안을 통과시켜, 정부가 의사와 병원에 낙태나 불임시술을 강제하지 못하도록 했다. 당시에는 이 '거부 조항'에 그다지 이견이 없어, 상원 투표를 92 대 1로 통과했다. 그런데 그 뒤로 제안된 '양심 조항'이라는 것을 놓고 몇몇 주에서 충돌이 빚어졌다. 이 조항에 따르면 약사가 처방된 피임약을 조제하지 않겠다고 거부할 수 있어서였다.

여기서 주목할 것이 있다. 병원과 수련의는 반드시 모든 표준 절차를 수행해야 한다는 일반 원칙이 있다. 예컨대 교리에 따라 자신은 무혈 수술에만 참여하겠다는 여호와의 증인 신자에게 외과 레지던트 수련을 허용하거나, 정신질환은 상담으로만 치료해야 하므로 정신과 약물을 처방하지 않겠다는 사이언톨로지 신자에게 정신과 의사 수련을 허용할 리는 없을 듯하다. 하지만 재생산 보건과 관련한 법률(최근에는 자살 방조와 관련한 법률도 마찬가지다)은 이 일반 원칙에서 예외다. 처치 개정안과 뒤이은 코츠Coates 개정안, 웰던Weldon 개정안에 따르면 법안에 포함된 사례일 때는 의사가 특정 의료 서비스를 누구에게도 제공하지 않겠다고 거부할 수 있다. 더 난감한 사례는 의료인이 다른 사람에게는 제공하는 의료를 '특정' 개인에게만 거부하는 상황이다.

벳시와 트릭시가 자신들의 상황을 상품과 서비스 분야에서 발생하는 다른 형태의 차별에 빗댈 수 있을지도 모른다. 이를테면 빵집이 게이 부부에게는 결혼식 케이크를 팔지 않겠다고 거부하거나, 식당에서 흑인 고객에게 음식을 팔지 않겠다고 거부하는 차별 말이다. 하지만 여기에는 주목해야 할 차이가 있다. 빵집 주인과 케이크 구매자 사이에 일어나는 상호 작용은 크게 보아 상업 거래지만, 특히 재생산 보건과 관련한 상황에서 의사와 환자 사이에는 대체로 상호 신뢰와 존경에 근거한 친밀한 관계가 있어야 한다. 주목할 대목은 또 있다. 길거리에서 무심코 어느 빵집이나 식당에 들어가는 사람은 많다. 만약 이때 차별을 받으면 굴욕을 느낄 것이다. 하지만 체외수정 시술을 '충동구매'하는 사람은 드물다. 또 적절한 사전 경고 체계를 마련한다면, 특정 환자에게 의료를 제공하지 않겠다는 병원에 시술을 요청하지 않도록 도울 수도 있다. 하지만 자신의 성적 성향 때문에 의료를 제공받을 수 있는지 병원에 문의해야 한다면, 동성애자에게는 그 자체가 치욕스러운 일이자 열등하다는 낙인이 찍히는 경험일 것이다.

히긴스 박사의 의료 거부 허용과 관련해 어떤 최종 판단을 내리든, 이 사례를 둘 중 하나로 해석할 수 있다는 점을 알아야 한다. 먼저, 종교의 자유나 의료 평등 둘 중 한쪽 손을 완전히 들어주는 포괄적 규칙을 만드는 결정이 나올 수 있다. 이와 달리, 의료 접근권에 실제로 어떤 영향을 미치는지 살펴볼 수도 있다. 히긴스 박사에게 벳시와 트릭시의 체외수정을 시술하라고 강제하면, 레즈비언의 체외수정 접근성이 더 높아질까? 아니면 히긴스 같은 의사들이 아예 체외수정을 그만두는 바람에 동성애자와 이성애자 모두를 다른 전문가에게 내몰아, 결국 모든 사람의 체외수정 접근성이 줄어들까? 이 영역에서 법적 다툼의 여지는 매우 많다.

캘리포니아에서는 레즈비언 여성인 과달루페 베니테스Guadalupe Benitez와 그녀에게 불임시술을 거절한 독실한 의사 두 명이 오랫동안 소송을 벌인 끝에, 캘리포니아주 대법원이 베니테스의 손을 들어줬다. 하지만 다른 주에서는 인공수정 전문가들이 게이와 레즈비언 커플에게 계속해서 의료 제공을 거부하고 있다.

6부

죽음을
둘러싼 문제들

생명윤리 분야는 1960년대와 1970년대에 주로 임종 및 죽음과 관련한 쟁점을 중심으로 점차 학문으로 발돋움했다. 실종되어 죽었다고 간주한 사람이 돌아와 논란이 일었던 적은 있지만(그런 사례로 무척 유명한 인물이 16세기 프랑스의 농민병 마르텡 게르Martin Guerre로, 많은 문학작품과 영화의 주제가 되었다), 그전까지는 생사의 경계가 대체로 뚜렷했다. 어떤 이의 심장이 뛰지 않고 폐가 숨을 내쉬지 않으면, 그 사람이 죽었다고 간주했다.

그런데 1950년대에 인공호흡기가 출현하면서 정의가 복잡해졌다. 인공호흡기는 폐가 스스로 호흡할 능력을 잃은 뒤로도 오랫동안 기계의 힘을 빌려 공기를 들이마시고 내뱉도록 한다. 그래서 이런 질문이 제기되었다. 인공호흡기에 의지해 숨 쉬는 환자를 살아 있다고 볼 수 있을까? 만약 그럴 수 있다면, 기존에 심폐 정지로 판단했던 사망의 기준을 무엇으로 대체해야 할까?

이런 물음을 놓고 전문가들 사이에 토론이 오갔다. 시작은 프랑스의 신경생리학자들로, 이들은 1958년에 처음으로 '혼수상태를 넘어선 상태Coma dépassé'를 정의하려 했다. 가장 주목할 만한 토론은 1960년대에 하버드대학교 의학전문대학원의 전문가 위원회가 '뇌사'와 '비가역적 혼수상태'를 정의한 일이다. 1970년대에는 세간의 이목을 끈 사례들, 예컨대 식물인간 상태였던 젊은 여성 캐런 앤 퀸런Karen Ann Quinlan의 부모가 인공호흡기를 떼어달라고 요청한 일을 계기로 이런 토론이 미국의 가정집으로까지 옮겨갔다. 마침내는 연방정부가 개입해, 1980년대 초반에 한 대통령 위원회가 이 주제로 중요한 보고서를 발표했다.

하지만 안타깝게도, 지금까지 긴 시간이 흐르는 동안 우리 사회는 삶의 마지막과 관련한 여러 윤리 문제에 합의점을 찾지 못했다. 의학은 죽음을 무엇이라 정의해야 할까? 그 기준에 동의하지 않는 환자나 가족에게 어떻게 대처해야 할까? 환자가 고통에 시달릴 때, 의료계는 그들이 삶을 마감하도록 도와야 할까?

71

무엇으로 죽음을 판단해야 할까?

메노파(기독교에서 유아 세례를 부정하는 재세례파의 한 분파로, 국가의 개입을 거부한다 - 옮긴이) 신자인 다섯 살 아이 에녹은 말기 뇌종양 환자로, 지역의 자그마한 병원에 입원해 있다. 상태가 악화해 인공호흡기를 달았지만 얼마 지나지 않아 의식을 잃는다. 의사는 뇌파 검사를 포함한 일련의 검사를 모두 마친 뒤, 에녹의 뇌기능이 완전히 멈췄다고 판정한다. 미국 법에 따르면 이제 에녹은 사망했다.

에녹의 부모인 재러드와 수재나는 뇌사를 믿지 않는다. 메노파의 전통에 따르면, 사람은 숨을 쉴 수 있는 한 죽은 것이 아니다. 재러드는 이렇게 말한다. "당신들 기준에선 에녹이 죽은 사람이겠지요. 하지만 우리 가족에게는 아주 멀쩡하게 살아 있는 사람입니다." 두 사람은 의료진이 언제까지고 에녹을 돌봐야 한다고 주장한다. 병원이 요청을 거부하자, 이들은 에녹을 자기네 집 거실에서 돌보고자 메노파 신자들에게 인공호흡기를 살 돈을 모금한다.

재러드와 수재나가 법적으로는 죽은 에녹을 '생명 유지 장치'에 연결해 집으로 데려가게 허용해도 될까?

죽음의 정의

20세기 전반까지만 해도, 법률 제도 대다수는 '사망'을 심장박동 정지나 호흡 정지 또는 심장박동과 호흡 동시 정지로 정의했다. 그래서 19세기 의사를 상징하는 모습은 시신의 입에 거울을 갖다 대고 혹시라도 입김이 나오는지, 즉 숨을 쉬는지 확인하는 것이었다. 하지만 인공호흡기 같은 호흡 장치가 발달하고 피를 뿜어 주는 심실보조장치VAD가 뒤이어 발명되자 이런 기준에 문제가 생겼다. 죽음을 심폐 기능 정지로 정의하면, 그런 의료 장치에 연결된 동안만큼은 환자가 회복할 예후를 보이지 않거나 뇌기능을 잃었더라도 '살아' 있을 수 있기 때문이다.

1968년에 하버드의학전문대학원의 특별위원회가 보고서에서 비가역적 혼수상태를 정의한 뒤로, 미국에서 '뇌사' 또는 '전뇌사whole brain death'가 사회와 법조계의 호응을 얻었다. 1981년에는 전임 대통령 지미 카터가 지명했던 한 대통령 직속 위원회가 〈사망 정의하기:

사망 정의와 관련한 의학·법·윤리 쟁점 보고서Defining death: a report on the medical, legal and ethical issues in the determination of death〉를 발간해, 연방주들에 '전뇌사'를 사망 기준으로 채택하라고 촉구했다. 대다수 주는 그렇게 했다(또 다른 접근법은 환자의 뇌가 사고능력 같은 '고차' 기능을 유지하는지를 따지지만, 대부분 이 방식을 받아들이지 않았다).

미국인 대다수는 이제 뇌사를 받아들이지만, 소수 문화집단과 종교집단은 새로운 기준을 거부한다. 크게 이목을 끌었던 몇몇 사례가 이를 뚜렷하게 보여준다. 유대교 정통파 신자였던 소년 모드데하이 도브 브로디Mordechai Dov Brody와 독실한 기독교 신자의 아들이었던 제시 쿠친Jesse Koochin의 사례에서, 부모들은 자기네 종교 전통이 받아들이는 심폐 정지 기준을 적용받을 권리를 얻고자 병원과 법정 다툼을 벌였다.

2013년에 캘리포니아주에서 13세 소녀 자히 맥매스Jahi McMath가 수술 뒤 뇌사 선고를 받았을 때는 부모가 딸을 뉴저지주로 옮겼다. 뉴저지가 종교를 근거로 뇌사 기준에서 제외될 권리를 보장하는 2개주 중 한 곳이었기 때문이다.* 자히의 가족은 마침내 2018년에 자히에게서 생명 유지 장치를 떼어냈고, 이에 따라 사망 진단서가 발급되었다.

위 사례에서 핵심 질문은 죽음을 일관되게 판단할 척도가 있어야

---

* 단, 맥매스의 부모는 종교를 이유로 뇌사 선고를 거부한 것은 아니었다. 의료과실로 뇌사 상태에 빠진 맥매스는 '살아 있는 것처럼' 미약한 움직임을 보일 때가 있었기에 부모는 딸을 잃었음을 인정하지 않았다.

하느냐, 아니면 그런 척도에 반대하는 굳은 신념을 지닌 사람들에게 융통성을 발휘해야 하느냐다. 그런데 여기에는 한층 복잡한 문제가 얽혀 있다. 뇌사한 아이에게 계속해서 인공호흡기를 달게 할 만큼 형편이 넉넉한 가정은 거의 없다. 따라서 대개는 메디케어나 민영보험을 거쳐 대중이 그 비용을 고스란히 떠안는다. 게다가 죽음은 산 사람들에게 중대한 영향을 미친다. 뇌사자를 '살아' 있게 하면, 자손들이 적절한 시기에 유산을 상속받지 못하고, 이혼 수당이나 사회보장 연금이 계속 한없이 나간다. 또 살아 있는 배우자가 재혼하는 데도 영향을 미친다.

마지막으로, 그저 생각이 다른 가치관과 그야말로 섬뜩하고 소름 끼치는 가치관의 미세한 경계에 주의를 기울여야 한다. 어떤 사람이 심폐 정지 기준으로든 뇌사 기준으로든 죽었다고 해보자. 만약 이 사람의 가족이 사랑하는 이의 시신을 집으로 가져와 거실에서 썩히려 한다면(질병이 퍼지지 않도록 밀봉한 비닐 가방에 집어넣었다고 치자), 많은 사람이 오늘날의 예법에 어긋나는 방식이라는 근거를 들어 반대할 것이다. 명확히 이해하기 어려운 지점은 왜 시체가 의료 장치에 연결되어 있을 때는 상황이 달라지느냐는 것이다.

72

고통에 신음하는 아이에게
모르핀을 투약해도 될까?

#아동 안락사   #모르핀 투약

프랜시스라는 갓난아이가 치료할 방법이 없는 심각한 유전질환을 안고 태어난다. 이 질환을 앓는 아이는 하나같이 살갗과 세포 조직이 제대로 형성되지 않아 피부가 벗겨지고 몸 곳곳에 상처가 생긴다. 내부 장기도 같은 운명에 시달리다 망가진다. 지금까지 이 병을 앓은 어떤 아이도 6개월을 넘기지 못했다.

의사들은 프랜시스가 통증에 시달리지 않도록 고용량 모르핀을 주사하려 한다. 하지만 프랜시스가 통증을 전혀 느끼지 못할 만큼 모르핀을 주사하면 호흡 횟수가 줄어들어 조기 사망할 확률이 높아진다. 프랜시스의 부모인 일라이와 딜라일러는 이 방법에 거세게 반대한다. 모든 형태의 안락사에 반대하는 독실한 종파에 속해, 안락사와 조력 자살로 죽은 사람은 영혼이 천국에 들어가기까지 남들보다 한참을 더 기다려야 한다고 믿기 때문이다. 일라이와 덜라일러는 의사의 본래 의도가 아이의 생명을 단축하는 것이 아닐지라도, 그런 결과로 이어질지도 모를 모르핀을 주사하는 자체가 윤리에 어긋난다고 생각한다. 일라이는 이렇게 밝힌다. "우리도 아이가 고통에 시달리기를 바라지는 않아요. 하지만 저세상에 아이가 있을 곳을 반드시 마련해주고 싶어요."

의사들은 종교에 근거한 부모의 진심 어린 반대를 무릅쓰고 법원 명령을 확보해 진통제를 투여해야 할까?

어린이 안락사

우리는 대체로 부모에게 어린 자녀를 대신해 의료 문제를 결정할 권한을 준다. 아이 입장에서 최선의 이익에 따라 행동할 사람이 부모라고 생각하기 때문이다. 하지만 부모가 생각하기에 아이에게 이로운 방향이 사회가 생각하는 방향과 어긋날 때는 보통 주정부가 자체 기준을 강제한다. 이를테면 아이가 심각하지만 치료할 수 있는 질병에 걸렸는데 크리스천사이언스 신자인 부모가 약물치료를 반대할 때가 그렇다. 그런데 갓난아이가 더 빨리 죽을수록 낫다는 것이 의사들의 일치된 소견일 때는 '최선의 이익 기준'을 강제하기가 더 난감하다.

네덜란드와 벨기에를 포함한 몇몇 나라에서는 미성년자 안락사를 처벌 대상에서 제외했다. 2005년에 네덜란드 의사 에뒤아르트 페르하헌Eduard Verhagen이 제안한 흐로닝언 규약Groningen Protocol은 회복할 가망도 없이 견디기 힘든 고통에 시달리는 갓난아이의 삶을 어떻게 끝내야 할지 방안을 제시한다. 이런 아이들에게는 대개 모르핀과 미다졸람을 치사량으로 결합해 투약한다.

흐로닝언 규약에서는 부모의 동의가 매우 중요하다. 부모의 반대를 무릅쓰고서까지 아픈 아이의 생을 끝내는 방안에 정치적으로 주저할 사람들도 부모가 동의하면 안락사를 받아들일 수 있을 테니, 부모의 동의는 현실적으로 필수다. 하지만 그렇게 조처하고자 요구하는 부모의 동의는 화학 요법부터 수술까지, 아이에게 최선인 이익이 무엇보다 중요한 다른 의료 시술에 적용하는 기준과 다르다.

두 영역을 구분하는 이유 가운데 하나는 아이를 잃는 경험이 부모에게 어마어마한 충격을 주어서다. 일라이와 덜라일러는 프랜시스의 죽음이 미치는 영향을 안고 살아야 한다. 의사들도 영향은 받겠지만 그 정도는 훨씬 적다. 프랜시스의 삶을 앞당겨 끝내는 조처를 윤리 측면에서 평가할 때는 일라이와 덜라일러에게 미치는 충격도 평가해야 좋을 것이다.

하지만 그런 접근법에는 미끄러운 비탈길로 굴러떨어질 위험이 있다. 예컨대 의식이 없는 성인 환자에게서 생명 유지 장치를 떼는 결정을 내릴 때도 환자가 이전에 드러낸 소망만 고려하기보다 유족에게 미칠 충격까지 평가해야 한다. 그렇다고 '유족 거부권'을 만든다면 환자의 자기결정권을 침해할 위험이 있다.

프랜시스 같은 사례를 논의할 때 윤리학자들은 흔히 모르핀 투약의 '이중 결과double effect'를 말한다.* 모르핀을 투약하는 목적은 통증 조절일 뿐, 죽음은 의도하지 않았거나 피할 수 없는 부수 결과다. 하지만 이런 구분이 철학적으로는 가치가 있을지 몰라도, 일라이와 덜라일러 같은 부모에게 그리 위안이 되지는 않을 듯하다.

---

* 이중 결과의 원칙은 어떤 행동이 선한 결과와 악한 결과를 동시에 발생시킬 때, 이 행동을 할 수 있는 기준을 정한 것이다.

73

감세 혜택을 받기 위해
안락사를 시켜달라고요?

　92세인 코닐리어스는 아내와 사별한 은행가로, 심장기능상실 말기 환자다. 현재 병원에 입원해 인공호흡기를 달고 있는 코닐리어스는 의식이 오락가락하고, 의식이 있을 때조차 심하게 횡설수설한다. 꾸준히 찾아오는 가족들은 코닐리어스에게 깊은 애정을 쏟는 듯 보인다. 코닐리어스는 11월 초부터 쭉 이런 상태다.

　연말이 다가올 무렵, 코닐리어스의 가족이 심장외과 과장인 벤웨이 박사에게 면담을 요청한다. 가족들은 코닐리어스에게서 인공호흡기를 떼어내고 싶다고 말한다. 면담을 하자 이들이 그렇게 요청하는 동기가 뚜렷이 드러난다. 맏아들의 말은 이렇다. "아버지는 어쨌든 돌아가실 겁니다. 이번 달이 아니면 다음 달에요. 하지만 1월 1일 이후에 돌아가시면 그때부터 세법이 완전히 바뀌어서, 재산의 절반이 손주들에게 가지 않고 정부에 귀속됩니다. 아버지는 그런 일을 절대 원하지 않으셨을 거예요." 놀랍게도 코닐리어스의 다른 자녀 6명까지 그가 세제 혜택을 받고자 일찍 죽고 싶어 했을 것이라고 입을 모은다.

재산세 감세 혜택을 받을 목적으로 코닐리어스의 생명 유지 장치를 꺼서 죽음을 앞당기는 것이 윤리적일까?

상속

대다수 사법 관할권은 의료 대리인으로서든 의사 결정 대리인으로서든 가족이 사랑하는 피붙이가 선호하는 임종 방식을 존중하리라고 기대한다. 그러므로 이 시나리오에서 가장 먼저 물어야 할 것은 코닐리어스가 인지능력이 온전할 때 그렇게 요청한다면 병원이 어떻게 대처해야 하느냐다.

흔히들 자살을 시도하거나 생을 끝마치기를 바라는 환자는 당연히 모두 정신에 문제가 있겠거니 생각한다. 사실은 그렇지 않다. 많은 환자가 매우 합리적인 이유로 삶을 적극적으로 끝마치거나 치료를 중단하려 한다. 의료와 관련한 이유도 있을 수 있다. 예컨대 통증이 걱정되고, 존엄성을 잃을까 두렵고, 절망적인 예후에 체념한다면 그런 결정을 내릴 것이다. 하지만 의료와 전혀 상관없는 이유도 있다.

어느 나이 지긋한 여성이 병간호에 드는 돈을 아껴 교회에 기증하거나 손주들의 대학 교육비로 쓰기를 바랄 수도 있다. 불치병에 시달리는 공리주의 철학자가 희귀한 의료 자원을 낭비하지 않기를 바랄 수도 있다.

미국의 모든 주는 정신이 건강한, 즉 정신질환을 앓지 않는 환자가 치료를 중단하겠다고 요구하면 그 아래 깔린 목적이나 동기가 무엇이든 요구를 존중하려 한다. 제한된 조건이지만, 7개 주(오리건, 워싱턴, 캘리포니아, 버몬트, 몬태나, 하와이, 콜로라도)와 워싱턴 D.C.에서는 환자가 삶을 적극적인 방법으로 마감하는 것을 허용한다. 즉 코닐리어스의 정신이 멀쩡하고 상속세를 내지 않고자 생명 유지 장치를 끄려 한다면, 의사들이 그의 요구를 존중해야 한다는 뜻이다(잘 알다시피 죽음과 세금은 피할 수 없다는 말이 있지만, 때에 따라 세금은 피할 수도 있는 것 같다).

이 시나리오에서는 코닐리어스에게 스스로 결정할 능력이 없는 탓에 문제가 더 복잡하다. 엄밀히 말해 코닐리어스의 자녀들은 흔히 그렇듯 그를 대신해 결정하라는 요청을 받았다. 하지만 해가 바뀌기 전에 코닐리어스가 죽으면 더 많은 돈을 상속받을 처지이므로, 분명히 이해관계가 충돌할 가능성이 있다. 그렇다고 그 사실만으로 코닐리어스의 운명을 결정할 기준이 바뀌지는 않는다. 즉 벤웨이 박사는 코닐리어스가 원했을 일을 해야 한다.

그런데 이처럼 이해관계가 충돌하는 동기가 있을 때는 의료인과 법원이 더 설득력 있는 증거, 가족들이 정말로 환자의 소망을 전달하고 있다고 밝힐 증거를 찾으려 할 것이다. 예컨대 환자가 남긴 서류, 평생 보여준 행동, 제삼자가 증언하는 대화가 이런 사례에서 무엇이 적합한 결정인지를 명확하게 드러낼 것이다. 대리인이 환자의 바람을 정직하게 받들지 않는 것으로 보이면, 드물지만 병원 윤리위원회나 법원(사법 관할권에 따라 다르다)이 대리인을 교체하거나 의견을 기각한다.

코닐리어스의 경우가 한낱 가상 사례로 보이지는 않는다. 조지 W. 부시 행정부 시절에 희한한 세법이 제정되어 2009년 12월 31일부터 2011년 1월 1일까지 부유한 미국인에게 상속세가 부과되지 않았다. 그 기간에 죽은 부자들의 유족은 엄청나게 많은 상속세를 아꼈다. 재산 및 신탁 전문 변호사인 앤드루 캐천스타인Andrew Katzenstein이 〈월스트리트저널〉에 밝힌 바에 따르면, 그 시기에 적어도 고객 10명이 의료 위임장에 자신의 대리인이 세법을 근거로 연명치료 여부를 결정해도 좋다는 조항을 넣었다. 한 고객은 의사 조력 자살이 합법인 네덜란드에서 안락사를 시도해도 감세 혜택을 받을 수 있는지까지 물었다. 캐천스타인에 따르면 가능한 선택이었다.

74

오빠가
에이즈에 걸린 적 있나요?

───

#망자의 사생활   #의료정보 보호

지붕 공사 노동자인 50세 남성 몬티는 에이즈를 일으키는 바이러스인 HIV 보균자로, 오랫동안 킬데어 박사에게 치료받고 있다. 하지만 처방받은 HIV 약제를 몇 달 동안 거르기 일쑤더니 끝내는 어느 여름 오후, 일하던 중 숨이 가빠져 폐허탈(허파꽈리 안에 들어간 공기가 급격히 흡수되어 숨 쉬는 데 장애를 일으키는 증상 - 옮긴이) 상태로 병원에 급히 이송된다. 원인은 몬티가 HIV/에이즈를 치료하지 않아 생겼을 비정형 폐렴이었다. 곧바로 의식을 잃은 몬티에게 인공호흡기를 부착했지만, 회복하기에는 예후가 좋지 않다.

몬티의 상태가 악화하자, 킬데어 박사가 치료를 의논하고자 몬티의 피붙이 중 유일하게 살아 있는 여동생 크리스털에게 연락한다. 예전에 킬데어 박사에게 밝힌 바에 따르면, 몬티는 여동생을 사랑해 마지않지만 자신이 HIV 양성이고 정맥주사로 마약을 투약하곤 했다는 사실을 여동생이 모르기를 바란다. 크리스털이 그런 사실을 알면 속상할까 봐 걱정해서였다. 크리스털이 병원에 도착했을 때 몬티는 이미 사망한 뒤였다. 크리스털은 킬데어 박사에게 물었다. "오빠가 정말로 왜 죽었는지 알고 싶어요. 진실을 알아야 마음이 편할 것 같거든요. 건강한 중년 남자가 폐렴으로 급사하지는 않잖아요. HIV나 에이즈에 걸렸던 건 아니죠? 그렇죠?" 크리스털은 몬티의 의료 기록을 보여달라고 요구한다.

킬데어 박사는 크리스털에게 몬티가 HIV 보균자였다고 사실대로 말해야 할까, 아니면 몬티의 의료 기록에서 그 내용을 없애 사실을 감춰야 할까?

죽은 사람의 사생활

—

오랫동안 의사들은 환자가 무덤에 들어간 뒤에도 어느 정도는 환자의 비밀을 지켜야 할 윤리적 의무가 있다고 인식했다. 그러지 않으면 많은 환자가, 특히 생의 마지막 단계에 있는 환자가 생명을 더 연장할 수도 있는 대단히 중요한 정보를 의사에게 알리지 않을 테니 말이다. 이 원칙은 1996년에 제정된 건강보험 양도 및 책임에 관한 법으로 성문화되어 환자의 비밀이 영원히 지켜지도록 못을 박았다. 하지만 그 뒤로 법이 수정되어 환자의 의료정보 보호 기간이 50년으로 바뀌었다. 많은 주 법률도 의료 비밀을 사후까지 보호한다.

하지만 '비밀 보장'과 '사생활 보호'는 반드시 구분해야 할 개념이다. 사생활권은 일지에 기록했거나 성직자와 나눈 정보를 '누구도' 보지 못하게 하는 권리이지만, 비밀 보장은 그런 정보에 접속할 합법적 이해관계가 있는 사람에게 정보공개를 허용한다. 이를테면 환자를 치료하는 다른 의사, 건강보험사, 특정 정부 기관이 정보를 참조할 수 있다. 대다수 사법 관할권에서는 대체로 환자의 살아 있는 대리인, 즉 가장 가까운 핏줄이나 의료 결정 집행인에게 환자의 의무기록을 관리할 권한을 준다. 관리권이 있는 대리인은 환자의 의료정보에 접근하고 그 정보를 다른 사람과 공유할 수 있다.

자신의 의료정보를 유족에게 숨길 권한을 환자에게 준다면 자기 결정권과 자율권을 최대로 높이는 데 도움이 될 것이다. 어떤 비판자들은 몬티가 법적 절차를 밟아 여동생이 자신의 의무기록에 전혀 접근하지 못하도록 막을 수 있었는데도 그렇게 하지 않았다고 주장할 것이다. 몬티는 예컨대 제삼자를 의료 집행인으로 지정해 자신의 의료정보를 크리스털과 공유하지 말라고 서면으로 지시할 수 있었다. 그런 조처는 많은 주에서 합법이며 구속력이 있다.

하지만 그 정도로 철저하게 조처하려면 평범한 환자에게 기대하기에는 지나치게 높은 선견지명이 있어야 한다. 게다가 몬티에게 크리스털이 의무기록에 아예 접근하지 못하도록 차단하라고 요구한다면, 크리스털이 괴로워하지 않게 하려는 몬티의 최종 목적에 어긋난다. 미국의사협회의 윤리법사위원회Council on Ethical and Judicial Affairs는 환자가 생전에 요청했던 비밀 보호 수준을 최대한 준수하라고 의사들에게 촉구한다.

물론 마음을 단단히 먹은 유족에게 정보를 숨길 방법을 찾기란 어려울 것이다. 몬티의 의무기록에서 치료제 목록을 없애면 어떨까? 몬티에게 폐렴을 일으킨, 주로 에이즈와 관련되는 세균의 이름을 바꿔놓으면 어떨까? 크리스털이 의무기록에 접근하지 못하도록 아예 차단한다면 법에 어긋날 것이다. 설사 합법이더라도, 그렇게 했다가는 틀림없이 몬티의 의도에 어긋날 것이다. 크리스털에게 최악의 의심만 유발할 테니 말이다. 아니면 크리스털이 몬티가 원래 건강했는데 치료가 충분치 못해 죽었다는 엉뚱한 결론에 이르러, 근거 없는 의료소송을 제기할지도 모른다.

환자가 위독하지만 아직 죽지는 않았을 때는 훨씬 더 난감한 상황이 벌어진다. 이런 사례에서는 의료 대리인 역할을 맡은 가족 한 명이 환자를 대신해 의료 결정을 내려야 할 때가 많다. 그런데 그 사람이 상황을 잘 알고 결정하려면 환자의 질병과 관련한 정확하고 포괄적인 정보를 알아야 한다. 이렇게 환자가 바랐던 비밀 보호 수준이 환자의 건강과 정면으로 충돌하는 상황이라면, 특히 불충분한 정보 탓에 의료 대리인이 위험한 결정을 내리려 한다면, 의사는 정보를 비밀로 유지하고 싶은 마음이 들지 않을 것이다.

75

재난 상황에서
의사 조력 자살을 용인해도 될까?

#의사 조력 자살   #긴급 의료 규칙

대형 허리케인이 미국 동남부 해안의 반도에 자리 잡은 어느 중소 도시를 덮친다. 시에서 가장 큰 병원은 전기와 통신망이 끊겨 외부와 완전히 차단된다. 사나운 바람이 건물을 강타한 뒤 폭풍이 수그러들자 병동 온도가 섭씨 32도까지 오른다. 직원 대다수가 임시변통으로 만든 뗏목을 타고 병원을 떠나고, 애비게일 바틀릿 박사와 몇 안 되는 간호사만 남아 20명 넘는 중환자실 환자를 보살핀다. 바틀릿 박사가 알기로는 48시간 뒤면 예비 발전기의 전력이 바닥나, 환자들을 지탱하는 생명 유지 장치 대다수가 멈춰 선다.

환자 중 한 명인 실비아는 사지가 마비된 여성으로, 인공호흡기가 있어야만 살 수 있다. 실비아가 바틀릿 박사를 불러 이렇게 말한다.

"나는 일흔둘이나 먹었고, 만족스러운 삶을 살았어요. 선생님도 나도 알다시피, 이 장치들은 결국 멈춰 설 테고 그럼 나는 고통스러운 죽음을 맞겠죠. 내가 지금 바라는 것은 존엄을 지키며 편안하게 눈감을 수 있는 치사량의 모르핀이에요."

이 주에서는 의사 조력 자살이 불법이다. 바틀릿은 이 사실을 알면서도 실비아의 요청을 받아들인다. 그리고 실비아는 죽는다. 그런데 2시간 뒤, 남은 환자들을 대피시키고자 주 방위군이 도착한다. 물론 발전기는 아직 멈춰 서지 않았다.

바틀릿 박사가 윤리적으로 행동했다고 볼 수 있을까?

의사 조력 자살

—

결정 능력이 있는 성인이 의사의 도움을 받아 스스로 삶을 끝내는 것을 허용해야 할까? 만약 그렇다면 어떤 상황에서 허용해야 할까? 미국에서 '조력 죽음'을 허용하는 사법 관할권은 대체로 말기 증상을 보이고 오랫동안 끊임없이 반복해 조력 죽음을 요청한 경우로 대상을 한정한다. 하지만 주목적이 고통이나 통증을 줄이는 것이라면 의사들이 생명을 단축할 약물을 처방할 수 있다. 이 예외를 '이중 결과 원칙Doctrine of Double Effect'이라 부른다.

바틀릿이 사는 주에서는 의사 조력 자살이 불법이니 형사 고발을 당할 것이다. 법원이 다뤄야 할 핵심 질문은 바틀릿 박사에게 실비아를 죽일 의도가 있었느냐, 아니면 구조대가 올 때까지 실비아의 통증을 줄이고자 모르핀으로 실비아를 진정시켰느냐. 윤리적 분석 관점에서는 폭풍우에 파괴된 고립된 병원이라는 상황에서 실비아가 정말로 상황을 정확히 판단해 스스로 결정했느냐는 물음도 던질 수 있다.

이 시나리오가 던지는 둘째 물음은 얼마나 긴급한 상황일 때, 이를테면 얼마나 많은 사상자가 발생할 때 일반적인 의료 규칙에 예외를 허용하느냐. 역사적으로 볼 때 '긴급피난Doctrine of Necessity'을 기꺼이 받아들인 윤리 규범이 더러 있었다. 긴급피난에서는 다른 상황에서라면 용납할 수 없는 행동일지라도 더 큰 범죄나 부도덕한 행위를 막을 수 있다면 허용해야 한다고 주장한다. 이를테면 1820년에 난파한 포경선 에섹스(소설《모비딕Moby-Dick》에 영감을 줬다)와 1884년에 난파한 요트 미뇨네트에서 살인과 식인 행위에 의존해 살아남은 사람들이 이런 근거로 자신들의 행위를 정당화했다.

하지만 긴급피난이 재난 상황에서 고통을 막고자 자살을 조력할 명분이 될 수 있는지는 윤리학자 사이에서 의견이 갈린다. 2005년 여름에 허리케인 카트리나가 남긴 후유증에 시달리던 뉴올리언스주 메모리얼의료원에서는 의사 애나 푸Anna Pou의 지시를 받은 직원들이 대피할 수 없는 환자들에게 모르핀 같은 진정제를 치사량으로 섞어 주사했다. 푸는 환자들의 고통과 통증을 줄이고자 약물을 주사했다고 주장했고, 동료들도 존경받는 의사인 푸를 옹호했다. 푸는 나중에 살인 혐의로 기소되었지만, 대배심이 기소를 거부했다. 그 뒤로 푸는 비상 상황에서 발행한 의료인의 예외적 행동을 민사 면책하게끔 루이지애나주 법을 수정하는 데 한몫했다. 메모리얼의료원에서 벌어진 선택을 비판한 언론인 셰리 핑크Sheri Fink는 이 이야기를 다룬 보도로 퓰리처상을 받았고, 나중에는 이를 주제로 《재난, 그 이후Five Days at Memorial》라는 책을 펴냈다.

의료 언론인 어맨다 샤퍼Amanda Schaffer는 〈뉴요커New Yorker〉에 이렇게 적었다. "고립된 의료인은 객관성을 잃기 쉽다. 그래서 변화하는 사실이 아니라 자신이 느끼는 암울한 두려움을 근거로 결정하기 시작한다." 피할 수 없어 보이는 이 문제를 피하는 한 방법은 대규모 재난 상황에서 의료 행위에 적용할 명확한 규칙을 미리 마련하는 것이다. 하지만 극단적 상황을 마주했을 때 그런 규칙을 어기는 쪽이 윤리적 행동 방침을 반영한다는 생각이 든다면 의사들은 계속 규칙을 어길 것이다.

76

죽은 약혼자의 정자를 달라고요?

#사후 정자 채취   #인공수정

필릭스와 세이디는 약혼한 사이다. 그런데 어느 날 필릭스가 자기 건물의 승강기 통로에 떨어져 크게 다친다. 의사들은 필릭스의 유일한 친척인 삼촌 루퍼스와 세이디에게 필릭스가 살아나지 못할 것이라고 알린다.

세이디와 필릭스는 결혼하자마자 아이를 가질 계획이었다. 세이디는 죽어가는 남성의 아내가 임신하려고 남편의 정자를 채취하던 텔레비전 프로그램을 떠올리고, 자신도 그렇게 할 수 있는지 묻는다. 루퍼스는 단호하게 반대한다. "필릭스가 아이를 원한 것은 틀림없습니다. 하지만 '자연스러운 방식으로' 태어난 아이를 원했어요. 아빠가 있는 아이요. 죽은 뒤에 아이 아빠가 되는 데는 절대 동의하지 않았을 겁니다." 여기서 하나 짚고 넘어가자면, 필릭스와 세이디가 아직 결혼하지 않았으므로 루퍼스는 필릭스의 재산을 물려받을 유일한 상속인이다. 필릭스는 세상을 떠난 부모에게 꽤 많은 유산을 물려받았다.

의사들은 루퍼스의 항의를 무릅쓰고 세이디가 임신하도록 필릭스의 정자를 채취하는 데 동의해야 할까?

사후 정자 채취

사후 정자 채취는 1978년에 미국에서 비뇨기과 전문의 캐피 M. 로스먼Cappy M. Rothman이 처음 시행했다. 1999년에는 사후에 채취한 정자로 임신한 첫 아이가 태어났다. 사후에 정자를 채취하려면 36시간을 넘기지 않아야 하므로, 동반자나 가족이 결정을 서둘러야 한다. 사후 정자 채취는 이처럼 생물학적으로 가능한 시술이지만 윤리적 논란이 뒤따른다.

사후 정자 채취를 비판하는 사람들은 설사 죽은 사람일지라도 동의 없이 부모가 되어서는 안 된다는 반대 사유를 내세운다. 사후 정자 채취를 금지하는 정통파 유대교의 관습에 따르면, 이 시술은 사리사욕을 위해 시신을 이용하지 말라는 규범을 위반한다. 반대자들은 태어날 아이의 안녕도 우려한다. 여기에 맞서 지지자들은 많은 남성이 가볍거나 부주의한 성행위로 의도치 않게 아버지가 될뿐더러, 많은 아이가 홀어머니나 홀아버지 아래에서도 잘 자란다고 지적한다.

프랑스와 독일을 포함해 일부 서방 국가는 사후 정자 채취를 금지한다. 미국에서는 사후 정자 채취가 합법이지만 의사들이 거부하는 사례가 많다. 뉴욕시의 저명한 비뇨기과 전문의 피터 슐레걸N. Peter N. Schlegel은 2004년 〈뉴욕타임스〉에 자신이 요청받은 22건 중 18건을 '신중하게 보수적인 방식'으로 거절했다고 밝혔다. 법원은 동반자에게 정자 채취를 허용할지 결정할 때 보통 '대리 판단'을 적용한다. 즉 죽은 남성이 사후에 아이 아빠가 되기를 바랐을지 묻는다. 어떤 법원은 예전에 이 주제로 나눈 대화 같은 사전 동의 증거를 요구한다. 어떤 법원은 아이를 갖고자 적극적으로 노력한 증거가 드러내는 '암묵적 동의'를 기꺼이 받아들인다.

결혼을 했든 안 했든, 정자 추출 권한은 대체로 동반자만 얻는다. 그런데 2009년에 텍사스주에서 니컬러스 에반스Nikolas Evans라는 남성이 살해되었을 때, 판사는 대리모를 고용해 손주를 낳으려는 어머니 머리사 에반스Marissa Evans에게 죽은 아들의 정자를 채취하는 것을 허락했다. 비슷한 사건에서는 M이라고만 밝혀진 59세 영국 여성이 죽은 딸의 냉동 난자로 임신하고자 인간생식배아관리국과 법정 다툼을 벌였고, 마침내 승소했다.

필릭스의 사례에서는 이런 상황에서도 필릭스가 아이를 원했으리라는 설득력 있는 증거를 세이디가 내놓지 못하는 한, 루퍼스의 주장이 더 유리하다. 많은 주가 필릭스의 유일한 혈육인 루퍼스를 그의 의료 대리인으로 여기기 때문이다(하지만 주마다 법 규정이 다양하다.

어떤 주는 동거인이나 가까운 친구까지 대리인으로 인정하지만, 어떤 주는 삼촌이 너무 먼 친척이라 대리인 자격이 없다고 본다). 세이디가 법정 소송에서 이기려면, 루퍼스가 욕심에 눈이 멀어 펠릭스가 바랐을 소망을 깔아뭉개고 있다고 판사를 설득해야 한다. 환자가 무엇을 바랐을지 불확실하고 유족의 의견이 서로 갈릴 때는, 사후 정자 채취를 지지할 의료 당국이 거의 없을 것이다.

77

가망 없어 보이는 환자에게서
인공호흡기를 떼어내야 할까?

───

#생명 유지 장치   #자연사

49세 남성 알렉산더가 심장을 이식받으려고 대학병원에 입원한다. 이식을 기다리는 동안, 알렉산더는 양심실 보조장치Biventricular Assist Device; BIVAD라는 기계에 연결된다. 기본적으로 작은 냉장고만 한 인공 심장인 이 장치는 기증된 심장을 확보할 때까지 알렉산더가 버티도록 돕는다. 하지만 심장을 기다리던 중 알렉산더가 심각한 뇌졸중을 겪는다.

의사들은 알렉산더의 아내 케이티에게 그토록 심각한 뇌졸중을 겪은 환자가 의식을 되찾은 적은 한 번도 없으므로 알렉산더는 이제 심장이식 후보자가 아니라고 알린다. 또 알렉산더의 양심실 보조장치를 끄고 자연의 순리에 맡기려 한다. 의사들은 알렉산더가 다른 환자들에게 도움이 될 귀하디귀한 집중치료실 병상을 차지하고 있고, 하루에 1만 달러가 넘는 의료비를 의료 제도가 부담해야 한다는 사실을 잘 안다. 또 알렉산더가 현재 그의 생존을 돕는 양심실 보조장치, 인공호흡기, 인공투석기를 단 채로 몇 해 동안 생존할 수 있다는 것도 안다.

케이티는 의사들의 요청에 꿈쩍도 하지 않는다. "남편이 회복할 가망이 없다는 건 나도 알아요. 하지만 알렉산더는 환생을 굳게 믿었어요. 그 사람이 가장 중요하게 여긴 것은 자신의 영혼이 예정된 육신에 들어가 지구로 돌아올 수 있는 때에 맞춰 죽는 것이었어요. 알렉산더에게 그때란 기계에 계속 연결되어 있다가 뇌의 모든 기능이 멈추는 날일 거예요. 설사 그때까지 몇십 년이 걸리더라도요. 나는 알렉산더의 소원을 존중해야겠어요."

의사들은 소송을 제기해 케이티의 결정을 뒤집어야 할까?

죽음을 거스르는 결정

1970~1990년대 병원과 환자 가족은 환자의 임종을 놓고 상반된 주장을 하며 갈등을 벌였다. 주로 가족은 생명 유지 장치를 제거하기를 바라고 의료 시설은 반대하는 식이었다. 이런 가족들은 사랑하는 피붙이가 '자연스러운' 죽음을 맞기를 바라는 마음에서 사법 제도를 통해 공개적으로 소송을 벌였다.

하지만 지난 20년 동안 가족과 의료진의 갈등 양상이 사뭇 달라졌다. 잇달아 세간의 이목을 끈 의료 분쟁에서 병원은 치료가 무의미해 보이는 환자에게서 생명 유지 장치를 제거하려 했고, 가족은 사랑하는 피붙이가 계속 인공호흡기를 달 수 있도록 싸웠다. 이런 사례 가운데 초창기에 가장 널리 알려진 환자는 미네소타주의 86세 여성 헬가 왱글리Helga Wanglie였다. 의사들은 식물인간 상태인 헬가의 치료를 중단하려 했지만, 헬가의 남편이 반대했다(법원이 결국 가족의 손을 들어줬지만, 헬가는 이틀 후 사망했다).

보스턴 베스이스라엘디코네스의료원의 의료윤리학자 라클런 포로Lachlan Forrow는 2005년에 〈뉴욕타임스〉에서 이렇게 말했다. "15년 전에는 이런 갈등 사례 중 적어도 80퍼센트가 죽을 권리를 놓고 다퉜습니다. 오늘날에는 오히려 80퍼센트가 살 권리를 놓고 다툽니다. 가족들은 생명 유지 장치를 계속 사용하거나 더 적극적으로 사용하라고 닦달하고, 의사와 간호사는 그런 방법이 틀렸다고 생각하는 거죠." 이런 환자들은 의료 제도에 어마어마한 비용을 떠안긴다. 예컨대 헬가 왱글리가 1989년부터 1991년 사망할 때까지 사용한 의료비는 80만 달러였다. 오늘날로 치면 무려 150만 달러에 이르는 액수다.

'무의미'한 치료를 넘어서까지 환자의 생명 유지 장치를 계속 유지하려는 동기는 무척 다양하다. 어떤 가족은 환자가 회복하리라는, 무분별하다 할 희망을 놓지 못한다. 그런데 잊을 만하면 한 번씩, 정확히 말해 기적이라고 봐야 할 사례가 언론에 보도된다. 2015년에 네브래스카주에서 독성 쇼크 증후군으로 '불가역적' 혼수상태에 빠졌던 56세 여성 테리 로버트Teri Roberts는 가족이 인공호흡기를 떼려 했는데 별안간 깨어났다. 2003년에는 차량 충돌로 다쳐 거의 20년 동안 혼수상태였던 테리 월리스Terry Wallis가 깨어났다. 캐나다 여성 애니 샤피로Annie Shapiro는 존 F. 케네디John F. Kennedy 대통령이 저격당한 1963년에 혼수상태에 빠졌는데, 거의 30년이 지난 1992년에 갑자기 깨어났다.

어떤 가족은 환자의 상태가 나아질 리 없다는 사실을 인정하면서도 알렉산더의 사례에서 보듯이 종교나 문화를 이유로 치료 종료를 거부한다. 케이티가 치료 중단을 거부하겠다고 결심하는 과정에서 알렉산더가 회복할 가망은 영향을 미치지 않았다.

이런 사례에서 병원이 환자 가족의 결정을 뒤엎을 수 있느냐를 놓고, 주마다 다양한 결론을 내린다. 텍사스주는 이 영역에서 의료인에게 가장 큰 권한을 준다. 2009년 제정된 텍사스 사전의료의향서법 Texas Advance Directives Act(흔히 텍사스 무의미치료법Texas Futile Care Law이라고 부른다)에 따르면, 병원이 보기에 치료가 '무의미'할 때는 절차적 보호 조건만 충족하면 환자에게서 생명 유지 장치를 제거할 수 있다. 초기에 이 법을 적용한 사례는 치명적 장애를 안고 태어난 갓난아이 선 허드슨Sun Hudson과 말기 암 환자 티라스 합테기리스Tirhas Habtegiris였다.

알렉산더의 아내 케이티와 의사들이 보인 갈등은 대체로 예방할 수 있다. 의료진이 정확히 어떤 상황에서 생명 유지 장치를 제거할지에 관해 미리 이 부부와 의논하고, 회복할 가망이 없는 환자의 생명 유지 장치를 계속 유지하는 데 얼마나 많은 사회적 비용이 드는지 강조했다면 어땠을까? 그랬다면 알렉산더가 그 조건을 받아들였을 가능성이 있다. 만약 알렉산더가 조건을 받아들이지 않았다면 병원이 처음부터 그에게 양심실 보조장치를 제공하지 않았을 것이다. 여러 의료윤리 사례가 그렇듯, 이런 사안은 비극이 닥친 뒤보다 사전에 대처하는 것이 최선이다.

78

시신이 바뀌었다고?

#의료 사고   #치료 면책특권

어느 지역병원의 영안실은 가까운 의학전문대학원의 해부 실습실로도 쓰인다. 해마다 이 병원에서 죽음을 맞이하는 환자 가운데 수십 명(주로 은퇴한 의사와 간호사다)이 자신의 몸을 1학년 학생들을 위한 해부용 시체로 기증한다.

스카페타 박사는 이 병원의 병리과 과장으로, 출산 휴가를 떠나는 동안 조수인 미노렛 박사에게 영안실 관리를 맡겼다. 마침내 휴가를 마치고 돌아온 스카페타 박사가 미노렛 박사의 업무 내용을 검토하는데, 끔찍한 실수가 눈에 띈다. 제드라는 환자의 시신은 화장하도록 가족에게 보내야 하는데 실제로는 해부 실습실로 보냈고, 원래 해부용으로 기증된 버드라는 환자의 시신은 제드 대신 장례식장으로 보낸 것이다. 이 실수가 석 달 전에 일어난 터라, 제드의 시신은 이미 포름알데히드로 방부 처리해 해부한 뒤였다. 버드의 시신은 아마 진즉에 화장했을 것이다. 스카페타는 돌이킬 길이 전혀 없는 영안실의 실수를 밝히면 유족들이 무익하고도 극심한 고통에 시달리지 않을까 매우 걱정스럽다. 만약 실수를 감추고 기록을 바꾼다면, 유족들이 이 사실을 알 방법은 없다.

스카페타 박사는 이 실수를 유족들에게 알려야 할까?

치료적 특권

시신을 엉뚱한 가족에게 보내는 일은 숱하다. 적어도 언론의 호들갑을 믿는다면 말이다. 이와 관련한 선정적 기사를 꼽자면, 2006년에 〈새크라멘토비The Sacramento Bee〉가 난리를 떤 '갓난아이 시신, 실수로 쌍둥이와 함께 묻히다'가 있다. 그런 혼동이 대부분 발견되지 않은 채 지나갈 테니 실제로 얼마나 발생하는지 가늠하기는 거의 불가능하지만, 유족의 반응은 대체로 다양한 수준의 분노를 보여준다. 테네시주에서 부주의 탓에 존 휴라는 남성의 무덤에 묻혔던 빌리 수 스미스Billie Sue Smith의 가족을 대변하는 변호사는 이런 좌절을 다음과 같이 요약한다. "'부디 평안히 잠들기를'이라는 말을 아실 겁니다. 이런 문제에서는 평안이 끼어들 곳이 없습니다. 사랑하는 사람의 뼛가루를 간직하고 있는데 다른 사람의 뼛가루일지도 모른다면 어떨까요?

사랑하는 사람의 무덤을 방문하곤 하는데 그 사람이 그곳에 묻혀 있지 않다면요? 평안이 머물 곳은 없지요."

이런 사례에서 나타나는 피해는 주로 심리적 피해이지, 명확히 드러나는 경제적, 신체적 피해는 아니라고들 본다. 하지만 시신의 운명이 사후 미래와 연결된다는 종교 관습을 믿는 사람들은 그렇게 생각하지 않을 것이다. 죽은 사람을 존중하는 사회 관습이 널리 퍼져 있는 현실로 볼 때 그런 사고를 당한 피해자 대다수가 고통을 겪을 것이다.

'치료적 특권'은 정보 공유가 의료적으로 금지되었거나 환자에게 이익은 없이 엄청난 피해만 일으킬 터라 환자나 환자의 가족에게 정보를 알리지 않는 절차를 가리킨다. 치료적 특권은 한때 의료계를 지배한 의료 후견주의의 한 예다. 지난 50년 동안 서구 의료계는 환자의 자율 결정권을 지지해, 그런 후견주의를 의료 표준으로 인정하지 않았다. 하지만 적어도 잠깐은 정보를 알리지 않는 것이 정당화되는 극단적 사례가 나올 수 있다. 이를테면 가족이 적절한 버팀목 역할을 할 수 있을 때까지 사고 피해자에게 서너 시간 동안 부상 정도를 알리지 않거나, 그러잖아도 가뜩이나 낙담한 환자를 자살 위험에 몰아넣지 않으려고 진단명을 알리지 않는 것이다. 미국의사협회는 치료적 특권을 몹시 못마땅하게 여겨, 비상 상황임을 주장할 여지를 차단한다. 협회는 의료윤리강령에서 "환자의 이해나 동의 없이 의료정보를 환자에게 알리지 않는 것은 윤리적으로 받아들일 수 없는 일이다"라고 못 박는다.

이론적으로 볼 때 스카페타 박사의 영안실에서 일어난 비극적 실수는 치료적 특권을 확장해 버드와 제드의 가족에게 정보를 알리지 않을 명분이 될 수 있다. 사실을 밝히면 유족에게 아무 이익도 없이 상당한 심리 피해만 줄 터이기 때문이다. 앞으로 이 실수를 누구도 찾아낼 수 없고 사실대로 밝혔을 때 유족의 마음만 찢어질 뿐이라면 더욱 그렇다. 공리주의 윤리학자들은 실수가 드러나 봤자 이로움보다 해로움이 더 크다는 근거로 공개에 반대할 것이다.

여기서 주의할 점이 있다. 이 사례는 갓난아이가 실수로 바뀌었다가 그 사실이 나중에 발견되는 사례와는 다르다. 그런 상황에서 실수를 알리지 않으면 피해자에게 실제로 큰 영향을 미친다. 피해자들이 자신의 정확한 가족력을 모른 채, 자신을 '입양'한 가족과 자신의 병력을 연결하지 못할 수도 있다. 이와 달리 엉뚱한 무덤을 방문한다고 해서 실제로 무슨 피해를 보지는 않는다.

버드와 제드의 경우 실제 피해가 이미 일어난 뒤다. 자신들의 바람과 달리 버드는 화장되었고 제드는 방부 처리되었다. 하지만 배심원단은 그런 잘못으로 고통받는 유가족이 보상받기를 바랄 것이다. 사회 전체로 보면 이 보상이야말로 공개를 통해 얻는 가장 명확한 이득이 될 것이다. 이 사례에서 병원이 유가족에게 보상해야 한다면, 스카페타 박사는 앞으로 휴가를 떠날 때 업무를 훨씬 더 신중하게 배정할 것이다. 길게 볼 때 이런 해결책이 강력한 억제 작용을 해, 영안실에서 다시 한 번 비슷한 사고가 일어날 위험을 낮출 수 있다.

생명의 존엄함과 삶의 질을
어떻게 저울질할까?

#생명 유지 장치   #삶의 질

클래런스는 야외 활동을 즐기는 50세 남성이다. 낚시, 사냥, 승마라면 껌뻑 죽지만, 그래도 가장 깊은 열정을 느끼는 활동은 목각이다. 그에 걸맞게 직업도 목수다. 그런데 어느 여름날 들판에서 야영하다가 세균에 감염되는 바람에, 항공기에 실려 어느 지역병원으로 급히 이송된다. 병원에 도착할 무렵에는 혈압이 너무 떨어져 의식을 잃었고, 적어도 몇 시간 동안 손발에 피가 흐르지 못한 상태였다. 의사들은 클래런스의 유일한 피붙이인 두 누이 에드나와 에설에게 암울한 소식을 전한다. 공격적으로 항생제를 쓴다면 클래런스가 목숨을 구하겠지만, 살아나더라도 손발을 절단해야 한다는 진단이다.

에드나는 이 치료법에 찬성한다. "그 방법밖에 없을 것 같네요. 클래런스는 투사 같은 사람이에요. 어떤 대가를 치르더라도 살기를 바랄 겁니다." 하지만 에설은 생각이 다르다. "오빠라면 절대 그 정도 장애를 안으면서까지 살기를 바라지는 않을 거예요. 오빠한테는 야외 활동과 몸을 움직이는 노동이 목숨 같은 거니까요. 그러니 선생님, 이 공격적 항생제 치료를 멈춰야 해요. 자연의 순리에 맡기자고요. 저는 오빠가 이 상태로 깨어나 고통에 시달리는 일을 겪지 않으면 좋겠어요." 의사들이 말하길, 항생제가 약효를 발휘해 클래런스가 마침내 의식을 되찾은 뒤에는 새로운 몸 상태로 살기를 원하지 않더라도 그가 생을 마감하도록 합법적으로 도울 길이 없다.

의사들은 공격적 항생제 치료를 계속해야 할까, 아니면 치료를 멈추고 클래런스가 죽음을 맞도록 놔둬야 할까?

생명 유지 장치 제거

—

1970년대 이전까지만 해도 언제 공격적 치료를 멈추고 생명 유지 장치를 제거해야 하느냐는 물음이 의료계에 자주 등장하지 않았다. 드디어 1970년대에 인공호흡기와 투석 기계부터 더 강력한 항저혈압제와 항생제에 이르는 새로운 의학 기술이 발전한 덕분에, 위독한 환자의 생명을 전에 없이 연장할 수 있었다. 캐런 앤 퀸런과 낸시 크루전Nancy Cruzan 사건처럼 죽을 권리를 다퉈 공개 담론으로 이어진 소송은 윤리 규범이 변화한 만큼이나 의료 기술이 발전한 결과였다.

클래런스의 사례는 현대 의료윤리에서 흔히 발생하는 두 가지 쟁점을 제기한다. '생명의 존엄함'과 '삶의 질'을 어떻게 저울질해야 할까? 의사 결정 능력이 없는 환자가 무엇을 바랄지 불확실하고 가족들 사이에서도 의견이 갈릴 때는 어떻게 해야 할까?

생명의 존엄함을 옹호하는 사람들은 인간의 생명에 고유한 가치가 있으므로 어떤 대가를 치르더라도 보호해야 한다고 믿는다. 역사적으로 많은 종교적 보수주의자가 이런 태도를 보였다. 이와 달리 비판하는 사람들은 어떤 상황에서는 삶의 질이 너무 떨어져 공격적 치료나 생명 유지 장치가 적절하지 않을 수 있다고 주장한다. 두 진영 모두 양극단으로 갈수록 큰 논란을 일으킨다. 삶의 질을 강하게 지지하는 공리주의 철학자 피터 싱어는 이를 근거로 중증 장애아의 안락사를 옹호했다. 생명의 존엄함을 옹호하는 사람들이 취한 극단적 태도는 1990년에 심장마비로 식물인간이 된 테리 샤이보Terri Schiavo를 본인의 바람과 남편의 반대를 무릅쓰고 2005년까지 계속 살아 있게 한 부모들이 생생하게 보여줬다.

여기서 주목할 대목은 두 가치관이 보통은 서로 충돌하지 않는다는 점이다. 의사들은 대개 환자의 생명을 연장하려는 노력과 삶의 질을 향상하려는 노력을 모두 기울인다. 그런데 윤리학자 댄 캘러핸Dan Callahan에 따르면 두 기준은 불균형하다. 즉 '생명의 존엄함'은 누구나 거의 같은 뜻으로 받아들이지만, 기꺼이 견디겠다는 삶의 최저 질은 사람마다 무척 다르다. 이렇게 사람마다 다른 주관에 대처하고자 설계된 사전의료의향서, 예컨대 연명치료 거부 의향서와 의료 대리인

위임장은 아프기 전에 일찌감치 의료와 관련한 희망 사항을 상세히 밝힌다.

하지만 이런 문서는 심각한 질환을 경험한 적이 없는 건강한 사람이 과연 자신이 위독했을 때 무엇을 바랄지 정확히 예측할 수 있느냐는 물음을 던진다. 환자들은 흔히 '할인 거래'를 한다고 한다. 즉 자신의 건강 상태가 생각보다 나쁘다는 사실을 알면, 스스로 눈높이를 낮춰 건강할 때라면 받아들이지 않았을 낮은 삶의 질을 받아들인다.

의료 대리인 위임장을 작성하는 목적은 자신이 더는 의료와 관련한 결정을 하지 못할 때 자신을 대신해 판단할 권한을 대리인에게 주는 것이다. 건강할 때 미리 대리인과 함께 생을 어떻게 마감할지 논의하는 것은 현명한 대책이다. 대리인을 지정하지 않았을 때는 거의 모든 주가 환자를 대신해 이른바 '대행자'가 결정을 내리도록 한다. 대행자의 우선순위는 주 법률에 따른다. 대체로 배우자가 우선권을 얻고, 그다음은 성인 자녀, 부모, 형제자매, 방계 친척 순이다. 때에 따라 가까운 친구가 대행자 역할을 맡기도 한다. 클래런스의 누이들처럼 우선권이 같은 둘 이상의 대행자가 의견이 갈릴 때는, 주에 따라 각양각색으로 의견 불일치를 해결한다.

뉴욕주와 메릴랜드주 같은 곳은 전문가 위원회에 맡겨 문제를 해결하려 하는데, 결국은 법원에서 결정이 난다. 이와 달리 웨스트버지니아주는 대행자 가운데 환자에게 관심을 기울여 파악했던 내용을 바탕으로 더 강력한 주장을 펼치는 사람이 누구인지를 의사가 선택하도록 한다. 의사 결정자가 홀수일 때 다수결을 허용하는 주도 있다.

클래런스 같은 사례에서 난제는 무엇일까? 클래런스가 새로운 몸 상태로도 잘 살아갈지 아니면 고통에 시달릴지 아무도 예측할 수 없다는 것이다. 이와 비슷한 사례로는 평생 사지마비를 겪는 경추 2번 손상을 견딘 끝에 인공호흡기를 단 상태로 깨어난 환자들이 있다. 이들은 계속 인공호흡기에 의지해야만 숨을 쉴 수 있다. 이런 환자들은 약물로 유도한 혼수상태, 즉 진정상태에서 깨어났을 때 흔히들 그런 장애를 안고 사느니 차라리 죽겠다고 고집하며 인공호흡기를 꺼달라고 요구한다(이때 의사소통은 안구 추적 장치를 이용한다). 이런 사례에서 환자는 '실제로' 소망을 뚜렷이 표현하고 있지만, 충격이나 우울이 유발한 해로운 소망일 수도 있다.

병원에서 크게 논쟁이 벌어지는 의견 충돌 하나가 본인의 반대를 무릅쓰고 얼마나 오랫동안 환자에게 강제로 생명 유지 장치를 부착해야 하느냐다. 이런 환자들이 새로운 삶에 적응하도록 정신과 의사와 치료사가 돕지만, 이들은 그동안 실제 고통에 시달리기 일쑤다.

클래런스와 같은 상태에서 계속 잘 살아가는 사람도 있다. 영국 매체가 보도한 존 미들턴John Middleton이라는 남성은 44세의 나이로 살을 파먹는 세균에 감염되어 팔다리를 잃었지만, 힘을 북돋아주는 동반자와 보철구의 도움을 받아 기어코 충만한 삶을 되찾았다. 하지만 언론은 시설에서 조용한 절망에 빠져 살아가는 사지마비 환자, 기회가 있을 때 의료진이나 피붙이가 치료를 중단해주기를 바라는 이들의 이야기는 거의 다루지 않는다.

#1

- Anderson, Kermyt G. "How Well Does Paternity Confidence Match Actual Paternity? Evidence from Worldwide Nonpaternity Rates." *Current Anthropology* 47, no. 3 (June 2006).

- Lerner, Barron H. "Cases: When a Doctor Stumbles on a Family Secret." *New York Times*, September 16, 2003.

#2

- Faden, Ruth R., Tom L. Beauchamp, and Nancy M. P. King. *A History and Theory of Informed Consent*. New York: Oxford University Press, 1986.

- Mariner, Wendy K., and George J. Annas. "Informed Consent and the First Amendment," *New England Journal of Medicine* 372, no. 14 (April 2, 2015): 1285–87.

- Rothman, D. J. "The Shame of Medical Research," *New York Review of Books*, March 8, 2001.

- Appelbaum, Paul S., and Alan Meisel. "Therapists' Obligations to Report Their Patients' Criminal Acts," *Bulletin of the American Academy of Psychiatry and the Law* 14, no.3 (February 1986): 221–30.
- Goldman, Marcus J., and Thomas G. Gutheil. "The Misperceived Duty to Report Patients' Past Crimes." *Bulletin of the American Academy of Psychiatry and the Law* 22, no. 3 (September 1994): 407–10.
- Jaffee v. Redmond, 518 U.S. 1 (1996).
- Tarasoff v. Regents of the University of California, 17 Cal. 3d 425 (1976).

- Accordino, Robert, Nicholas Kopple–Perry, Nada Gligorov, and Stephen Krieger. "The Medical Record as Legal Document: When Can the Patient Dictate the Content?" *Clinical Ethics* 9, no. 1 (January 7, 2014): 53–56.
- Golodetz, A., J. Ruess, and R. L. Milhous. "The Right to Know: Giving the Patient His Medical Record." *Archives of Physical Medicine and Rehabilitation* 57, no. 2 (February 1976): 78–81.
- Steiner, P. "Patient Access to the Medical Record: A Study of Physician Attitudes." *Medical Record News* 49, no. 4 (August 1978): 77–78, 80–81.

- Altman, Lawrence K., and Todd S. Purdum. "In J.F.K. File, Hidden Illness, Pain and Pills." *New York Times*, November 17, 2002.
- Appel, Jacob M. "History's DNA." *Chicago Tribune*, August 21, 2008.
- Brown, David. "Is Lincoln Earliest Recorded Case of Rare Disease?" *Washington Post*, November 26, 2007.
- Davidson, Jonathan, Kathryn Connor, and Marvin S. Swartz. "Mental Illness in U.S. Presidents Between 1776 and 1974: A Review of Biographical Sources." *Journal of Nervous and Mental Disease* 194, no. 1 (January 2006): 47–51.
- Ferrell, R. H. *Ill-Advised: Presidential Health and Public Trust*, 53–150. Columbia, MO: University of Missouri Press, 1996.
- Gugliotta, Guy. "DNA May Reveal Who Can Claim Columbus." *Washington Post*, May 15, 2006.
- Hazelgrove, William. *Madam President: The Secret Presidency of Edith Wilson*.

Washington, DC: Regnery, 2016.

* Sotos, John G. *The Physical Lincoln Complete*. Mt. Vernon, VA: Mt. Vernon Book Systems, 2008.

* Watson, Robert P., and Dale Berger. "Reconsidering Ike's Health and Legacy: A Surprising Lesson in Duty at the Little White House Residential Retreat." Eisenhower Institute.

#6

* Payton v. Weaver, Cal. Ct. App., 182 Cal. Rptr. 225 (1982).

* Sack, Kevin. "Hospital Falters as Refuge for Illegal Immigrants." *New York Times*, November 20, 2009.

#7

* English, Peter C., and Herman Grossman. "Radiology and the History of Child Abuse." *Pediatric Annals* 12, no. 12 (December 1983): 870-74.

* Kempe, C. Henry, Frederic N. Silverman, Brandt F. Steele, William Droegemueller, and Henry K. Silver. "The Battered-Child Syndrome." *JAMA* 181, no. 1 (1962): 17-24.

* Knight, Bernard. "The History of Child Abuse." *Forensic Science International* 30, no. 2-3 (February-March 1986): 135-41.

* Kotz, Deborah. "When Does Physical Discipline Become Child Abuse?" *Boston Globe*, September 17, 2014.

#8

* Appel, Jacob M. "May Physicians Date Their Patients' Relatives? Rethinking Sexual Misconduct & Disclosure after Long v. Ostroff." *Medicine and Health Rhode Island* 87, no. 5 (May 2004): 159-61.

* Chesler, Phyllis. "The Sensuous Psychiatrists." *New York*, June 19, 1972.

* Freeman, Lucy, and Julie Roy. *Betrayal: The True Story of the First Woman to Successfully Sue Her Psychiatrist for Using Sex in the Guise of Therapy*. New York: Stein and Day, 1976.

* Gartrell, N., J. Herman, S. Olarte, M. Feldstein, and R. Localio. "Psychiatrist-Patient Sexual Contact: Results of a National Survey. I: Prevalence." *American Journal of Psychiatry* 143, no. 9 (September 1986): 1126-31.

9

- Altman, Lawrence K. "When a Murderer Wants to Practice Medicine." *New York Times*, January 29, 2008.
- Appel, Jacob M. "Sweden Asks: Should Convicted Murderers Practice Medicine?" *Cambridge Quarterly of Healthcare Ethics* 19, no. 4 (October 2010): 559-62.
- Kmietovicz, Zosia. "R.E.S.P.E.C.T.—Why Doctors Are Still Getting Enough of It." *BMJ* 324, no. 7328 (January 5, 2002): 11.
- Rakatansky, Herbert. "Criminal Convictions and Medical Licensure." *AMA Journal of Ethics* 13, no. 10 (October 2011): 712-17.

10

- Beck, Julie. "'Do No Harm': When Doctors Torture." *Atlantic*, December 2014.
- Jesper, S. "Doctors' Involvement in Torture." *Torture* 18, no. 3 (2008):161-75.
- Singh, Jerome Amir. "American Physicians and Dual Loyalty Obligations in the 'War on Terror.'" *BMC Medical Ethics* 4, no. 1 (August 1, 2003): E4.

- Creswell, Julie, and Jessica Silver-Greenberg. "Dimon's Cancer and the Fine Line in Revealing Illness of a C.E.O." *New York Times*, July 2, 2014.
- Horwich, Allan. "When the Corporate Luminary Becomes Seriously Ill: When Is a Corporation Obligated to Disclose That Illness and Should the Securities and Exchange Commission Adopt a Rule Requiring Disclosure?" *New York University Journal of Law and Business* 5, no. 2 (2009).
- Parloff, Roger. "Why the SEC Is Probing Steve Jobs: Behind the Investigation into the Timing of Disclosure of the Apple's Chief's Health Problems." *Fortune*, January 22, 2009.

12

- Ojanuga, D. "The Medical Ethics of the 'Father of Gynaecology,' Dr. J. Marion Sims." *Journal of Medical Ethics* 19, no. 1 (March 1993): 28-31.
- Perry, Susan. "Nazi Link Isn't the Only Reason to Abandon Eponymous Medical Names." *Minnesota Post*, May 19, 2011.
- Washington, Harriet A. *Medical Apartheid: The Dark History of Medical Experimentation on Black Americans from Colonial Times to the Present.* New York: Anchor, 2008.

#13

- Hackler, Chris. "Ethical, Legal and Policy Issues in Management of Fetal Alcohol Spectrum Disorder." *Journal of the Arkansas Medical Society* 108, no. 6 (November 2011): 123-24.

- Seamark, Michael. "The American Woman Who Wants to 'Bribe' UK Heroin Users with £200 to Have Vasectomies." *Daily Mail*, October 19, 2010.

- Vega, Cecilia M. "Sterilization Offer to Addicts Reopens Ethics Issue." *New York Times*, January 6, 2003.

#14

- Finigan, Michael W., Shannon M. Carey, and Anton Cox. *Impact of a Mature Drug Court over 10 Years of Operation: Recidivism and Costs*, July 2007.

- Gentilello, L. M., F. P. Rivara, D. M. Donovan, G. J. Jurkovich, E. Daranciang, C. W. Dunn, A. Villaveces, M. Copass, and R. R. Ries. "Alcohol Interventions in a Trauma Center as a Means of Reducing the Risk of Injury Recurrence." *Annals of Surgery* 230, no. 4 (October 1999): 473.

- Sutton, Malcolm. "NT Move to Mandatory Alcohol Rehabilitation Sparks Controversy." *Guardian*, June 30, 2013.

- Szalavitz, Maia. "How America Overdosed on Drug Courts." *Pacific Standard*, May 18, 2015.

#15

- "Andrew Speaker, Quarantined for Tuberculosis in 2007, Sues CDC for Invasion of Privacy." Associated Press, April 30, 2009.

- Leavitt, Judith Walzer. *Typhoid Mary: Captive to the Public's Health*. Boston: Beacon Press, 1996.

- Wynia, M. K. "Ethics and Public Health Emergencies: Restrictions on Liberty." *American Journal of Bioethics* 7, no. 2 (February 2007): 1-5.

#16

- Halbfinger, David M. "Police Dragnets for DNA Tests Draw Criticism." *New York Times*, January 4, 2003.

- Povoledo, Elisabetta. "In Search for Killer, DNA Sweep Exposes Intimate Family Secrets in Italy." *New York Times*, July 26, 2014.

#17

- Carmichael, Mary. "Newborn Screening: A Spot of Trouble." *Nature* 475 (July 13, 2011): 156–58.
- Gabler, Ellen. "Privacy Issues Stall Newborn Screening Bill in U.S. Senate." *Journal Sentinel*, November 29, 2014.
- Greenfieldboyce, Nell. "Screening Newborns for Disease Can Leave Families in Limbo." *Health News Florida*, December 23, 2013.
- Hazzazi, Hussain, and Ayman Al-Saidalani. "165,000 Engagements End Due to 'Genetic Incompatibilities.'" *Saudi Gazette*, March 24, 2015.

#18

- Appel, Jacob M. "Rethinking Force-Feeding: Legal and Ethical Aspects of Physician Participation in the Termination of Hunger Strikes in American Prisons." *Public Affairs Quarterly* 26, no. 4 (October 2012): 313–35.
- Greenberg, Joel K. "Hunger Striking Prisoners: The Constitutionality of Force-Feeding." *Fordham Law Review* 51, no. 4 (March 1983): 747–70.
- Neumann, Ann. "Guantanamo Is Not an Anomaly.Prisoners in the US Are Force-Fed Every Day." *Common Dreams*, May 6, 2013.

#19

- "Doctor 'Fires' Patients Who Refuse to Vaccinate Their Kids." Associated Press, January 30, 2015.
- Dominus, Susan. "The Crash and Burn of an Autism Guru." *New York Times Magazine*, April 20, 2011.
- Mejia, Brittny. "Doctors Turning Away Unvaccinated Children." *Los Angeles Times*, February 11, 2015.

#20

- Cain, John. "Nonconsensual Surgery: The Unkindest Cut of All." *Notre Dame Law Review* 53, no. 2 (1977): 291.
- Gitles, Jay A. "Reasonableness of Surgical Intrusions-Fourth Amendment: Winston v. Lee, 105 S. Ct. 1611." *Journal of Criminal Law and Criminology* 76, no. 4 (1985): 972.
- Minton, Michael B. "Criminal Procedure—Surgical Removal of Evidence—United States v. Crowder." *Missouri Law Review* 43 (1978).

- Winston v. Lee, 470 U.S. 753 (1985).

#21

- Angell, Marcia. "The Ethics of Clinical Research in the Third World." *New England Journal of Medicine* 337, no. 12 (September 18, 1997): 847-49.
- Lurie, Peter, and Sidney M. Wolfe. "Unethical Trials of Interventions to Reduce Perinatal Transmission of the Human Immunodeficiency Virus in Developing Countries." *New England Journal of Medicine* 337, no. 12 (September 18, 1997): 853-56.
- Rothman, David J. "The Shame of Medical Research." *New York Review of Books*, November 30, 2000.

#22

- Appelbaum, P. S., L. H. Roth, and C. Lidz. "The Therapeutic Misconception: Informed Consent in Psychiatric Research." *International Journal of Law and Psychiatry* 5, no. 3.4 (1982): 319-29.
- *Institutional Review Board Guidebook*, US Department of Health and Human Services, 1993.
- Kolata, Gina. "What to Tell the Patients after a Trial Goes Awry." *New York Times*, August 23, 2010.
- Lidz, C. W., and P. S. Appelbaum. "The Therapeutic Misconception: Problems and Solutions." *Medical Care* 40, no. 9 Suppl (September 2002): V55-63.
- Rosenthal, Elisabeth. "When Drug Trials Go Horribly Wrong." *New York Times*, April 7, 2006.
- Woods, Simon, Lynn E. Hagger, and Pauline Mccormack. "Therapeutic Misconception: Hope, Trust and Misconception in Paediatric Research." *Health Care Analysis* 22, no. 1 (February 2012).

#23

- Fels, Anna. "Should We All Take a Bit of Lithium?" *New York Times*, September 13, 2014.
- Kapusta, N. D., N. Mossaheb, E. Etzersdorfer, G. Hlavin, K. Thau, M. Willeit, N. Praschak-Rieder, G. Sonneck, and K. Leithner-Dziubas. "Lithium in Drinking Water and Suicide Mortality." *British Journal of Psychiatry* 198, no. 5 (May 2011): 346-50.

- Schrauzer, G. N., and K. P. Shrestha. "Lithium in Drinking Water and the Incidences of Crimes, Suicides, and Arrests Related to Drug Addictions." *Biological Trace Element Research* 25, no. 2 (May 1990): 105-13.

#24
- Bradshaw v. Daniel 854 S.W.2d 865 (Tenn. 1993).
- King, Michelle R. "Physician Duty to Warn a Patient's Offspring of Hereditary Genetic Defects: Balancing the Patient's Right to Confidentiality Against the Family Member's Right to Know—Can or Should Tarasoff Apply?" *Quinnipiac Health Law Journal* 4, no. 1 (2000): 1-38.
- Schleiter, Kristin E. "A Physician's Duty to Warn Third Parties of Hereditary Risk." *AMA Journal of Ethics* 11, no. 9 (September 2009): 697-700.
- Sudell, Andrea. "To Tell or Not to Tell: The Scope of Physician-Patient Confidentiality When Relatives Are At Risk of Genetic Disease." *Journal of Contemporary Health Law & Policy* 18, no. 1 (Winter 2001): 273.

#25
- Abbott, Alison. "Regulations Proposed for Animal,Human Chimaeras." *Nature* 475 (July 2011).
- Appel, Jacob M. "The Monster's Laws: A Legal History of Chimera Research." *GeneWatch* 19, no. 2 (March-April 2006): 12-16.
- Greely, Henry T., Mildred K. Cho, Linda F. Hogle, and Debra M. Satz. "Thinking About the Human Neuron Mouse." *American Journal of Bioethics* 7, no. 5 (May 2007): 27-40.
- Hilts, Philip J. "The Business of Manipulating Life." *Washington Post*, April 21, 1987.
- Karpowicz, P., C. B. Cohen, and D. van der Kooy. "Developing Human-Nonhuman Chimeras in Human Stem Cell Research: Ethical Issues and Boundaries." *Kennedy Institute of Ethics Journal* 15, no. 2 (June 2005): 107-34.

#26
- "Bahrain's Doctors: Harsh Treatment." *Economist*, January 28, 2014.
- Brinkley, Joel. "Dictators Spurn Their Nations' Health Care." *San Francisco Gate*, September 1, 2012.
- Bueno de Mesquita, Bruce, and Alastair Smith. "In Sickness and in Health: Why

Leaders Keep Their Illnesses Secret." *Foreign Policy*, September 18, 2012.

- Owen, David. "Diseased, Demented, Depressed: Serious Illness in Heads of State." *QJM* 96, no. 5 (May 1, 2003): 325-36.

#27

- Green, Robert C., Denise Lautenbach, and Amy L. McGuire. "GINA, Genetic Discrimination, and Genomic Medicine." *New England Journal of Medicine* 372 (January 29, 2015): 397-99.

- Sullivan, Andrew. "Promotion of the Fittest." *New York Times*, July 23, 2000.

#28

- Chen, Frederick M., George E. Fryer Jr., Robert L. Phillips, Elisabeth Wilson, and Donald E. Pathman. "Patients' Beliefs about Racism, Preferences for Physician Race, and Satisfaction with Care." *Annals of Family Medicine* 3, no. 2 (2005): 138-43.

- Johnson, Amy M., Peter F. Schnatz, Anita M. Kelsey, and Christine M. Ohannessian. "Do Women Prefer Care from Female or Male Obstetrician-Gynecologists? A Study of Patient Gender Preference." *Journal of the American Osteopathic Association* 105 (August 2005): 369-79.

- Paul-Emile, Kimani. "Patient Racial Preferences and the Medical Culture of Accommodation." *UCLA Law Review* 60 (2012).

- Waseem, Muhammad, and Aaron K. Miller. "Patient Requests for a Male or Female Physician." *AMA Journal of Ethics* 10, no. 7 (July 2008): 429-33.

#29

- McCabe, Mary S., William A. Wood, and Richard M. Goldberg. "When the Family Requests Withholding the Diagnosis: Who Owns the Truth?" *Journal of Oncology Practice* 6, no. 2 (March 2010): 94-96.

- Oken, Donald. "What to Tell Cancer Patients: A Study of Medical Attitudes." *JAMA* 175, no. 13 (1961): 1120-28.

#30

- Appelbaum, P. S., and T. Grisso. "Assessing Patients' Capacities to Consent to Treatment." *New England Journal of Medicine* 319, no. 25 (December 22, 1988): 1635-38.

- Fraser, Caroline. "Suffering Children and the Christian Science Church." *Atlantic*

Monthly, April 1995.

- Perry, Candace Lyn, Maria Isabel Lapid, and Jarrett W. Richardson. "Ethical Dilemmas with an Elderly Christian Scientist." *Annals of Long-Term Care* 15, no. 3 (March 2007): 29-34.

#31

- Armour, Stephanie. "U.S. Recovers $3.3 Billion in Federal Health-Care Fraud." *Wall Street Journal*, March 19, 2015.

#32

- Cohen, Steven B. "The Concentration of Health Care Expenditures and Related Expenses for Costly Medical Conditions, 2012." Medical Expenditure Panel Survey, October 2014.
- Gawande, Atul. "The Hot Spotters: Can We Lower Medical Costs by Giving the Neediest Patients Better Care?" *New Yorker*, January 24, 2011.
- Winslow, Ron. "One Patient, 34 Days in the Hospital, $7,000 Syringes and a $5.2 Million Bill." *Wall Street Journal*, August 2, 2001.

#33

- "Allocation of Ventilators in an Influenza Pandemic: Planning Document." Draft for Public Comment, New York State, March 15, 2007.
- Appel, Jacob M. "The Coming Ethical Crisis: Oxygen Rationing." *Huffington Post*, July 28, 2009.
- Dean, Cornelia. "Guidelines for Epidemics: Who Gets a Ventilator?" *New York Times*, March 25, 2008.

#34

- Berenson, Alex. "A Cancer Drug Shows Promise, at a Price That Many Can't Pay." *New York Times*, February 15, 2006.
- Grewal, David Singh, and Amy Kapczynski. "Let India Make Cheap Drugs." *New York Times*, December 11, 2014.
- McNeil Jr., Donald G. "Selling Cheap 'Generic' Drugs, India's Copycats Irk Industry." *New York Times*, December 1, 2000.
- Ornstein, Charles. "New Hepatitis C Drugs Are Costing Medicare Billions." *Washington Post*, March 29, 2015.
- Ram, Prabhu. "India's New 'TRIPs-Compliant' Patent Regime: Between Drug

Patents and the Right to Health." *Chicago-Kent Journal of Intellectual Property* 5, no. 2 (2006).

#35

- Coker, Hillary Crosley. "Canadian Sperm Bank Finally Decides Race Mixing Is Okay." *Jezebel*, July 29, 2014.
- Goff, Keli. "The Real Problem with Sperm Banks." *Daily Beast*, October 7, 2014.
- Rodriguez, Meredith. "Lawsuit: Wrong Sperm Delivered to Lesbian Couple." *Chicago Tribune*, October 1, 2014.
- Sheridan, Michael. "World's Biggest Sperm Bank, Cryos, Tells Redheads: We Don't Want Your Semen." *Daily News*, September 18, 2011.
- "Sperm Bank Is For Whites Only—Spokane Effort Reportedly Funded by Tycoon." Associated Press, August 6, 1996.

#36

- Casey, Liam. "North Bay Hospital to Offer Co-Ed Hospital Rooms." *Star*, August 31, 2010.
- Miner, John. "Shared Room Sparks Rage Outrage." *London Free Press*, June 17, 2010.

#37

- Anderson, Elizabeth. "Nearly Half of Employers 'Unlikely' to Hire Overweight Workers." *Telegraph*, April 8, 2015.
- Cawley, John, and Chad Meyerhoefer. "The Medical Care Costs of Obesity: An Instrumental Variables Approach." *Journal of Health Economics* 31, no. 1 (January 2012): 219-230.
- Holt, Mytheos. "Texas Hospital Bans Overweight Employees." *Blaze*, April 4, 2012.
- Koch, Wendy. "Workplaces Ban Not Only Smoking, but Smokers Themselves." *USA Today*, January 6, 2102.
- Sulzberger, A. G. "Hospitals Shift Smoking Bans to Smoker Ban." *New York Times*, February 10, 2011.

#38

- Appel, Jacob M., and Joseph H. Friedman. "Genetic Markers and the Majority's Right Not to Know." *Movement Disorders* 19, no. 1 (January 2004): 113-14.

- Howe, Edmund G. "Ethical Issues in Diagnosing and Treating Alzheimer Disease." *Psychiatry* 3, no. 5 (May 2006): 43-53.

- Nyholt, Dale R., Chang-En Yu, and Peter M. Visscher. "On Jim Watson's APOE Status: Genetic Information is Hard to Hide." *European Journal of Human Genetics* 17, no. 2 (February 2009): 147-49.

- Pinker, Steven. "My Genome, My Self." *New York Times Magazine*, January 7, 2009.

#39

- Leonhardt, David. "Health Care Rationing Rhetoric Overlooks Reality." *New York Times*, June 17, 2009.

- Perry, Philip A., and Timothy Hotze. "Oregon's Experiment with Prioritizing Public Health Care Services." *AMA Journal of Ethics* 13, no. 3 (April 2011): 241-47.

- Singer, Peter. "Why We Must Ration Health Care." *New York Times*, July 15, 2009.

- Thurow, Lester Carl. "Learning to Say No." *New England Journal of Medicine* 311 (December 13, 1984): 1569-72.

#40

- Appel, Jacob M. "When the Boss Turns Pusher: A Proposal for Employee Protections in the Age of Cosmetic Neurology." *Journal of Medical Ethics* 34, no. 8 (2008).

- Cadwalladr, Carole. "Students Used to Take Drugs to Get High. Now They Take Them to Get Higher Grades." *Guardian*, February 14, 2015.

- Chatterjee, Anjan. "Cosmetic Neurology and Cosmetic Surgery: Parallels, Predictions, and Challenges." *Cambridge Quarterly of Healthcare Ethics* 16, no. 2 (April 2007): 129-37.

#41

- Appelbaum, Paul S. "Law and Psychiatry: Psychiatric Advance Directives and the Treatment of Committed Patients." *Psychiatric Services* 55, no. 7 (July 2004): 751-63.

- Hargrave v. Vermont, 340 F. 3d 27 (2nd Cir. 2003).

- Swanson, Jeffrey W., S. Van McCrary, Marvin S. Swartz, Eric B. Elbogen, and Richard A. Van Dorn. "Superseding Psychiatric Advance Directives: Ethical and

Legal Considerations." *Journal of the American Academy of Psychiatry and the Law* 34, no. 3 (September 2006): 385-94.

- Zelle, Heather, Kathleen Kemp, and Richard J. Bonnie. "Advance Directives for Mental Health Care: Innovation in Law, Policy, and Practice." *Psychiatric Services* 66, no. 1 (January 2015): 7-9.

#42

- Appel, Jacob M. "Health 'Insurance': A Criminal Enterprise." *Huffington Post*, March 18, 2010.
- Beiser, E. N. "The Emperor's New Scrubs: Thoughts about Health Care Reform." *Rhode Island Medical Journal* 77, no. 9 (September 1994): 304-6.
- Williams, Geoff. "How Risky Hobbies Can Raise Your Insurance Rates." *US News & World Report*, April 16, 2013.

#43

- Engber, Daniel. "Naughty Nursing Homes: Is It Time to Let the Elderly Have More Sex?" *Slate*, September 27, 2007.
- Gray, Eliza. "Why Nursing Homes Need to Have Sex Policies." *Time*, April 23, 2015.
- Leys, Tony. "Husband Acquitted of Nursing Home Sex-Abuse Charge." *Des Moines Register*, April 22, 2015.
- Zernike, Kate. "Love in the Time of Dementia." *New York Times*, November 18, 2007.

#44

- Costandi, Mo. "The Science and Ethics of Voluntary Amputation." *Guardian*, May 30, 2012.
- Elliott, Carl. "A New Way to Be Mad." Atlantic, December 2000.
- Kloster, Ulla. "I Live like a Disabled Person Even Though I'm Physically Healthy…" *Mail on Sunday*, July 16, 2013.

#45

- Allen, David B., Michael Kappy, Douglas Diekema, and Norman Fost. "Growth-Attenuation Therapy: Principles for Practice." *Pediatrics* 123, no. 6 (June 2009): 1556-61.
- Burkholder, Amy. "Disabled Girl's Parents Defend Growth-Stunting Treatment."

CNN.com, March 12, 2008.

- Davies, Caroline. "Ashley the Pillow Angel: Love or Madness?" *Telegraph*, January 5, 2007.
- Gibbs, Nancy. "Pillow Angel Ethics." *Time*, January 7, 2007.
- McDonald, Anne. "The Other Story from a 'Pillow Angel.'" SeattlePI.com, June 16, 2007.
- Ostrom, Carol. "Child's Hysterectomy Illegal, Hospital Agrees." *Seattle Times*, May 9, 2007.
- Pilkington, Ed. "The Ashley Treatment: 'Her Life Is As Good As We Can Possibly Make It.'" *Guardian*, March 15, 2012.

#46
- Corbett, Sara. "A Cutting Tradition." *New York Times Magazine*, January 20, 2008
- Westcott, Lucy. "Female Genital Mutilation on the Rise in the U.S." *Newsweek*, February 6, 2015.

#47
- Kowalczyk, Liz. "Donor's Death Shatters Family, Stuns Surgeons." *Boston Globe*, February 2, 2014.
- Miller, C. M., M.L. Smith, and Uso T. Diago. "Living Donor Liver Transplantation: Ethical Considerations." *Mount Sinai Journal of Medicine* 79, no. 2 (March–April 2012): 214–22.

#48
- "Anemia Victim McFall Dies of Hemorrhage." *Michigan Daily*, August 11, 1978.
- McFall v. Shimp, 10 Pa. D. & C. 3d 90 (1978).
- Wilkerson, Isabel. "In Marrow Donor Lawsuit, Altruism Collides With Right to Protect Child." *New York Times*, July 30, 1990.

#49
- Flannery, Mary. "Stage of Illness Decides Priority But Some Docs Say There's Favoritism." *Daily News*, June 9, 1995.
- Grady, Denise, and Barry Meier. "A Transplant That Is Raising Many Questions." *New York Times*, June 23, 2009.
- Munson, Ronald. *Raising the Dead: Organ Transplants, Ethics, and Society*. New York: Oxford University Press, 2002.

#50

- Appel, Jacob M., and Mark D. Fox. "Organ Solicitation on the Internet: Every Man for Himself?" *Hastings Center Report* 35, no. 3 (May-June 2005): 14.
- Caplan, Arthur, Sheldon Zink, and Stacey Wertlieb. "Jumping to the Front of the Line for an Organ Transplant Is Unfair." *Chicago Tribune*, September 1, 2004.
- Grantham, Dulcinea A. "Transforming Transplantation: The Effect of the Health and Human Services Final Rule on the Organ Allocation System." *University of San Francisco Law Review* 35 (Summer 2001): 751-52 .
- Goldberg, Aviva. "Advertising for Organs." *AMA Journal of Ethics* 7, no. 9 (September 2005): 619-24.
- Roen, Terry O. "'Kindred Spirit' Donates a Kidney." *Orlando Sentinel*, August 13, 2005.

#51

- Appel, Jacob M. "Wanted Dead or Alive? Kidney Transplantation in Inmates Awaiting Execution." *Journal of Clinical Ethics* 16, no. 1 (Spring 2005): 58-60.
- Lin, Shu S., Lauren Rich, Jay D. Pal, and Robert M. Sade. "Prisoners on Death Row Should Be Accepted as Organ Donors." *Annals of Thoracic Surgery* 93, no. 6 (June 2012): 1773-79.
- Longo, Christian. "Giving Life after Death Row." *New York Times*, March 5, 2011.

#52

- Armstrong, Scott. "'Baby Fae' Case Raises Tough Issues." *Christian Science Monitor*, November 6, 1984.
- Cooper, David K. C. "A Brief History of Cross-Species Organ Transplantation." *Proceedings of Baylor University Medical Center* 25, no. 1 (January 2012): 49-57.
- Hoke, Franklin. "Undaunted By Death of First Baboon Liver Recipient, Interdisciplinary Transplant Team Looks to the Future." *The Scientist*, September 28, 1992.
- Krauthammer, Charles. "Essay: The Using of Baby Fae." *Time*, December 3, 1984.

#53

- Caplan, Arthur. "Doctor Seeking to Perform Head Transplant Is Out of His Mind." *Forbes*, February 26, 2015.
- McKie, Robin, and Nick Paton Walsh. "Trickster Has Transplant Hand Cut Off."

Guardian, February 3, 2001.

- Novak, Walter. "The Frankenstein Factor: Cleveland Brain Surgeon Robert J. White Has a Head for Transplanting." CleveScene.com, December 9, 1999.

- Sample, Ian. "First Full Body Transplant Is Two Years Away, Surgeon Claims." *Guardian*, February 25, 2015.

#54

- Gavin, Gabriel C. S. "Should We Be Castrating Sex Offenders?" *Psychology Today*, October 6, 2014.

- Rondeaux, Candace. "Can Castration Be a Solution for Sex Offenders?" *Washington Post*, July 5, 2006.

- Sealey, Geraldine. "Some Sex Offenders Opt for Castration." ABCNews.com, March 2, 2001.

- Wassersug, R. J., S. A. Zelenietz, and G. F. Squire. "New Age Eunuchs: Motivation and Rationale for Voluntary Castration." *Archives of Sexual Behavior* 33, no. 5 (October 2004): 433-42.

- Weinberger, Linda E., Shoba Sreenivasan, Thomas Garrick, and Hadley Osran. "The Impact of Surgical Castration on Sexual Recidivism Risk among Sexually Violent Predatory Offenders." *Journal of the American Academy of Psychiatry and the Law* 33, no. 1 (2005): 16-36.

#55

- Appel, Jacob M. "In Defense of Tongue Splitting." *Journal of Clinical Ethics* 16, no. 3 (Fall 2005): 236-38.

- Kennett, Heather. "Doctors Issue Warning on Body Modifications." *Sunday Mail*, July 2, 2011.

- Patterson, J. "Tongue Splitting, a Bizarre Form of Body Piercing, Soon Will Be Illegal in Illinois." *Daily Herald*, August 7, 2003.

#56

- Arnold, Wayne, and Denise Grady. "Twins Die Trying to Live Two Lives." *New York Times*, July 9, 2003.

- Pearn, John. "Bioethical Issues in Caring for Conjoined Twins and Their Parents." *Lancet* 357, no. 9272 (June 16, 2001): 1968-71.

#57

- Belkin, Lisa. "The Made-to-Order Savior." *New York Times Magazine*, July 1, 2001.
- Levin, Angela. "I Know I Was Born to Save Charlie instead of Being Born Just for Me: Incredible Story of the Saviour Sibling Who Sparked an Ethical Furore." *Daily Mail*, May 21, 2011.
- Sheldon S., and S. Wilkinson. "Should Selecting Saviour Siblings Be Banned?" *Journal of Medical Ethics* 30, no. 6 (2004): 533-37.
- Spriggs, M., and J. Savulescu. "'Saviour Siblings.'" *Journal of Medical Ethics* 28, no. 5 (October 2002): 289.
- Verlinsky, Yury, S. Rechitisky, W. Schoolcraft, C. Strom, and A. Kulley. "Preimplantation Diagnosis for Fanconi Anemia Combined with HLA Matching." *JAMA* 285, no. 24 (June 27, 2001): 3130-33.

#58

- Lawson, Dominic. "Of Course a Deaf Couple Want a Deaf Child." *Independent*, March 11, 2008.
- Porter, Gerard, and Malcolm K. Smith. "Preventing the Selection of 'Deaf Embryos' under the Human Fertilisation and Embryology Act 2008: Problematizing Disability?" *New Genetics and Society* 32, no. 2 (2013).
- Starr, Sandy. "Should We Stamp Out 'Designer Deafness'?" *Spiked*, March 31, 2008.

#59

- Forster, Heidi. "Law and Ethics Meet: When Couples Fight Over Their Frozen Embryos." *Journal of Andrology* 21, no. 4 (July-August 2000): 512-14.
- Loeb, Nick. "Sofia Vergara's Ex-Fiance: Our Frozen Embryos Have a Right to Live." *New York Times*, April 29, 2015.
- Young, Natalie K. "Frozen Embryos: New Technology Meets Family Law." *Golden Gate University Law Review* 21, no. 3 (January 1991).

#60

- Marrus, Ellen. (2002). "Crack Babies and the Constitution: Ruminations about Addicted Pregnant Women after Ferguson v. City of Charleston." *Villanova Law Review* 47, no. 2: 299-340.

- Rhode, Deborah L. "The Terrible War on Pregnant Drug Users." *New Republic*, July 17, 2014.
- Ronan, Alex. "Here's What Happens When Pregnant Women Lose Their Rights." *New York*, April 2, 2015.

#61

- Bower, Hedy R. "How Far Can a State Go to Protect a Fetus? The Rebecca Comeau Story and the Case for Requiring Massachusetts to Follow the U.S. Constitution." *Golden Gate University Law Review* 31, no. 2 (2001).
- Cherry, April L. "The Detention, Confinement, and Incarceration of Pregnant Women for the Benefit of Fetal Health." *Columbia Journal of Gender & Law* 16, no. 147 (2007).
- Nicolosi, Michele. "Forced Prenatal Care." *Salon*, September 15, 2000.

#62

- Belluck, Pam. "The Right to Be a Father (or Not)." *New York Times*, November 6, 2005.
- Cohen, I. Glenn. "The Constitution and the Rights Not to Procreate." *Stanford Law Review* 60, no. 4 (April 2010): 1135.
- McCulley, Melanie G. "The Male Abortion: The Putative Father's Right to Terminate His Interests in and Obligations to the Unborn Child." *Journal of Law and Policy* 7, no. 1 (1988): 1-55.
- Planned Parenthood of Southeastern Pennsylvania v. Casey, 505 U.S. 833 (1992).
- Young, Cathy. "A Man's Right to Choose." *Salon*, October 19, 2000.

#63

- Hartocollis, Anemona. "Mother Accuses Doctors of Forcing a C-Section and Files Suit." *New York Times*, May 16, 2014.
- Levy, Daniel R. "The Maternal-Fetal Conflict: The Right of a Woman to Refuse a Cesarean Section versus the State's Interest in Saving the Life of the Fetus." *West Virginia Law Review* 108, no. 97 (2005-2006).
- Lindgren, K. "Maternal-Fetal Conflict: Court-Ordered Cesarean Section." *Journal of Obstetric, Gynecologic, and Neonatal Nursing* 25, no. 8 (October 1996): 653-56.
- "Safe Prevention of the Primary Cesarean Delivery." American Congress of

Obstetricians and Gynecologists and the Society for Maternal-Fetal Medicine, March 2014.

#64

- Cohen, Elizabeth. "Surrogate Offered $10,000 to Abort Baby." CNN.com, March 6, 2013.
- Bains, Inderdeep. "'I Don't Want a Dribbling Cabbage for a Daughter': What Mother Told Her Surrogate Before Rejecting Disabled Baby Girl." *Daily Mail*, August 26, 2014.

#65

- Buck v. Bell, 274 U.S. 200 (1927).
- Denekens, Joke P. M., Herman Nys, and Hugo Stuer. "Sterilisation of Incompetent Mentally Handicapped Persons: A Model for Decision Making." *Journal of Medical Ethics* 25, no. 3 (June 1999): 237-41.
- Gould, Stephen Jay. "Carrie Buck's Daughter." *Natural History*, July 1984.
- Paul, Diane B. *Controlling Human Heredity: 1865 to the Present*. Atlantic Highlands, NJ: Humanities Press, 1995.

#66

- Brooks, Robert. "'Asia's Missing Women' as a Problem in Applied Evolutionary Psychology?" *Evolutionary Psychology* 10, no. 5 (2012): 910-25.
- Cox, David. "Hong Kong's Troubling Shortage of Men." *Atlantic*, December 2, 2013.
- Hudson, Valerie M., and Andrea M. den Boer. *Bare Branches: The Security Implications of Asia's Surplus Male Population*. Cambridge, MA: MIT Press, 2015.
- Oster, Emily. "Hepatitis B and the Case of the Missing Women." *Journal of Political Economy* 113, no. 6 (December 2005): 1163-1216.
- Sen, Amartya. "More Than 100 Million Women Are Missing." *New York Review of Books*, December 20, 1990.
- Sidhu, Jasmeet. "How to Buy a Daughter." *Slate*, September 14, 2012.

#67

- Appel, Jacob M. "Physicians, 'Wrongful Life' and the Constitution." *Medicine and Health Rhode Island* 87, no. 2 (2004): 55-58.
- Hensel, Wendy Fritzen. "The Disabling Impact of Wrongful Birth and Wrongful

Life Actions." *Harvard Civil Rights-Civil Liberties Law Review* 40 (2005): 141.

- Latson, Jennifer. "How an Abortion-Clinic Shooting Led to a 'Wrongful Life' Lawsuit." *Time*, December 30, 2014.

#68

- Caulfield, Timothy. "Human Cloning Laws, Human Dignity and the Poverty of the Policy Making Dialogue." *BMC Medical Ethics* 4, no. 3 (2003).
- Church, George M. *Regenesis: How Synthetic Biology Will Reinvent Nature and Ourselves*. New York: Basic Books, 2014.
- Kass, Leon R. "The Wisdom of Repugnance." *New Republic*, June 2, 1997.
- Kass, Leon R. "Preventing a Brave New World: Why We Should Ban Human Cloning Now." *New Republic*, May 21, 2001.
- Savulescu, Julian. "How Will History Judge Cloning?" *Times Higher Education*, May 6, 2005.
- Watson, James. "Moving toward a Clonal Man: Is This What We Want?" *Atlantic Monthly*, May 1971.

#69

- Hughes, Virginia. "Return of the Neanderthals: Should Scientists Seek to Clone Our Ancient Hominid Cousins?" *National Geographic News*, March 6, 2013.
- "Interview with George Church: Can Neanderthals Be Brought Back from the Dead?" *Spiegel Online*, January 18, 2013.
- Smith, Rebecca. "'I Can Create Neanderthal Baby, I Just Need Willing Woman.'" *Telegraph*, January 20, 2013.

#70

- Curry, Tyler. "Texas Dads Denied Surrogacy Services Because of Marriage Discrimination." Advocate.com, January 14, 2015.
- Egelko, Bob. "Doctors Can't Use Bias to Deny Gays Treatment." *San Francisco Gate*, August 19, 2008.
- North Coast Women's Care Medical Group vs. Superior Court, 44 Cal. 4th 1145 (2008).

#71

- Appel, Jacob M. "Defining Death: When Physicians and Families Differ." *Journal of Medical Ethics* 31, no. 11 (2005): 641-42.

- Labbe-DeBose, Theola, David Brown, and Keith L. Alexander. "Jewish Law's Meaning of Death Nears Court Fight." *Washington Post*, November 7, 2008.

#72

- Holt, Jim. "Euthanasia for Babies?" *New York Times Magazine*, July 10, 2005.
- Verhagen, A. A. E., and P. J. J. Sauer. "End-of-Life Decisions in Newborns: An Approach from the Netherlands." *Pediatrics* 116, no. 3 (September 2005): 736–39.

#73

- Saunders, Laura. "Rich Cling to Life to Beat Tax Man." *Wall Street Journal*, December 30, 2009.

#74

- Berg, Jessica Wilen. "Grave Secrets: Legal and Ethical Analysis of Postmortem Confidentiality." *Connecticut Law Review* 34 (2001): 81.
- Bongers, L. M. "Disclosure of Medical Data to Relatives after the Patient's Death: Recent Legal Developments with Respect to Relatives' Entitlements in the Netherlands." *European Journal of Health Law* 18, no. 3 (May 2011): 255–75.
- Choong, Kartina Aisha, Mifsud Bonnici, and Jeanne Pia. "Posthumous Medical Confidentiality: The Public Interest Conundrum." *European Journal of Comparative Law and Governance* 1, no. 2 (2014): 106–19.

#75

- Appel, Jacob M. "A Duty to Kill? A Duty to Die? Rethinking the Euthanasia Controversy of 1906." *Bulletin of The History of Medicine* 78, no. 3 (Fall 2004): 610–34.
- Bailey, Ryan. "The Case of Dr. Anna Pou: Physician Liability in Emergency Situations." *AMA Journal of Ethics* 12, no. 9 (September 2010): 726–30.
- Drew, Christopher, and Sheila Dewan. "Louisiana Doctor Said to Have Faced Chaos." *New York Times*, July 20, 2006.
- Fink, Sheri. "The Deadly Choices at Memorial." *New York Times Magazine*, August 25, 2009.
- Schaffer, Amanda. "The Moral Dilemmas of Doctors during Disaster." *New Yorker*, September 12, 2013.

#76

- Lerner, Barron H. "In a Wife's Request at Her Husband's Deathbed, Ethics Are an Issue." *New York Times*, September 7, 2004.
- Myers, Russell. "I'll Give Birth to My Dead Daughter's Baby: World First as Mum Uses Frozen Eggs for Own Grandchild." *Mirror*, May 8, 2015.
- Orr, R. D., and M. Siegler. "Is Posthumous Semen Retrieval Ethically Permissible?" *Journal of Medical Ethics* 28, no. 5 (October 2002): 299–302.

#77

- Belluck, Pam. "Even as Doctors Say Enough, Families Fight to Prolong Life." *New York Times*, March 27, 2005.
- Dzielak, Robert J. "Physicians Lose the Tug of War to Pull the Plug: The Debate about Continued Futile Medical Care." *John Marshall Law School Law Review* 28, no. 3 (Spring 1995).
- Larimer, Sarah. "Midwest Miracle: Woman Woke Up Hours Before She Was Going to Be Taken Off Life Support." *Washington Post*, February 2, 2015.
- Laytner, Ron. "Mrs Rip Van Winkle's Love Story Finally Ends." *Jamaica Observer*, November 23, 2003.

#78

- Eversley, Melanie. "Tenn. Funeral Home Allegedly Mixes Up Corpses." *USA Today*, February 17, 2010.
- Fried, Richard G., and Clifford Perlis. "Therapeutic Privilege: If, When, and How to Lie to Patients." In *Dermatoethics: Contemporary Ethics and Professionalism in Dermatology*, 33–36. New York: Springer, 2011.
- Griffith, Dorsey. "Baby's Corpse Mistakenly Buried with Twins." *Sacramento Bee*, May 24, 2006.
- Lynn, Guy. "Exhumation after Wrong Bodies Buried in Hospital Mix-Up." BBC News, July 4, 2011.
- Richard, Claude, Yvette Lajeunesse, and Marie-Therese Lussier. "Therapeutic Privilege: Between the Ethics of Lying and the Practice of Truth." *Journal of Medical Ethics* 36, no. 6 (June 2010): 353–57.

#79

- Davies, Madlen. "Builder Who Had All Four Limbs Amputated after 'Flu' Turned

Out to Be a Flesh-Eating Bug Is Finally Able to Walk Again Thanks to Prosthetic Legs." *Daily Mail*, April 20, 2015.

- Gilmore, Annie. "Sanctity of Life Versus Quality of Life.the Continuing Debate." *Canadian Medical Association Journal* 130, no. 2 (January 15, 1984): 180-81.

- O'Connor, C. M. "Statutory Surrogate Consent Provisions: A Review and Analysis." *Mental and Physical Disability Law Reporter* 20 (1996): 128-38.

- Wynn, Shana. "Decisions by Surrogates: An Overview of Surrogate Consent Laws in the United States." *Bifocal* 36, no. 1 (September-October 2014): 10-14.